You're my Cutie!

6

Nakaba Harufuji

Inhalt

#21
Shikura-kuns Fight
005

#22
Shikura-kuns Sprint
047

#23
Bei Shikura-kun zu Hause
087

#24
Zweifel an Shikura-kun
131

Charaktere

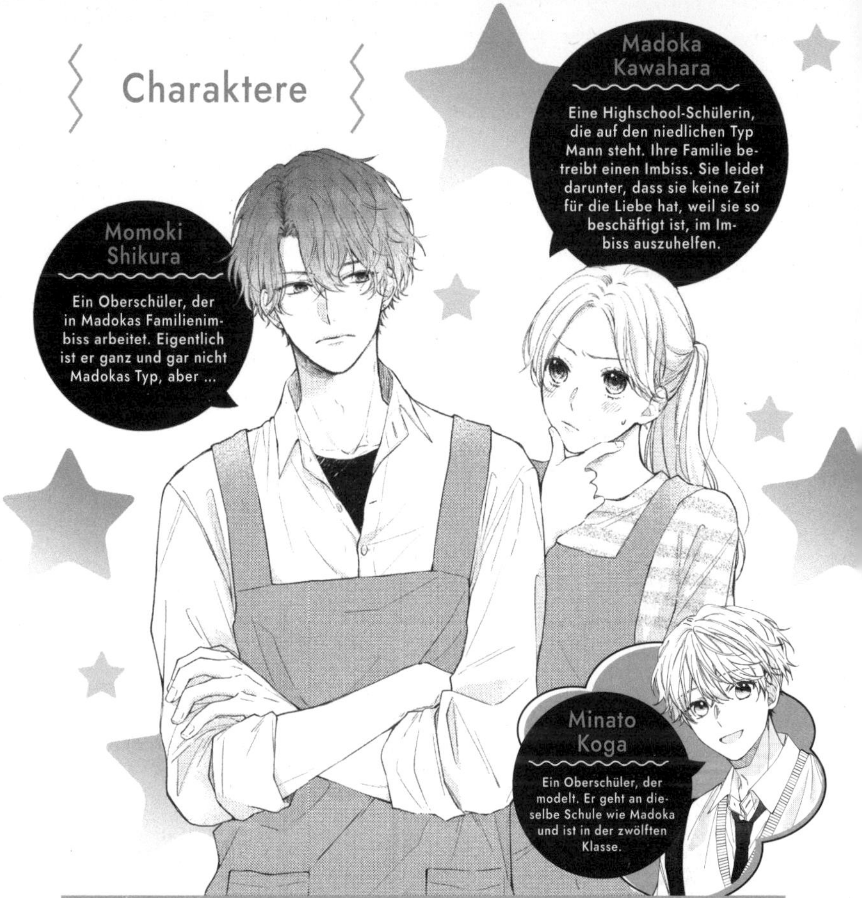

Was bislang passiert ist …

Madoka ist eine Highschool-Schülerin, die voll auf den niedlichen Typ Mann steht. Eines Tages fängt ein Junge namens Shikura an, der jünger als Madoka ist, als Aushilfe im Imbiss ihrer Familie zu arbeiten. Shikura ist bildschön und eine echte Augenweide, wirkt aber extrem abweisend. Mit der Zeit stellt sich allerdings heraus, dass er ein Junge vom Typ »Igel« ist, der auch eine so niedliche Seite hat, dass man vor Schmerzen bewusstlos werden könnte. Wegen Madoka fliegen zwischen Shikura-kun und Koga-kun die Funken! Doch das führt dankenswerterweise (?) dazu, dass Shikura-kun nun eher die Initiative ergreift …

You're my Cutie!

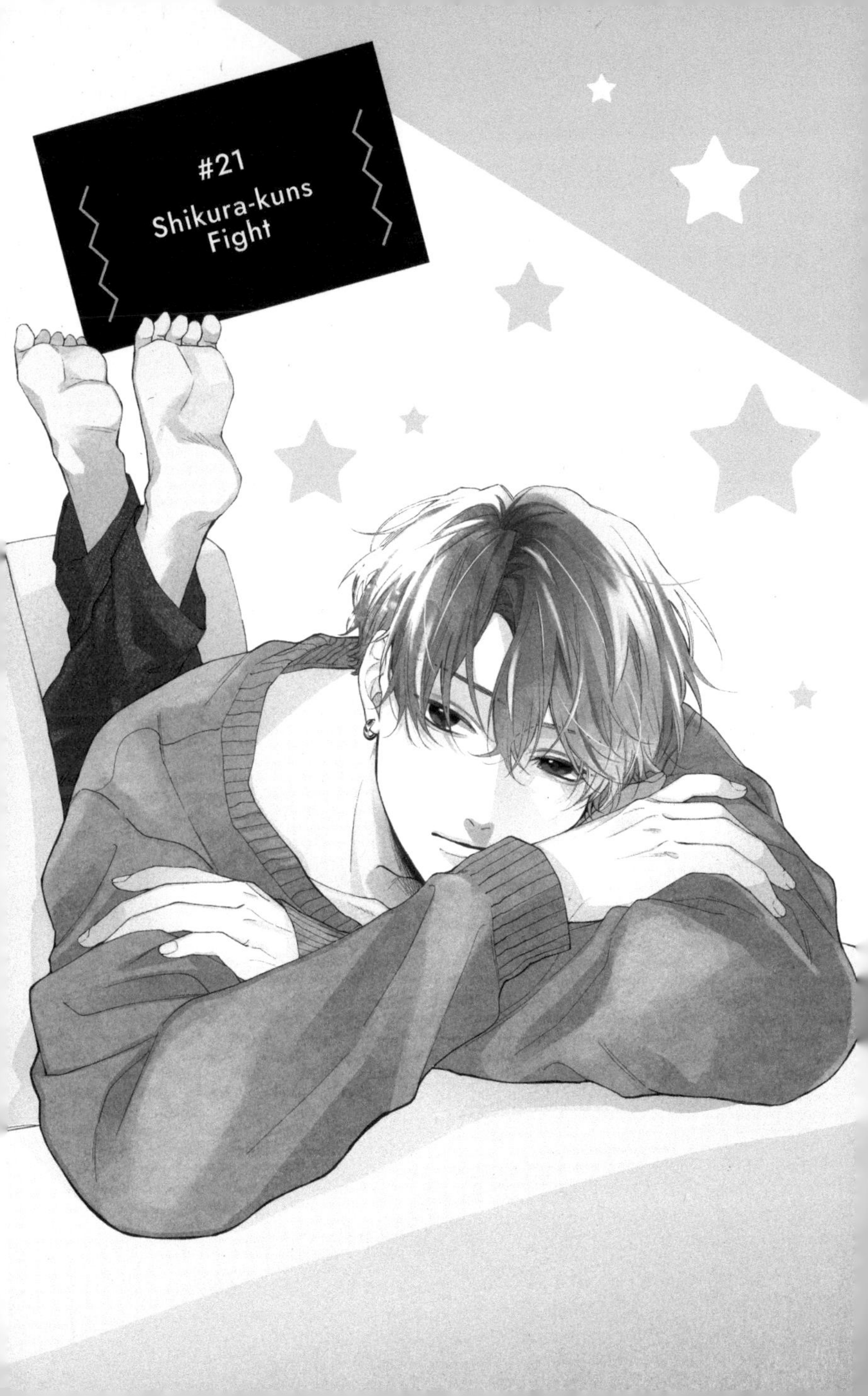
#21
Shikura-kuns
Fight

You're my Cutie!

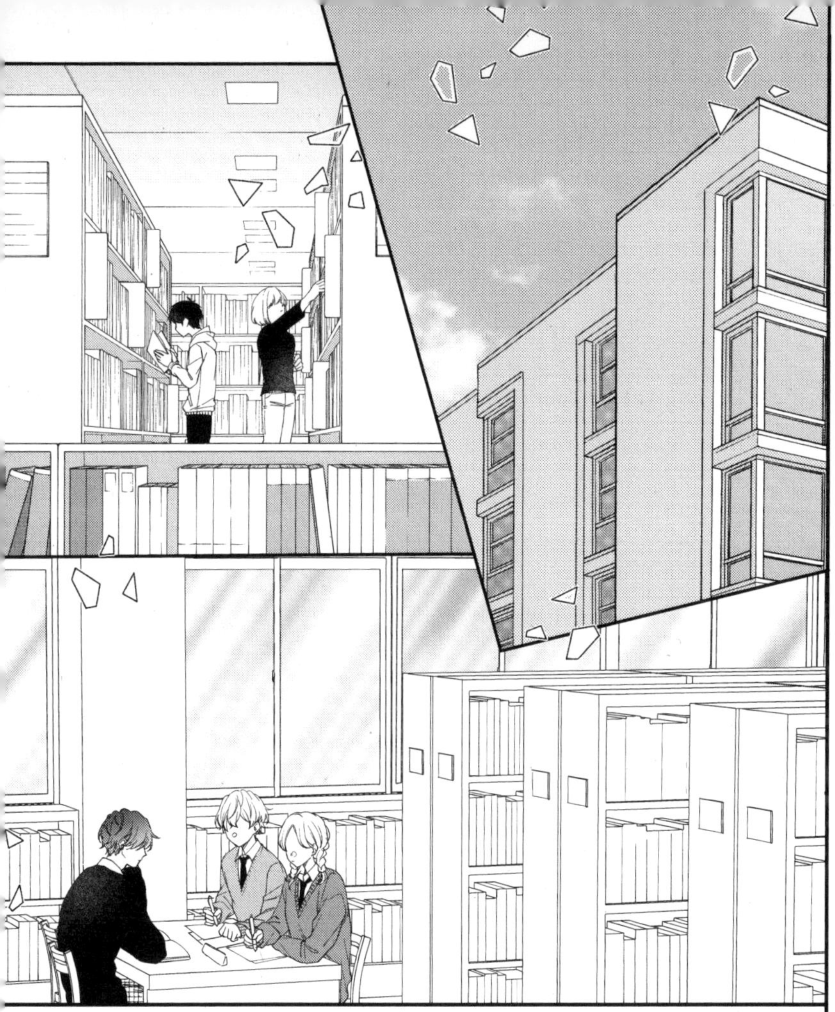

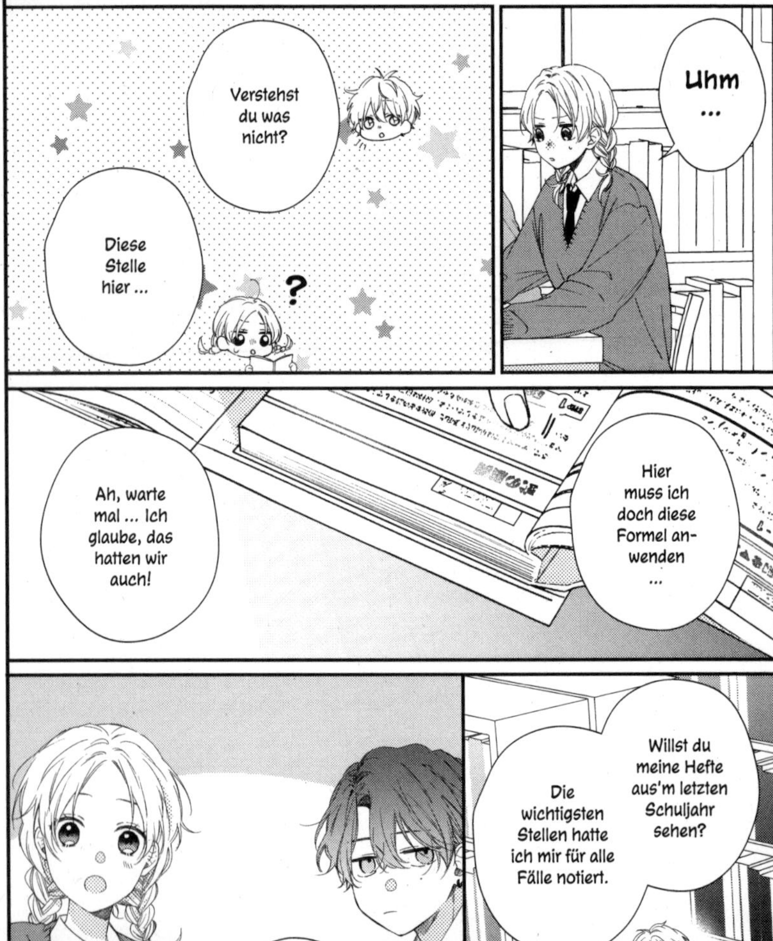
Uhm ...
Verstehst du was nicht?
Diese Stelle hier ...
?
Hier muss ich doch diese Formel anwenden ...
Ah, warte mal ... Ich glaube, das hatten wir auch!
Willst du meine Hefte aus'm letzten Schuljahr sehen?
Die wichtigsten Stellen hatte ich mir für alle Fälle notiert.
Wo sind sie noch gleich?
Hast du sie extra für uns mitgebracht?

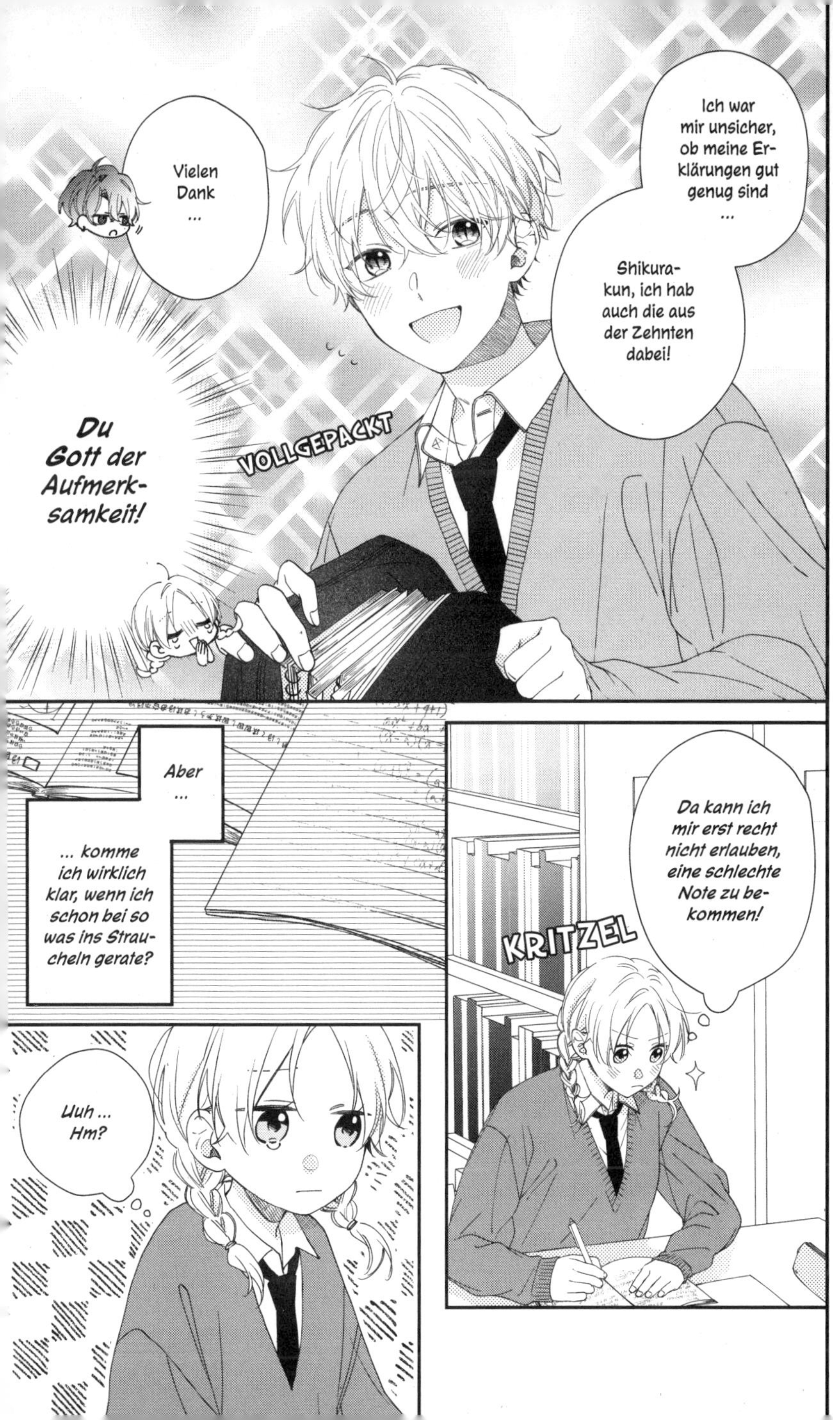
Ich war mir unsicher, ob meine Erklärungen gut genug sind ...
Shikura-kun, ich hab auch die aus der Zehnten dabei!
VOLLGEPACKT
Vielen Dank ...
Du Gott der Aufmerksamkeit!
Da kann ich mir erst recht nicht erlauben, eine schlechte Note zu bekommen!
KRITZEL
Aber ...
... komme ich wirklich klar, wenn ich schon bei so was ins Straucheln gerate?
Uuh ... Hm?

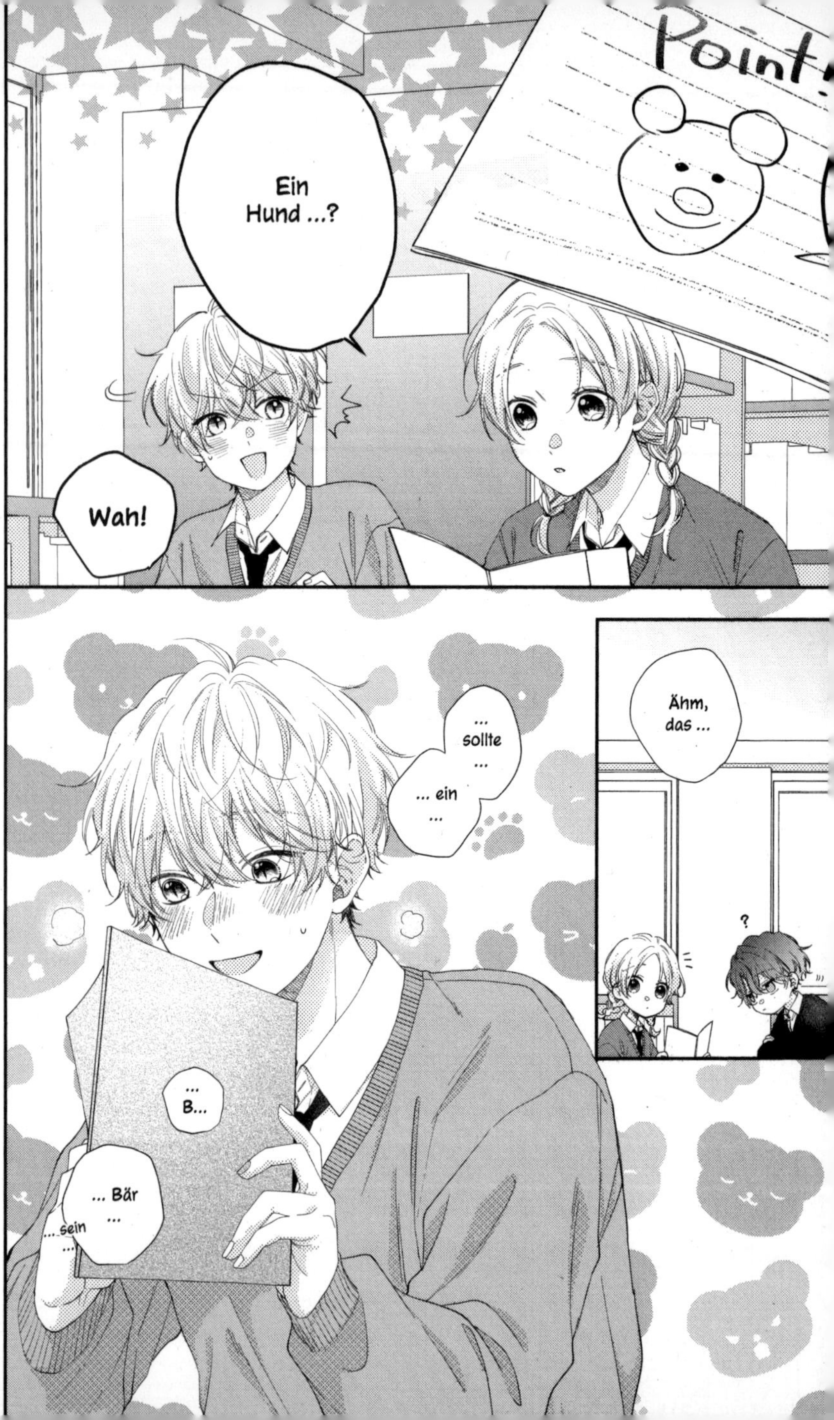
Point
Ein Hund ...?
Wah!
Ähm, das ...
... sollte ...
... ein ...
... B...
... Bär ...
... sein ...

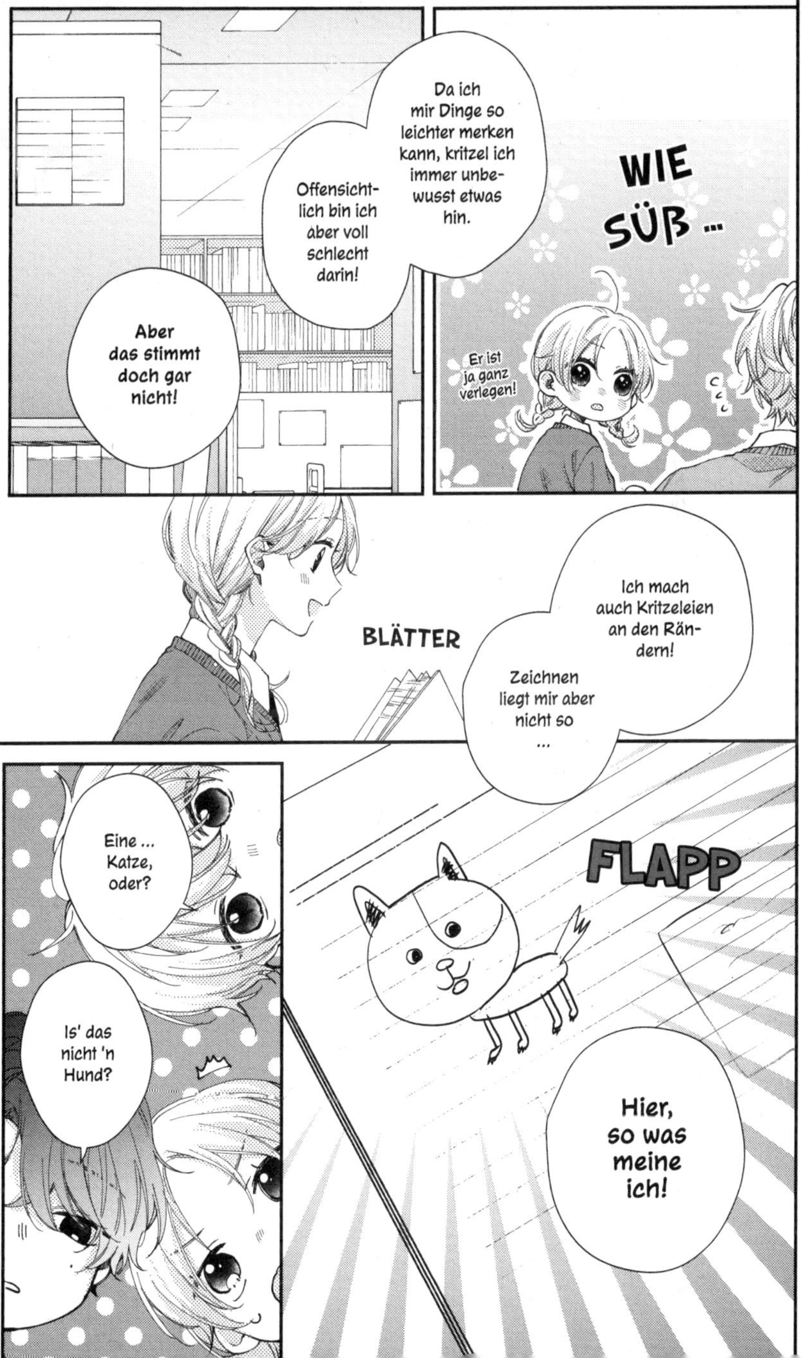
Da ich mir Dinge so leichter merken kann, kritzel ich immer unbewusst etwas hin.
Offensichtlich bin ich aber voll schlecht darin!
WIE SÜß ...
Er ist ja ganz verlegen!
Aber das stimmt doch gar nicht!
Ich mach auch Kritzeleien an den Rändern!
Zeichnen liegt mir aber nicht so ...
BLÄTTER
FLAPP
Hier, so was meine ich!
Eine ... Katze, oder?
Is' das nicht 'n Hund?

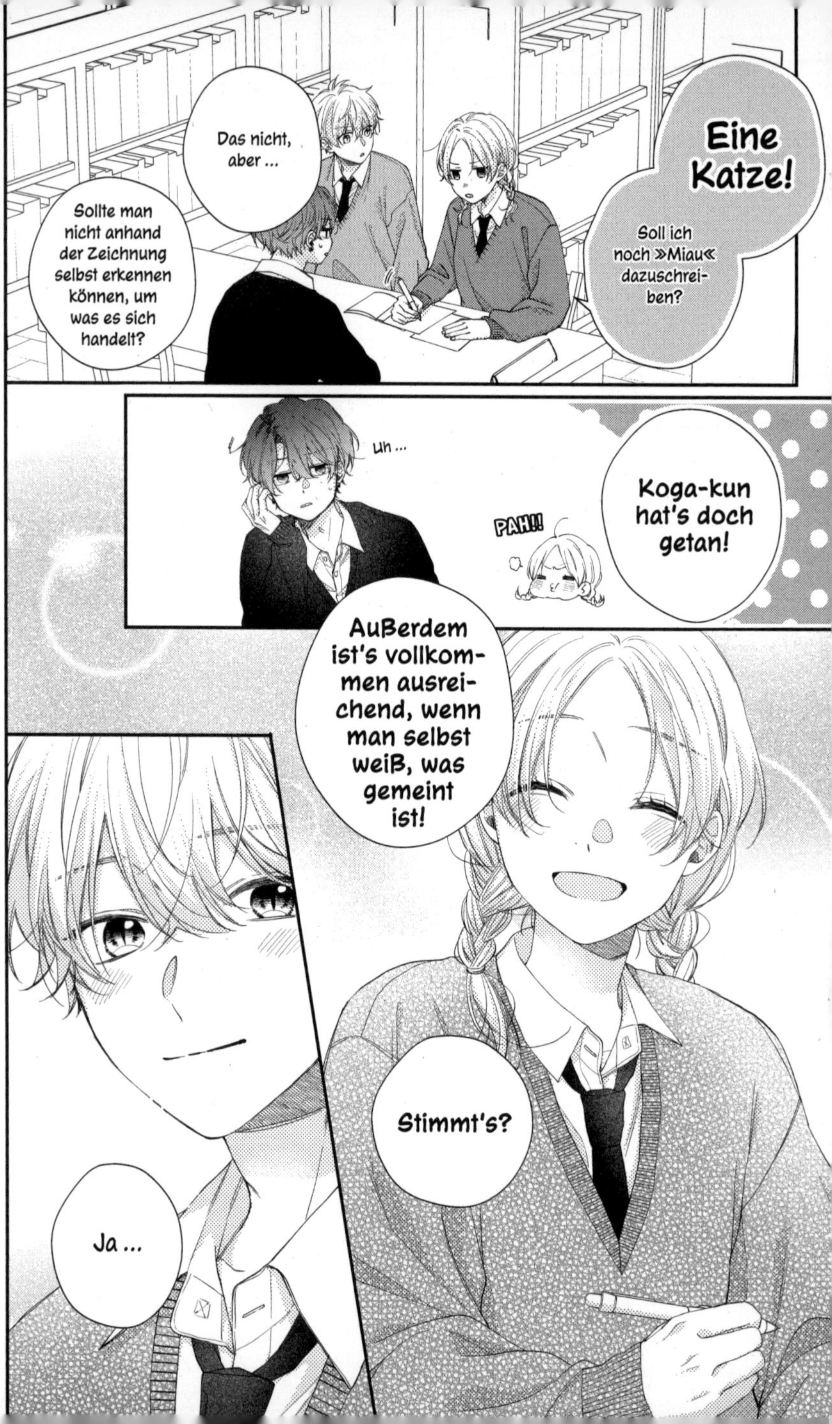
Eine Katze!
Soll ich noch »Miau« dazuschreiben?
Das nicht, aber ...
Sollte man nicht anhand der Zeichnung selbst erkennen können, um was es sich handelt?
Koga-kun hat's doch getan!
PAH!!
uh ...
Außerdem ist's vollkommen ausreichend, wenn man selbst weiß, was gemeint ist!
Stimmt's?
Ja ...

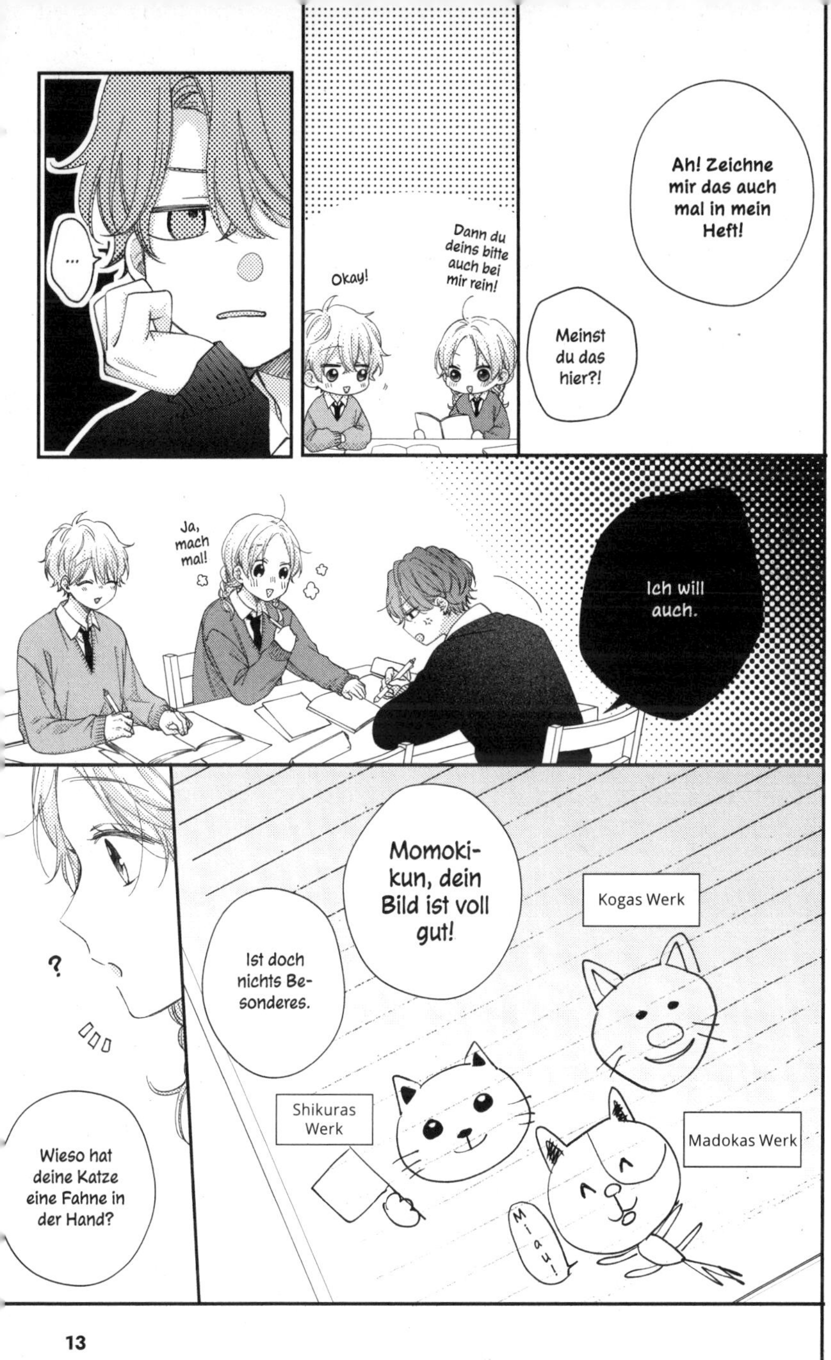

Ah! Zeichne mir das auch mal in mein Heft!
Meinst du das hier?!
Dann du deins bitte auch bei mir rein!
Okay!
…
Ich will auch.
Ja, mach mal!
Momoki-kun, dein Bild ist voll gut!
Ist doch nichts Besonderes.
Kogas Werk
Madokas Werk
Miau!
Shikuras Werk
?
Wieso hat deine Katze eine Fahne in der Hand?

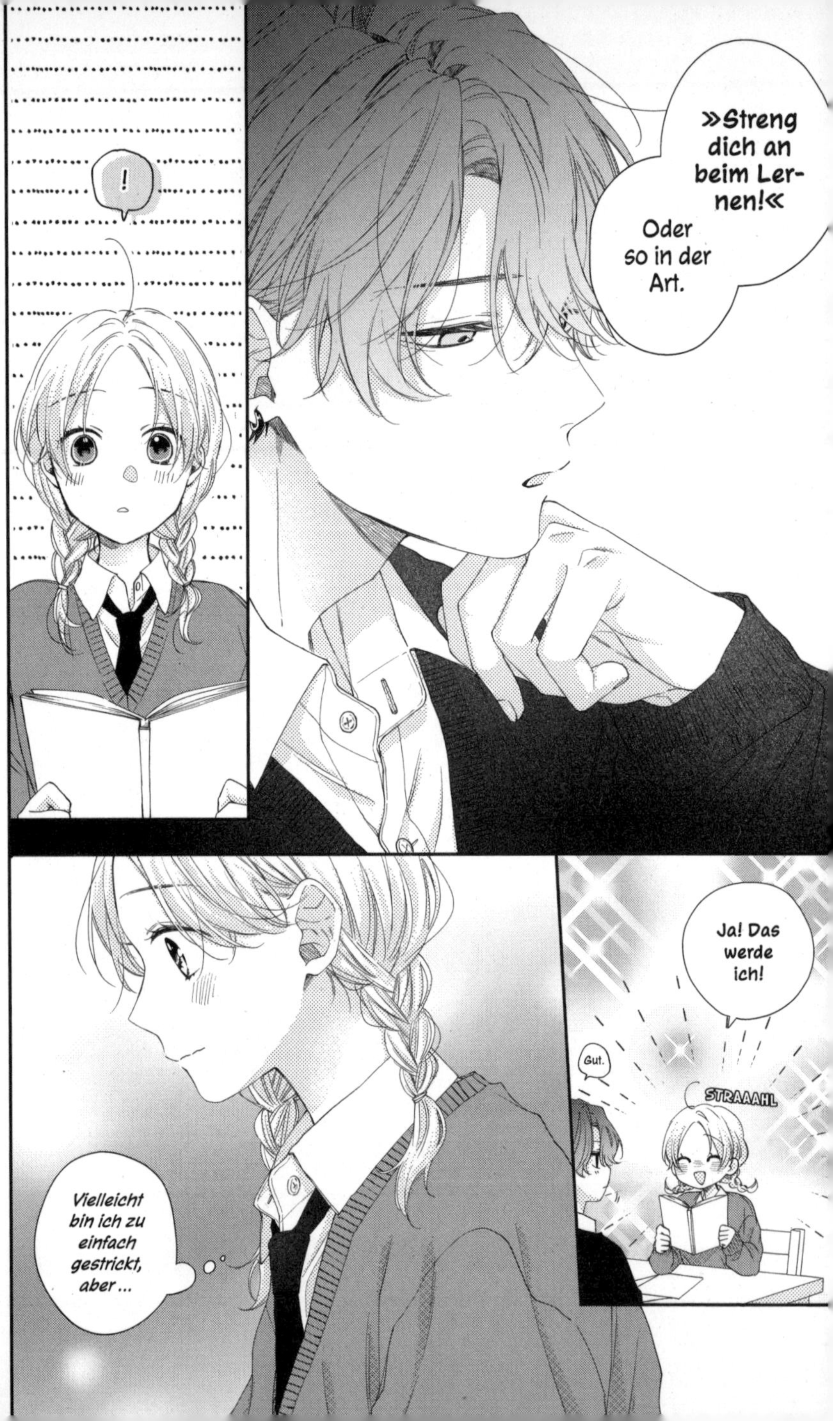

»Streng dich an beim Lernen!« Oder so in der Art.
!
Ja! Das werde ich!
Gut.
STRAAAHL
Vielleicht bin ich zu einfach gestrickt, aber …

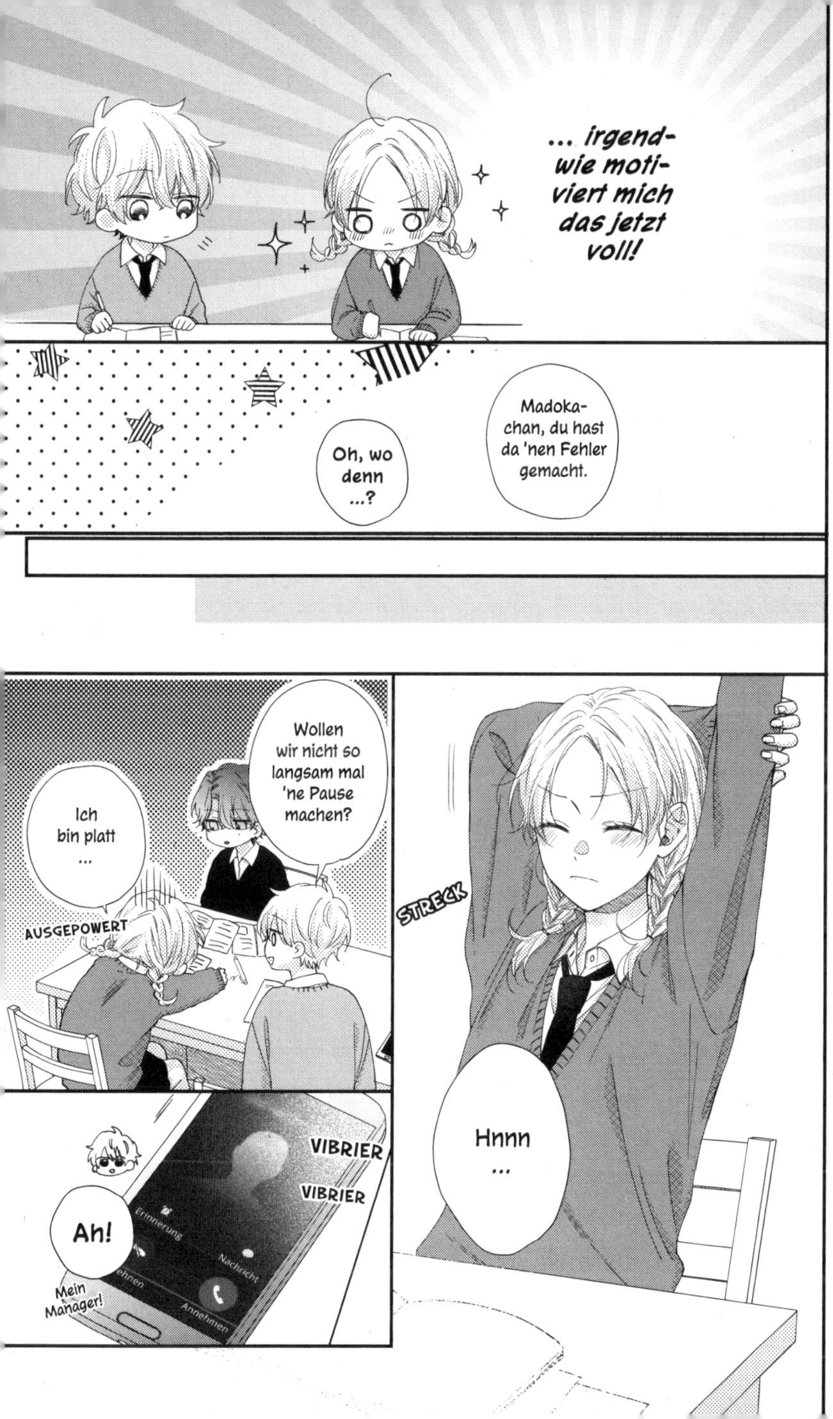
... irgend-wie moti-viert mich das jetzt voll!
Madoka-chan, du hast da 'nen Fehler gemacht.
Oh, wo denn ...?
STRECK
Hnnn ...
Wollen wir nicht so langsam mal 'ne Pause machen?
Ich bin platt ...
AUSGEPOWERT
VIBRIER
VIBRIER
Ah!
Mein Manager!
Erinnerung
Nachricht
Annehmen

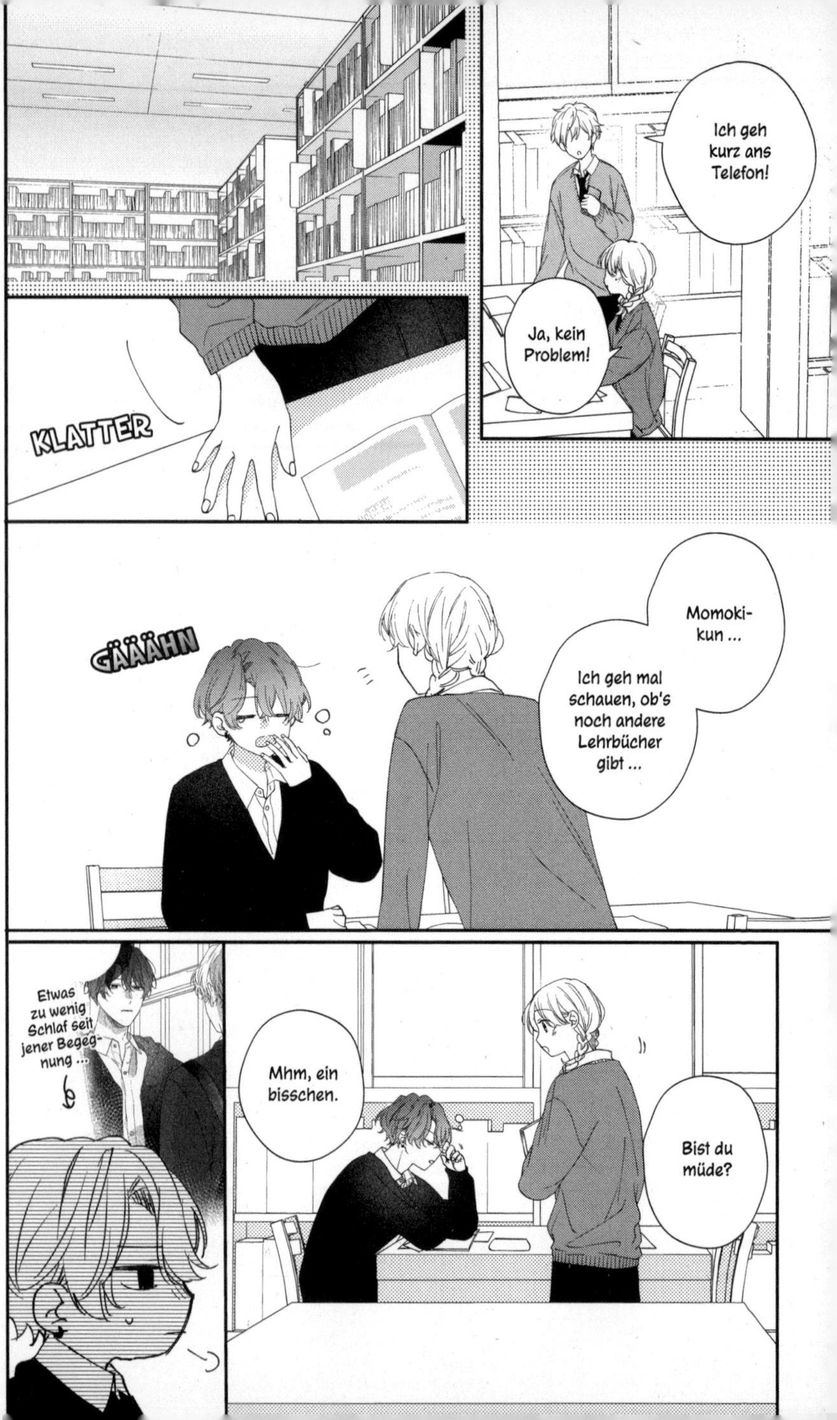

Ich geh kurz ans Telefon!
Ja, kein Problem!
KLATTER
Momoki-kun ...
Ich geh mal schauen, ob's noch andere Lehrbücher gibt ...
GÄÄÄHN
Bist du müde?
Mhm, ein bisschen.
Etwas zu wenig Schlaf seit jener Begegnung ...

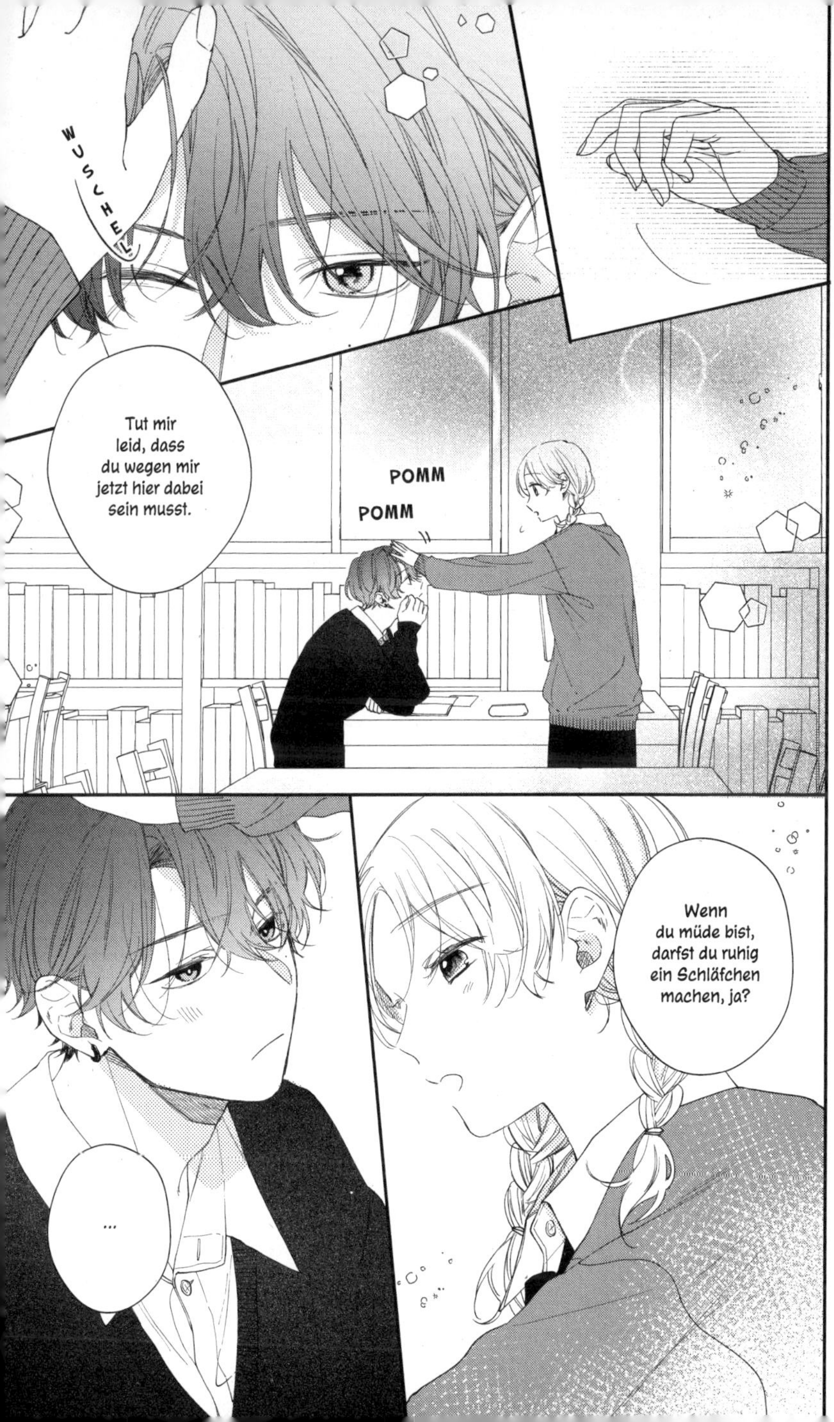
WUSCHEL
Tut mir leid, dass du wegen mir jetzt hier dabei sein musst.
POMM
POMM
Wenn du müde bist, darfst du ruhig ein Schläfchen machen, ja?
...

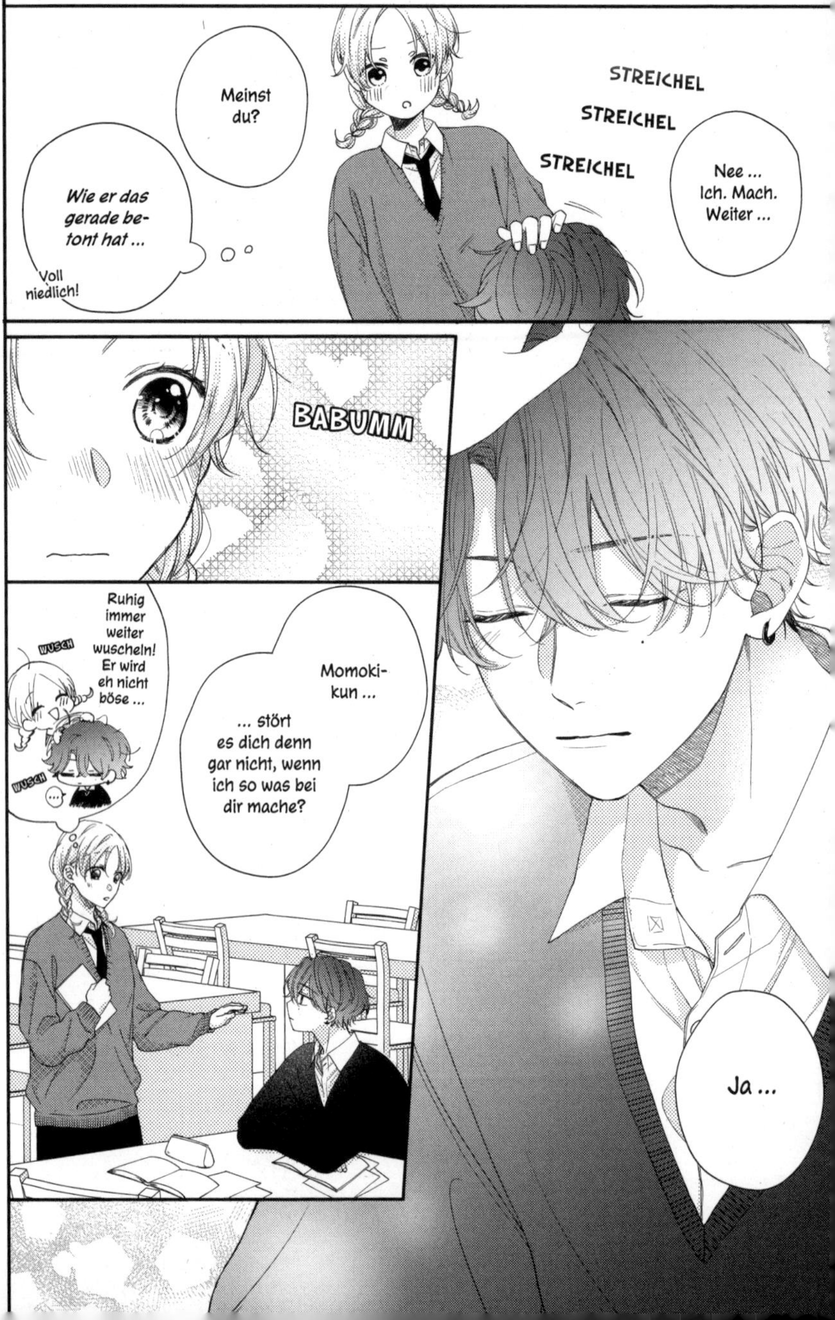

Nee ...
Ich. Mach.
Weiter ...
STREICHEL
STREICHEL
STREICHEL
Meinst du?
Wie er das gerade betont hat ...
Voll niedlich!
BABUMM
Ja ...
Momoki-kun ...
... stört es dich denn gar nicht, wenn ich so was bei dir mache?
Ruhig immer weiter wuscheln! Er wird eh nicht böse ...
WUSCH
WUSCH
...

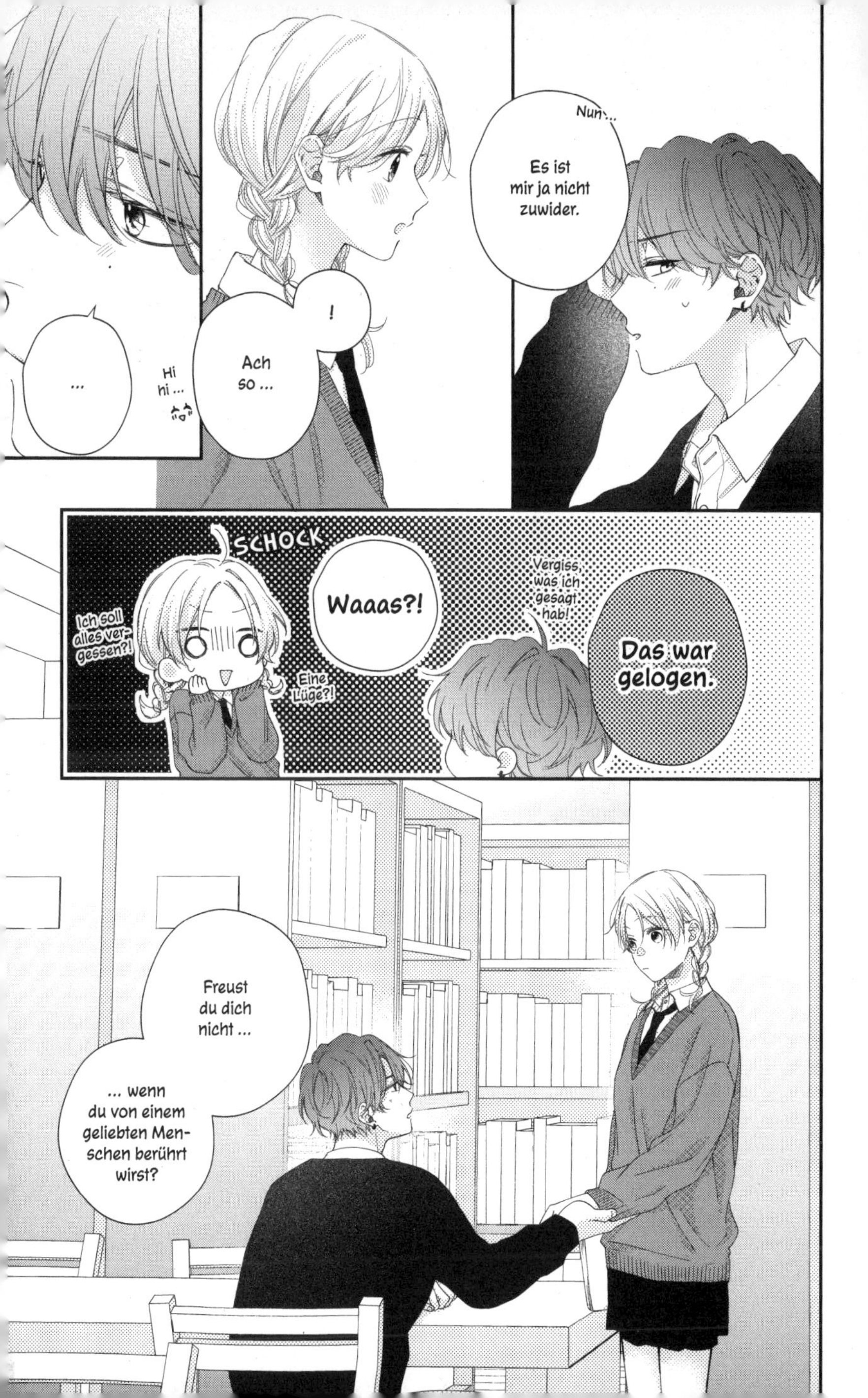
Nun ...
Es ist mir ja nicht zuwider.
!
Ach so ...
Hi hi ...
...
SCHOCK
Das war gelogen.
Vergiss, was ich gesagt hab!
Waaas?!
Eine Lüge?!
Ich soll alles vergessen?!
Freust du dich nicht ...
... wenn du von einem geliebten Menschen berührt wirst?

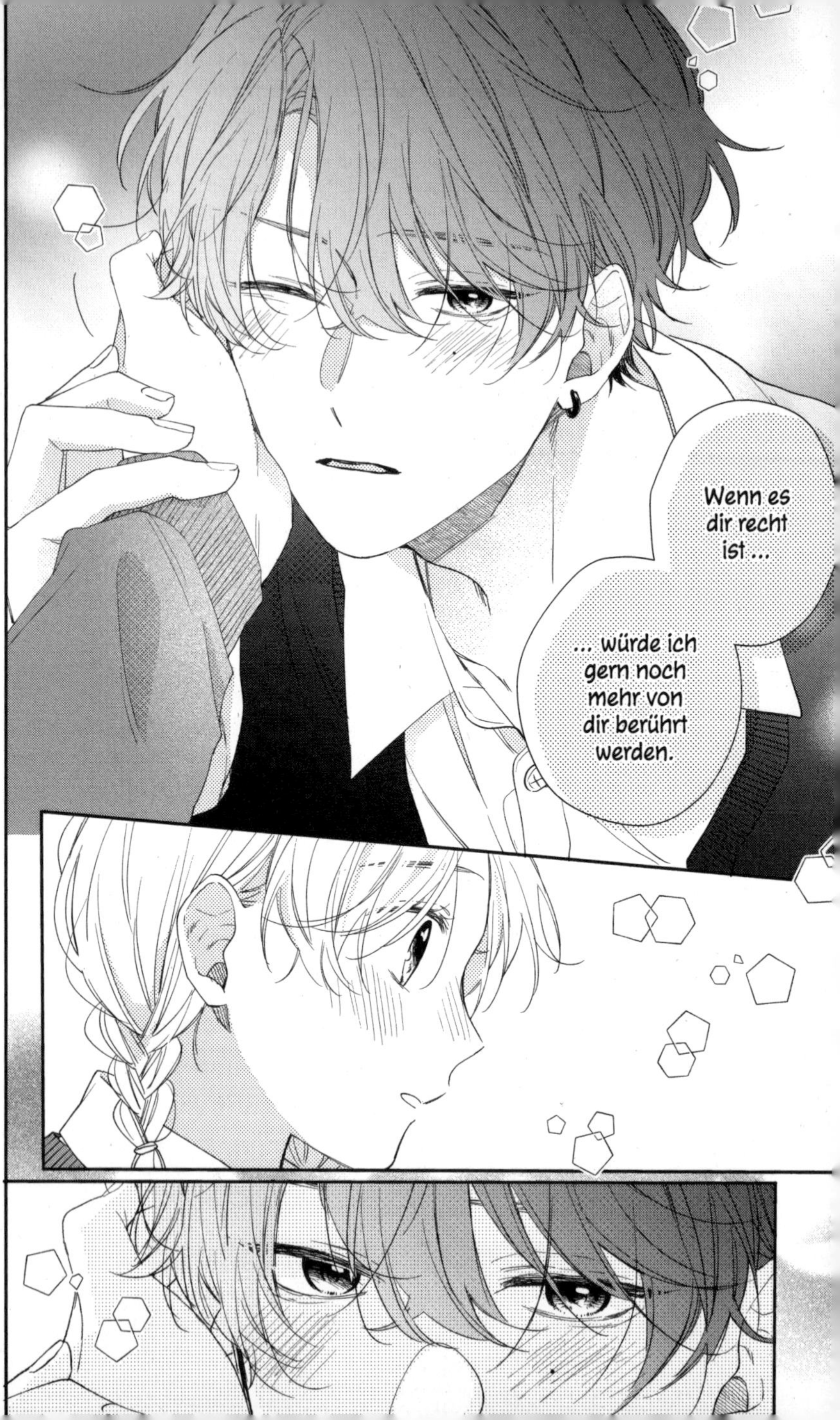
Wenn es dir recht ist …
… würde ich gern noch mehr von dir berührt werden.

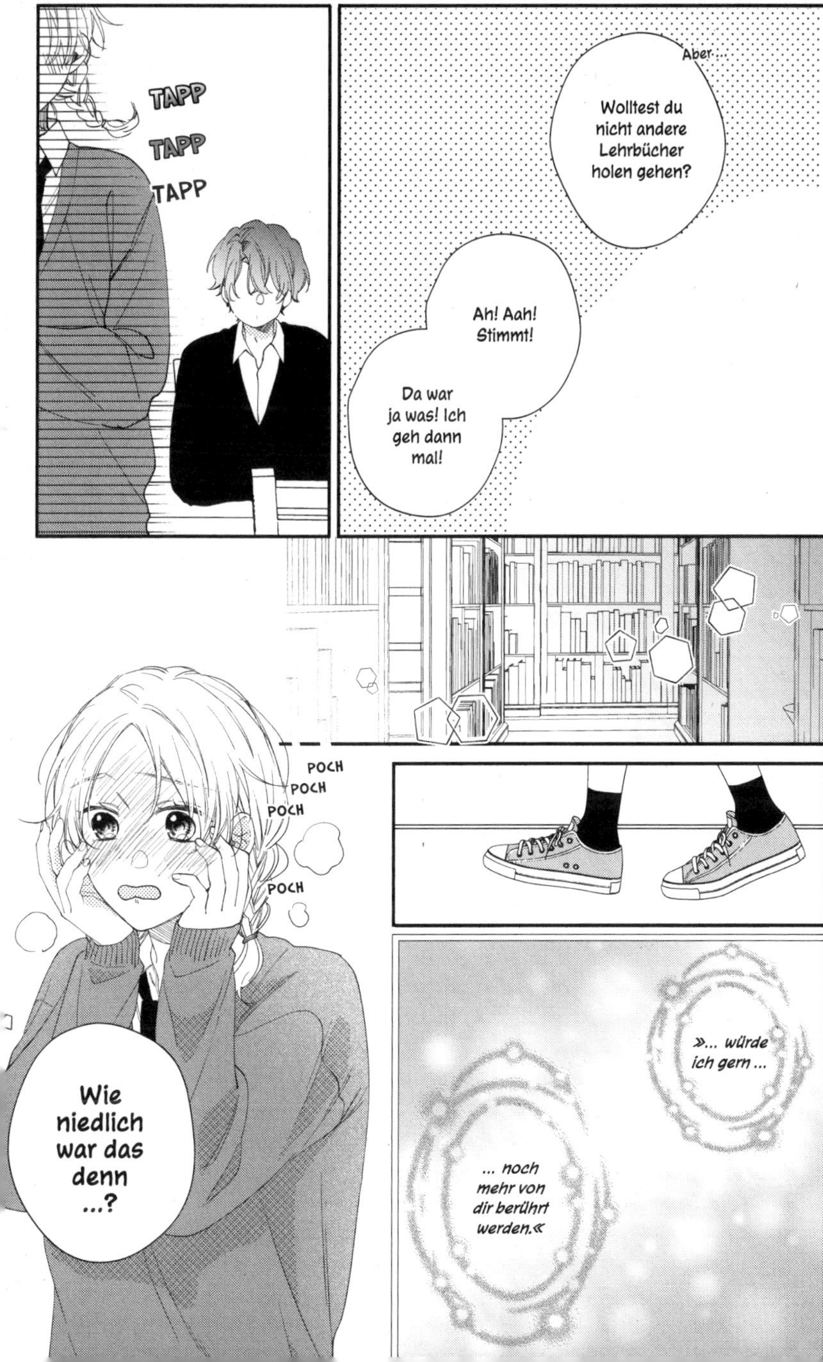
Aber ...
Wolltest du nicht andere Lehrbücher holen gehen?
Ah! Aah! Stimmt!
Da war ja was! Ich geh dann mal!
TAPP
TAPP
TAPP
»... würde ich gern ...
... noch mehr von dir berührt werden.«
POCH
POCH
POCH
POCH
Wie niedlich war das denn ...?

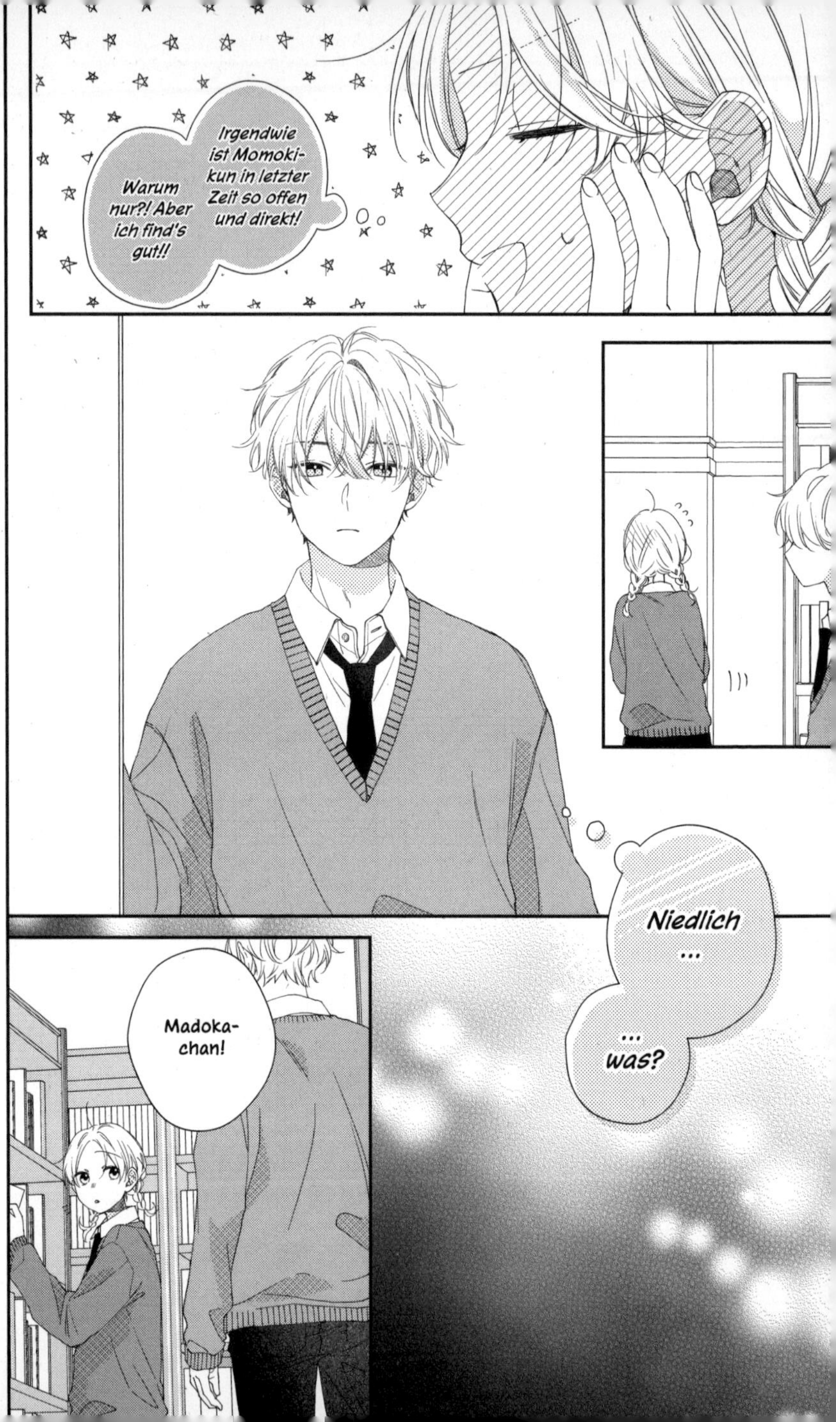
Irgendwie ist Momoki-kun in letzter Zeit so offen und direkt!
Warum nur?! Aber ich find's gut!!
Niedlich ...
... was?
Madoka-chan!

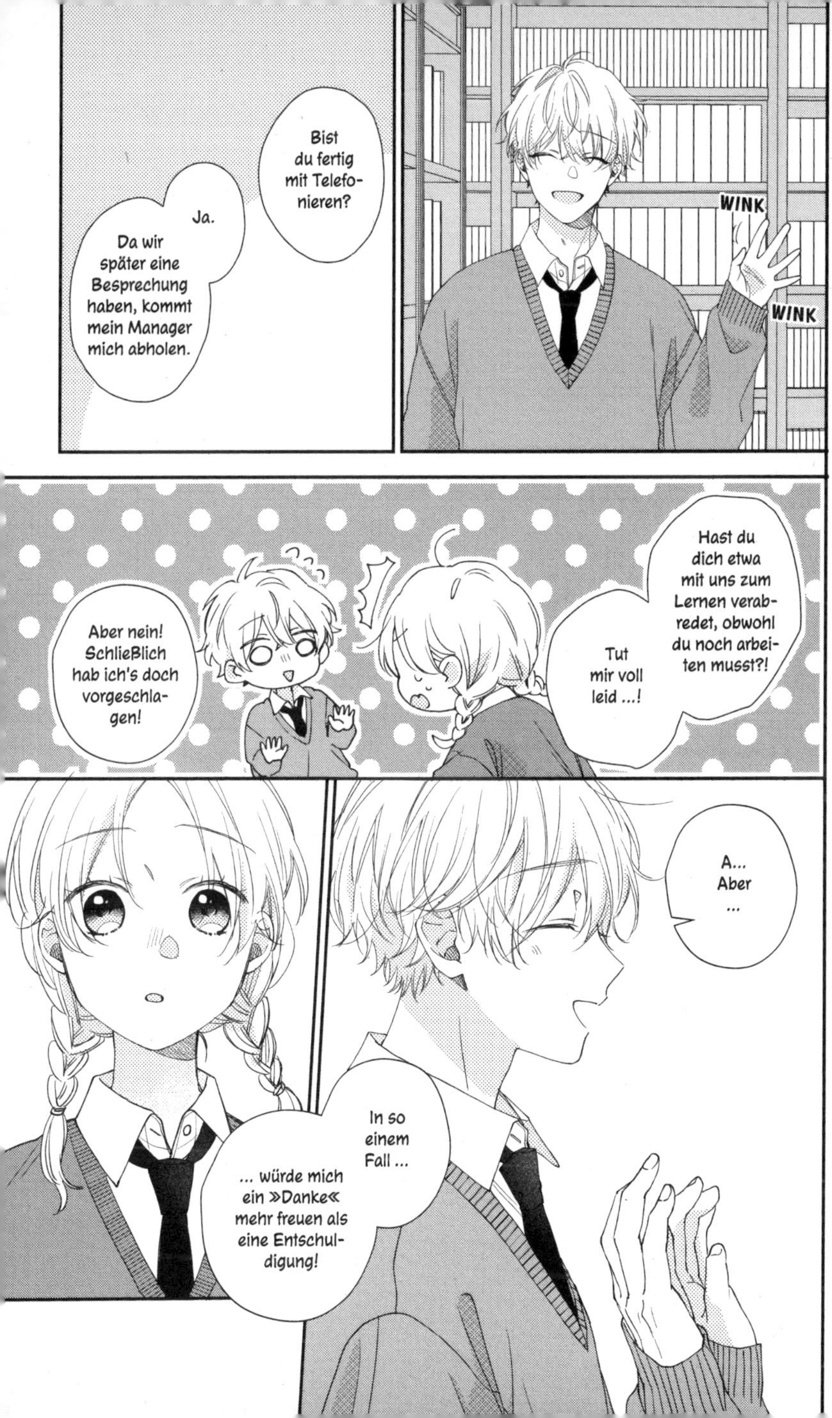
Bist du fertig mit Telefonieren?
WINK
WINK
Ja.
Da wir später eine Besprechung haben, kommt mein Manager mich abholen.
Hast du dich etwa mit uns zum Lernen verabredet, obwohl du noch arbeiten musst?!
Tut mir voll leid ...!
Aber nein! Schließlich hab ich's doch vorgeschlagen!
A... Aber ...
In so einem Fall ...
... würde mich ein »Danke« mehr freuen als eine Entschuldigung!

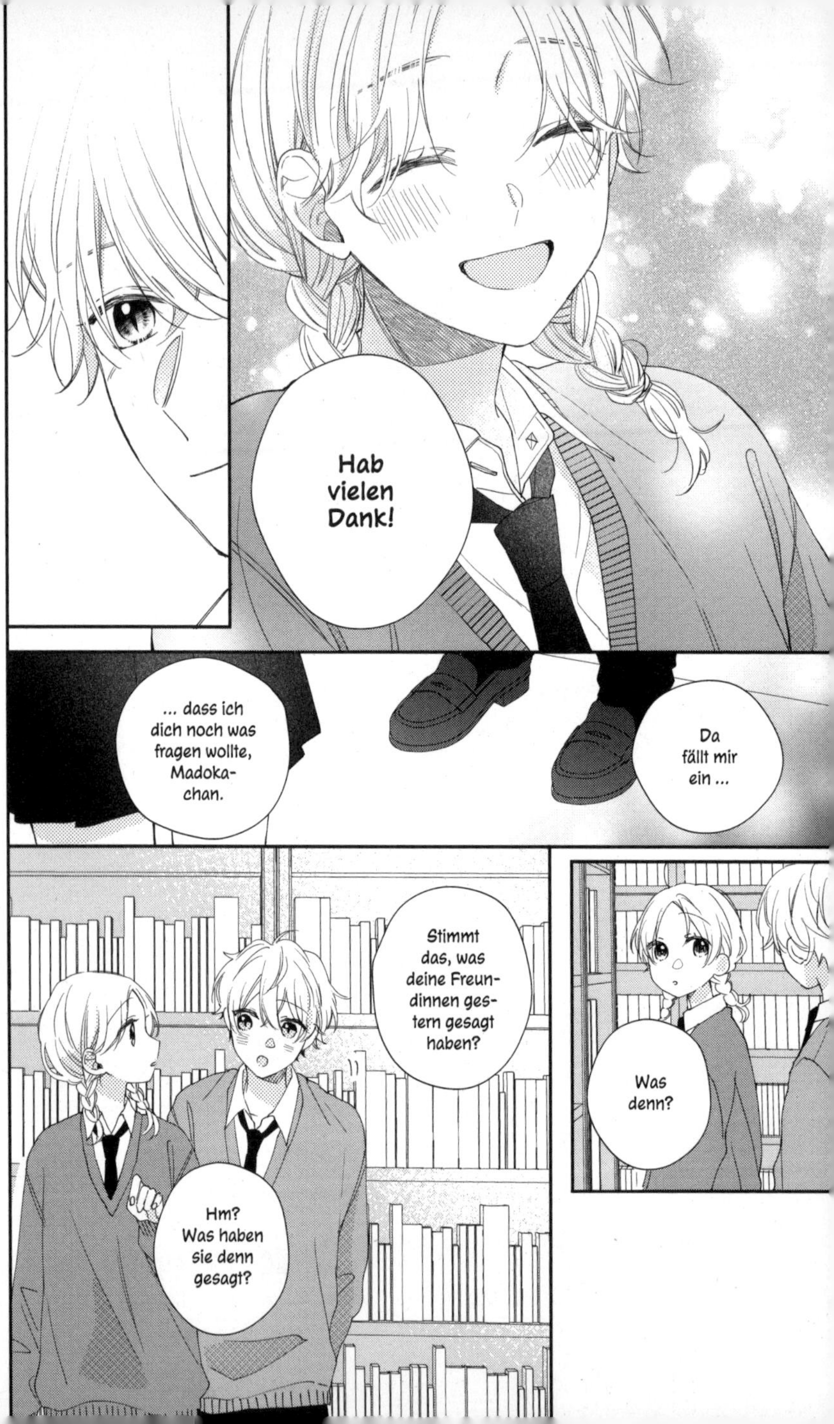
Hab vielen Dank!
Da fällt mir ein ...
... dass ich dich noch was fragen wollte, Madoka-chan.
Was denn?
Stimmt das, was deine Freundinnen gestern gesagt haben?
Hm? Was haben sie denn gesagt?

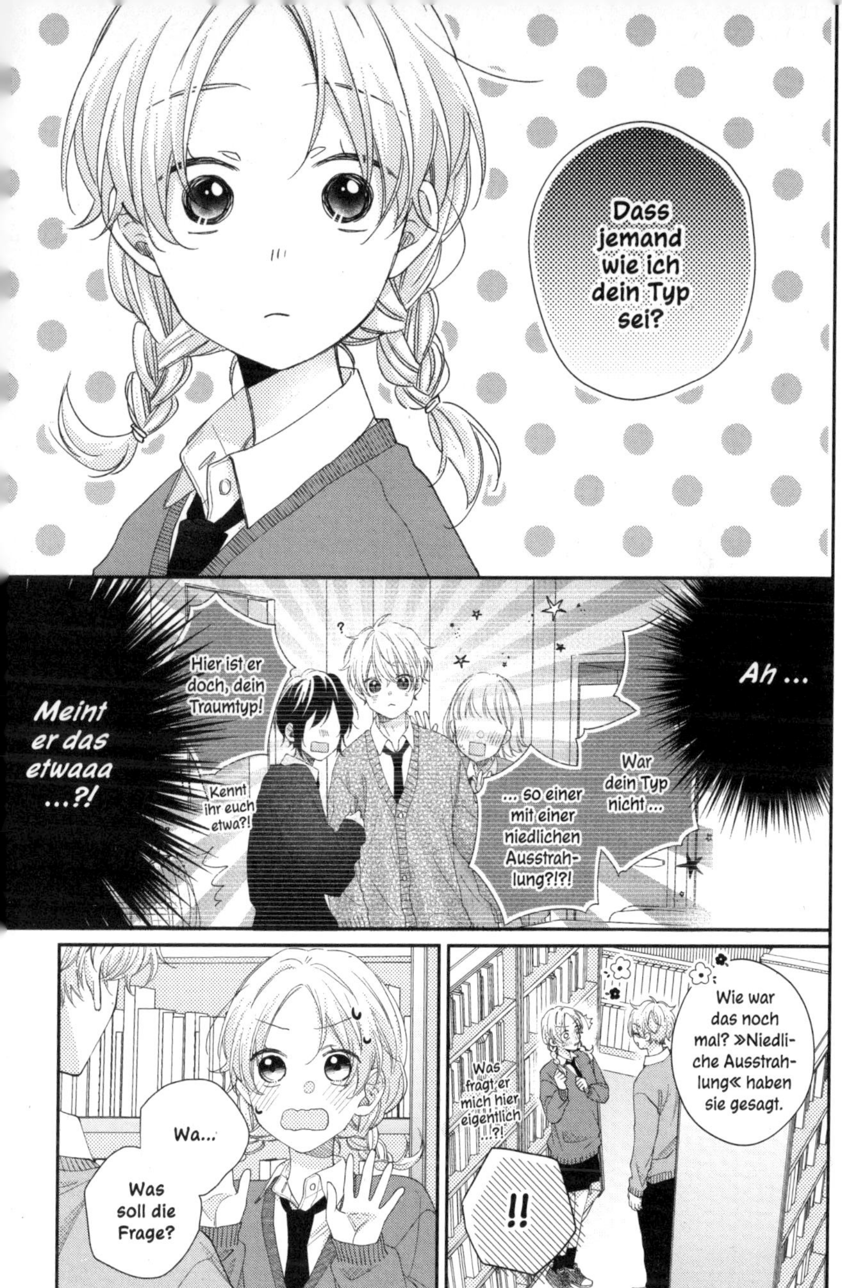
Dass jemand wie ich dein Typ sei?
Ah ...
War dein Typ nicht ...
... so einer mit einer niedlichen Ausstrah-lung?!?!
Hier ist er doch, dein Traumtyp!
Kennt ihr euch etwa?!
Meint er das etwaaa ...?!
Wie war das noch mal? »Niedli-che Ausstrah-lung« haben sie gesagt.
Was fragt er mich hier eigentlich ...?!
!!
Wa...
Was soll die Frage?

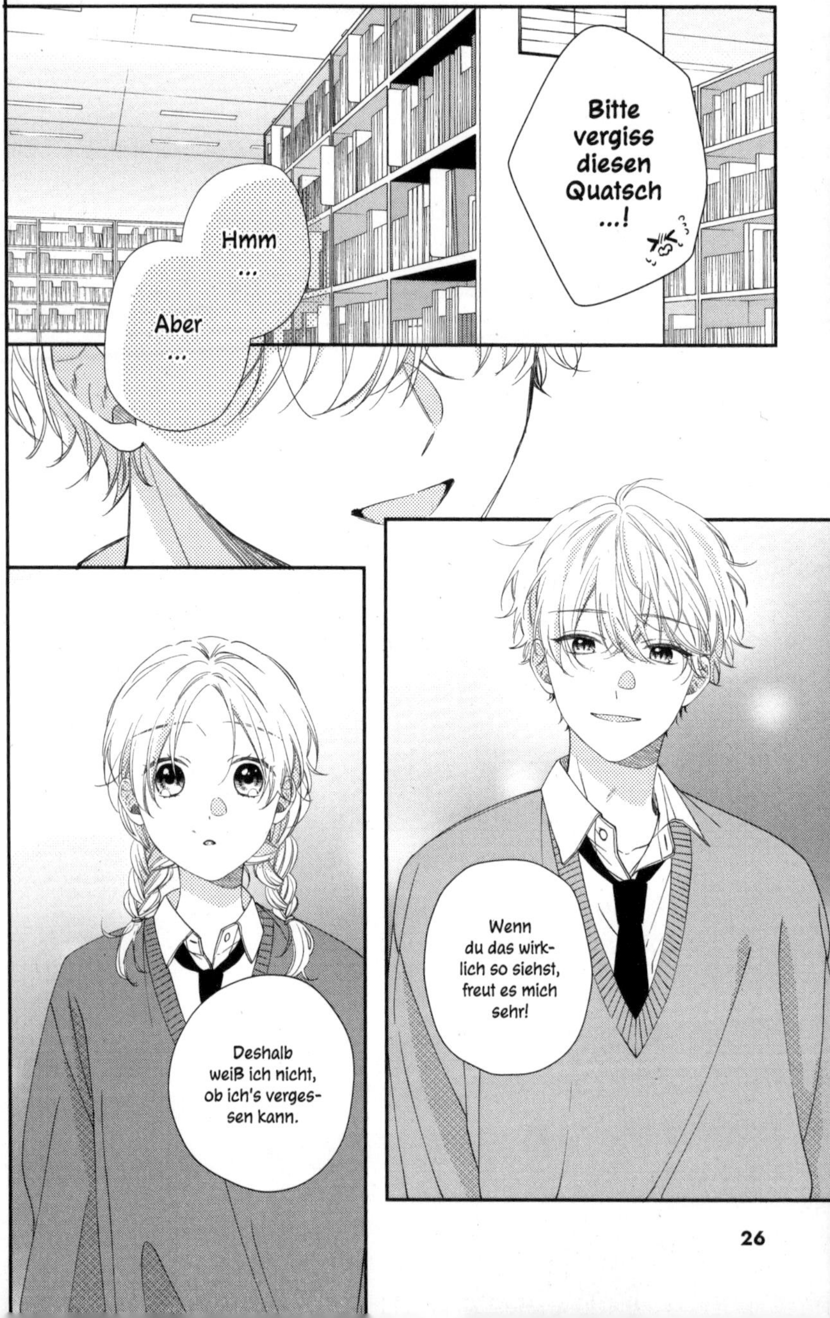
Bitte vergiss diesen Quatsch ...!
Hmm ... Aber ...
Wenn du das wirklich so siehst, freut es mich sehr!
Deshalb weiß ich nicht, ob ich's vergessen kann.

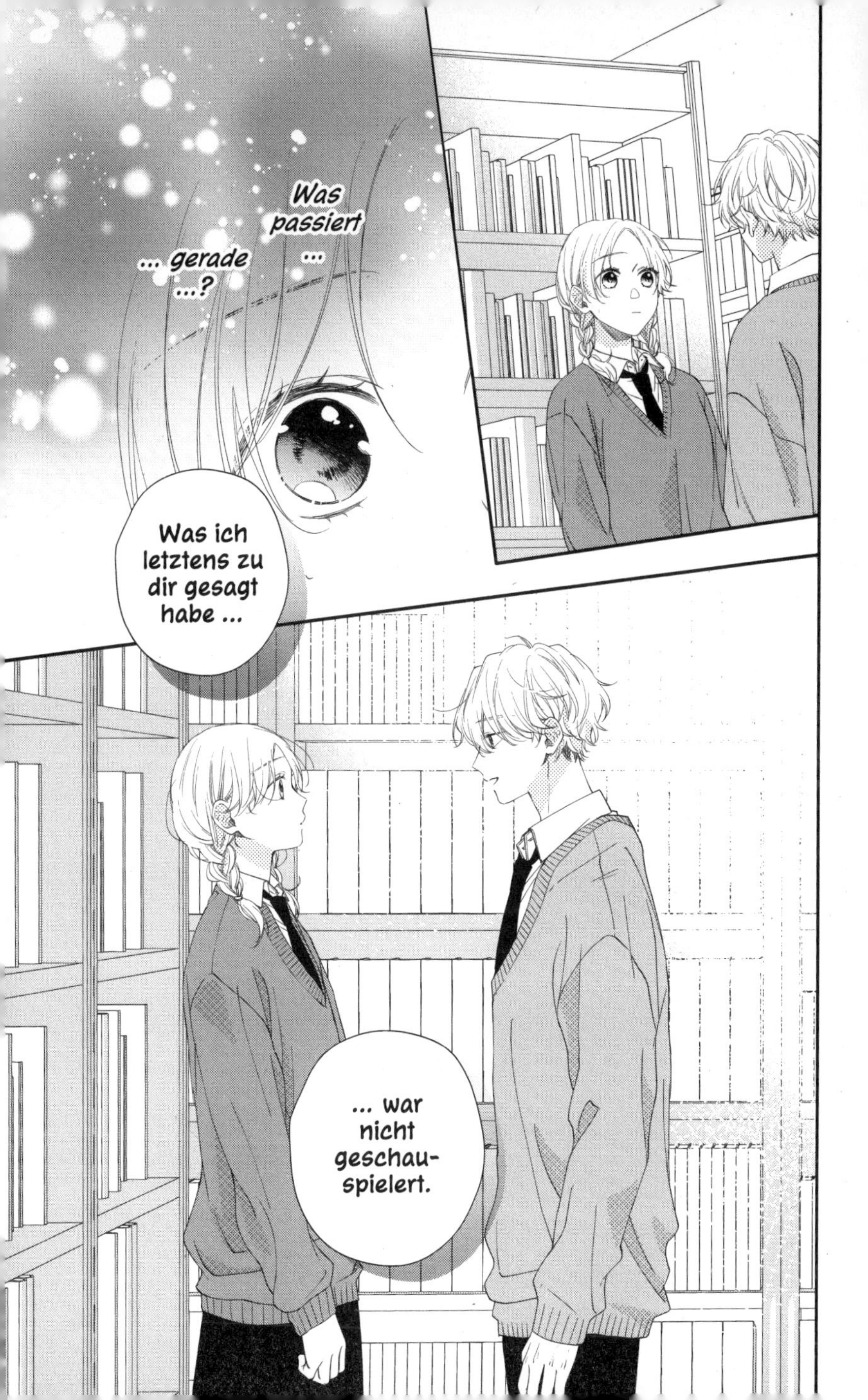
Was passiert ...
... gerade ...?
Was ich letztens zu dir gesagt habe ...
... war nicht geschauspielert.

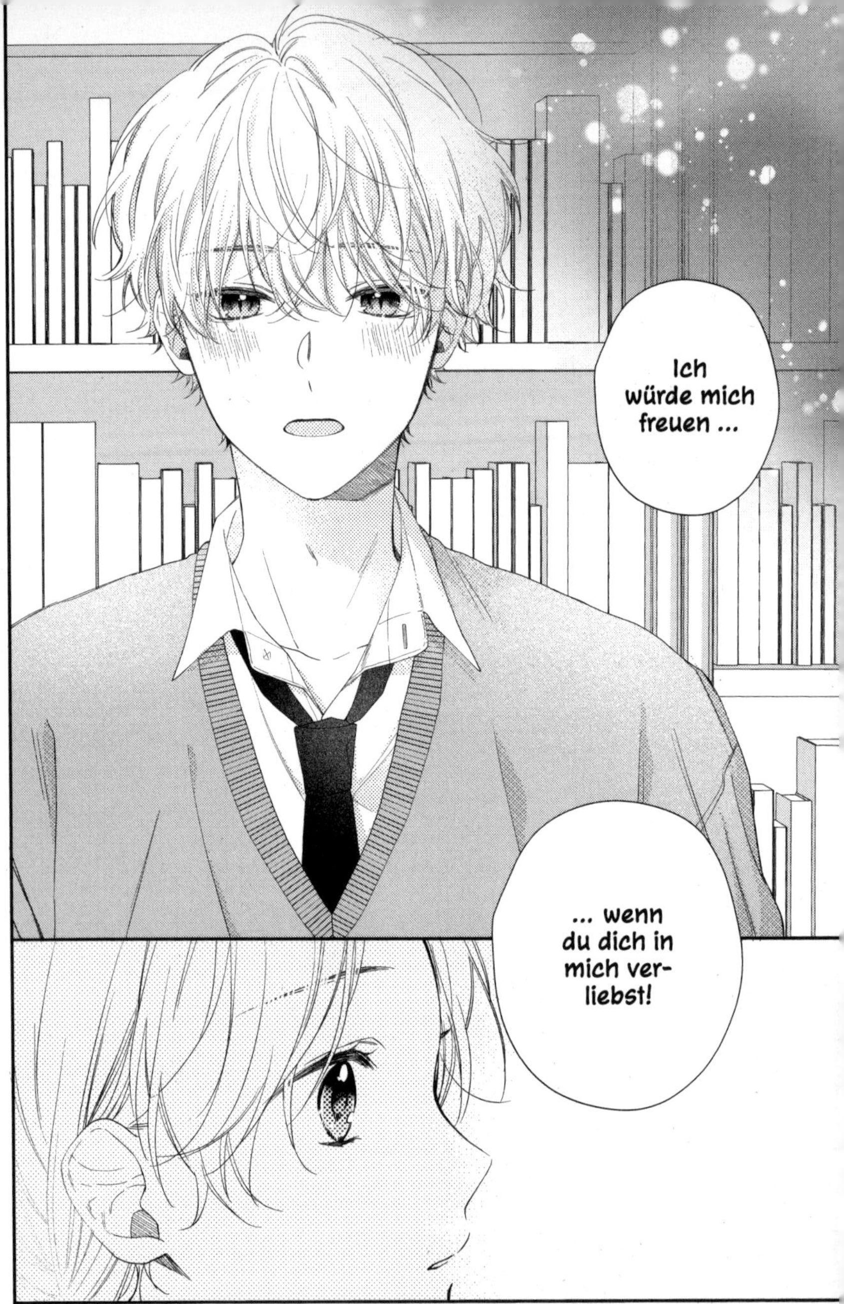
Ich würde mich freuen ...
... wenn du dich in mich verliebst!

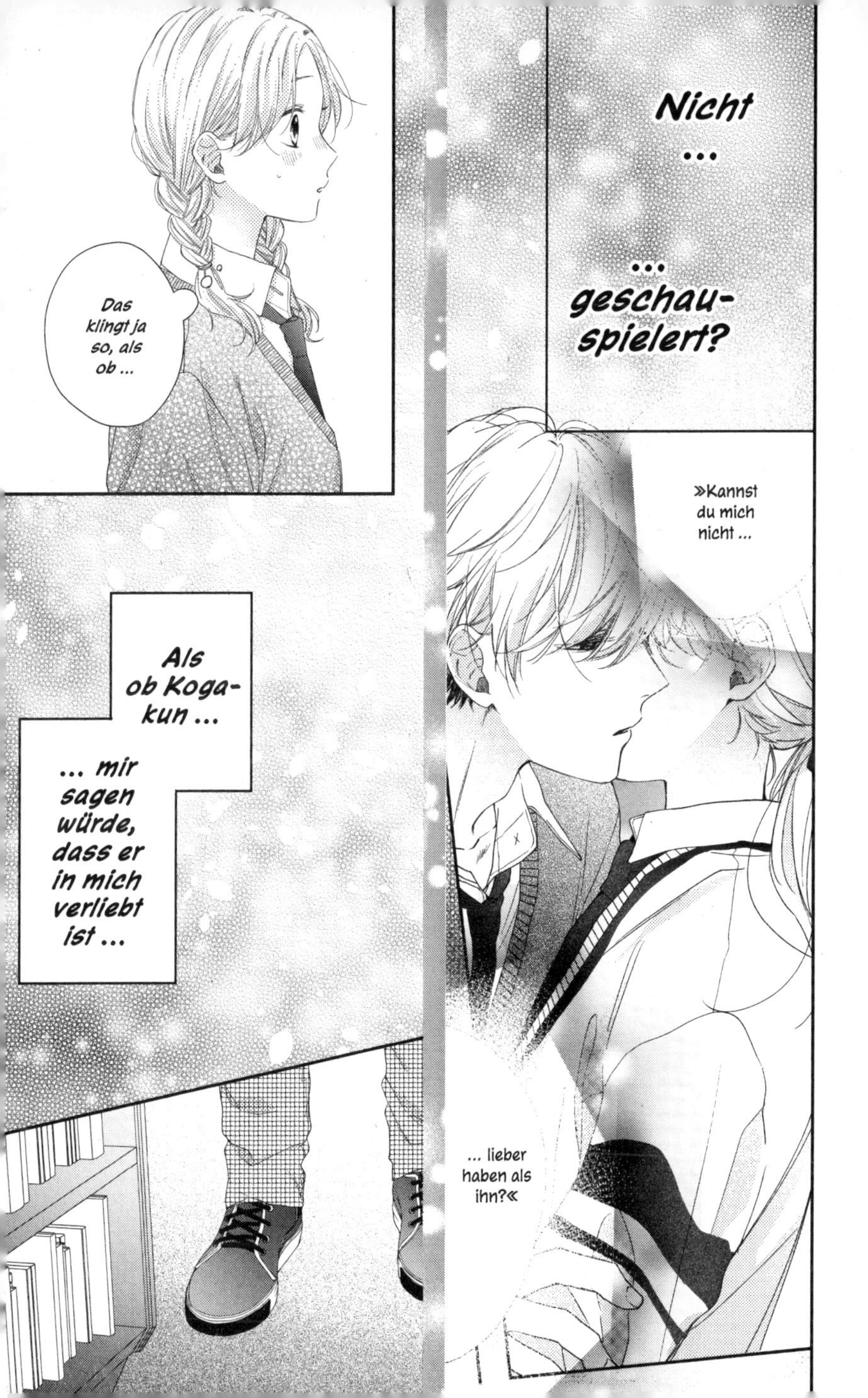
Nicht …
… geschau-spielert?
Das klingt ja so, als ob …
»Kannst du mich nicht …
… lieber haben als ihn?«
Als ob Koga-kun …
… mir sagen würde, dass er in mich verliebt ist …

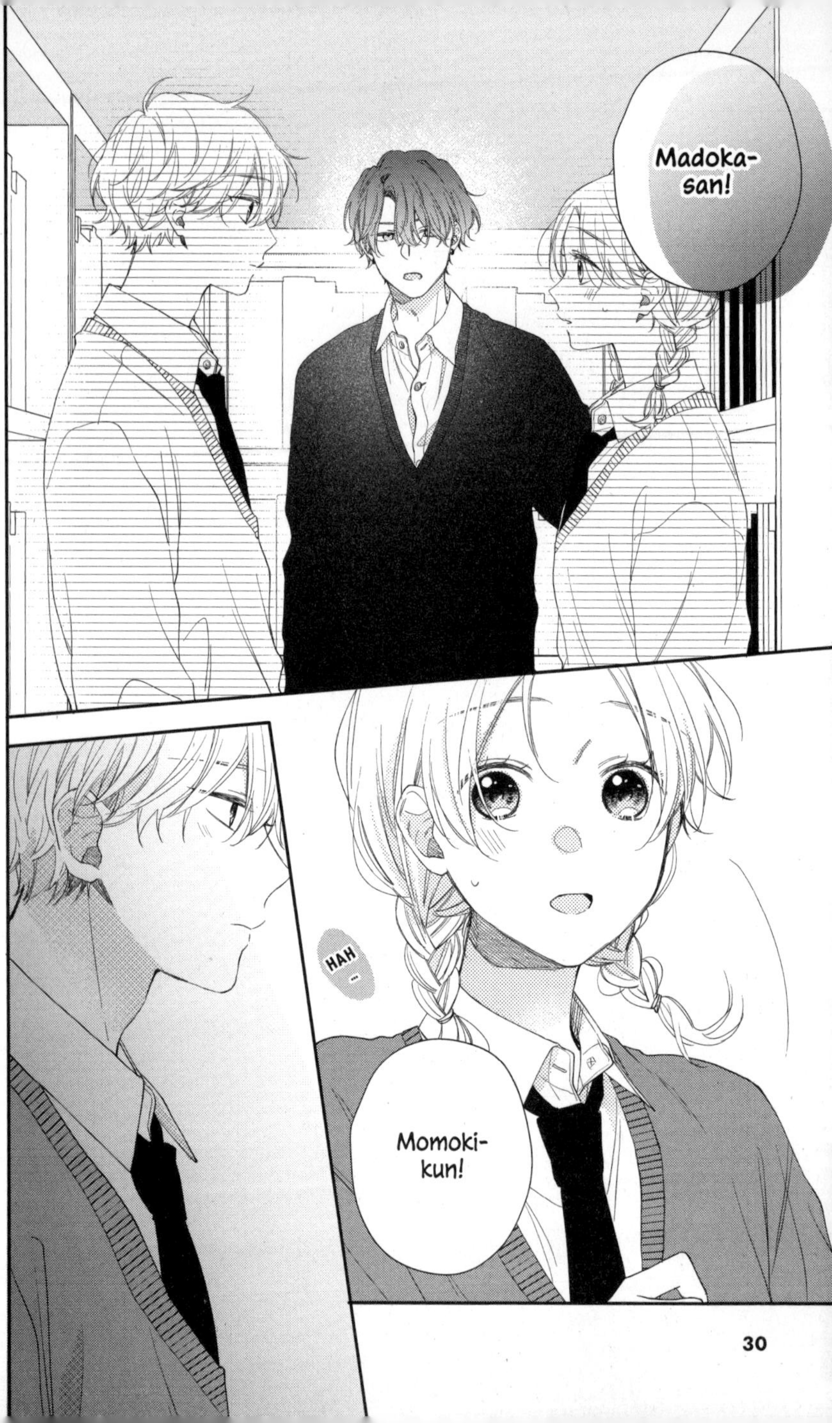
Madoka-san!
HAH
Momoki-kun!

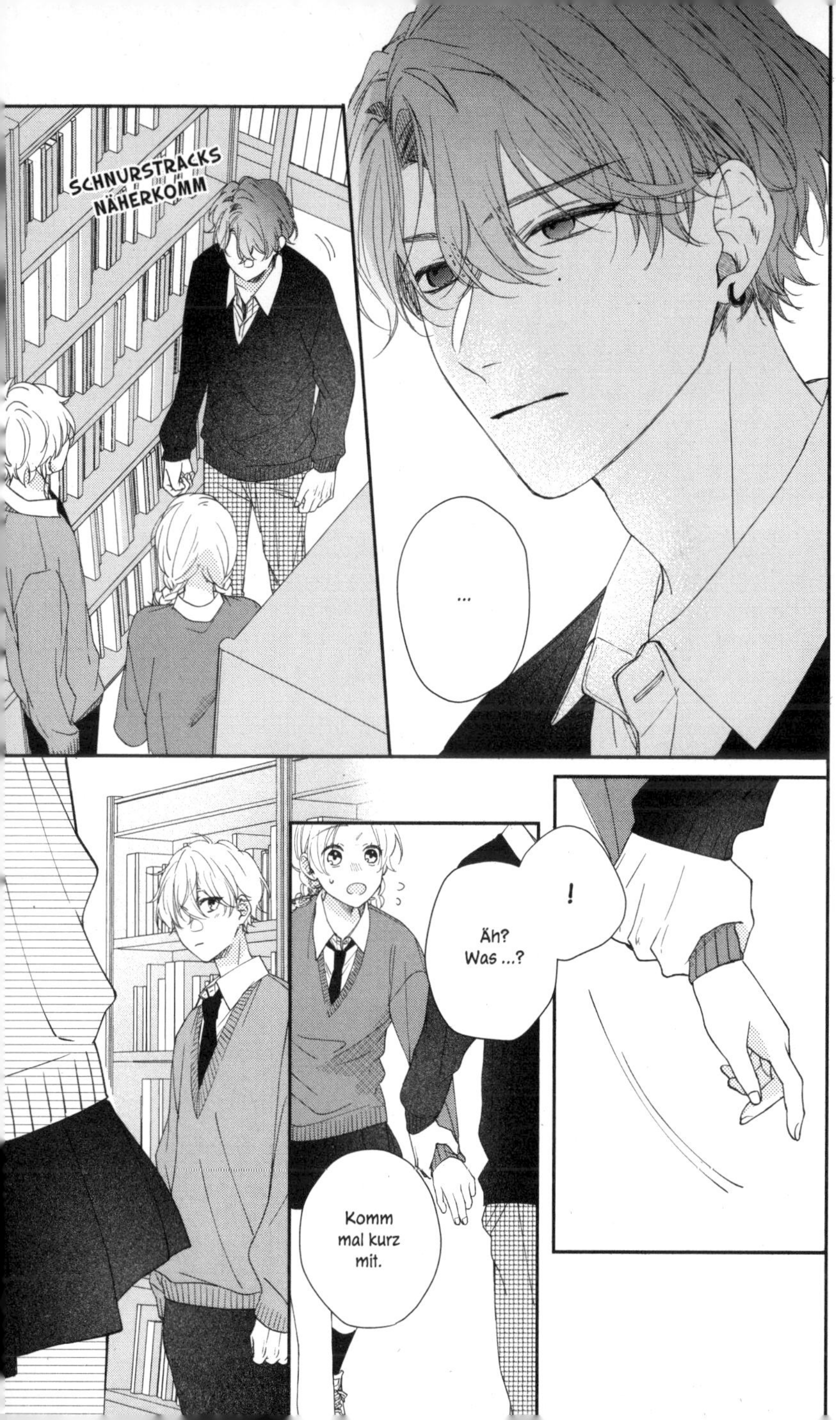
...
SCHNURSTRACKS NÄHERKOMM
!
Äh? Was ...?
Komm mal kurz mit.

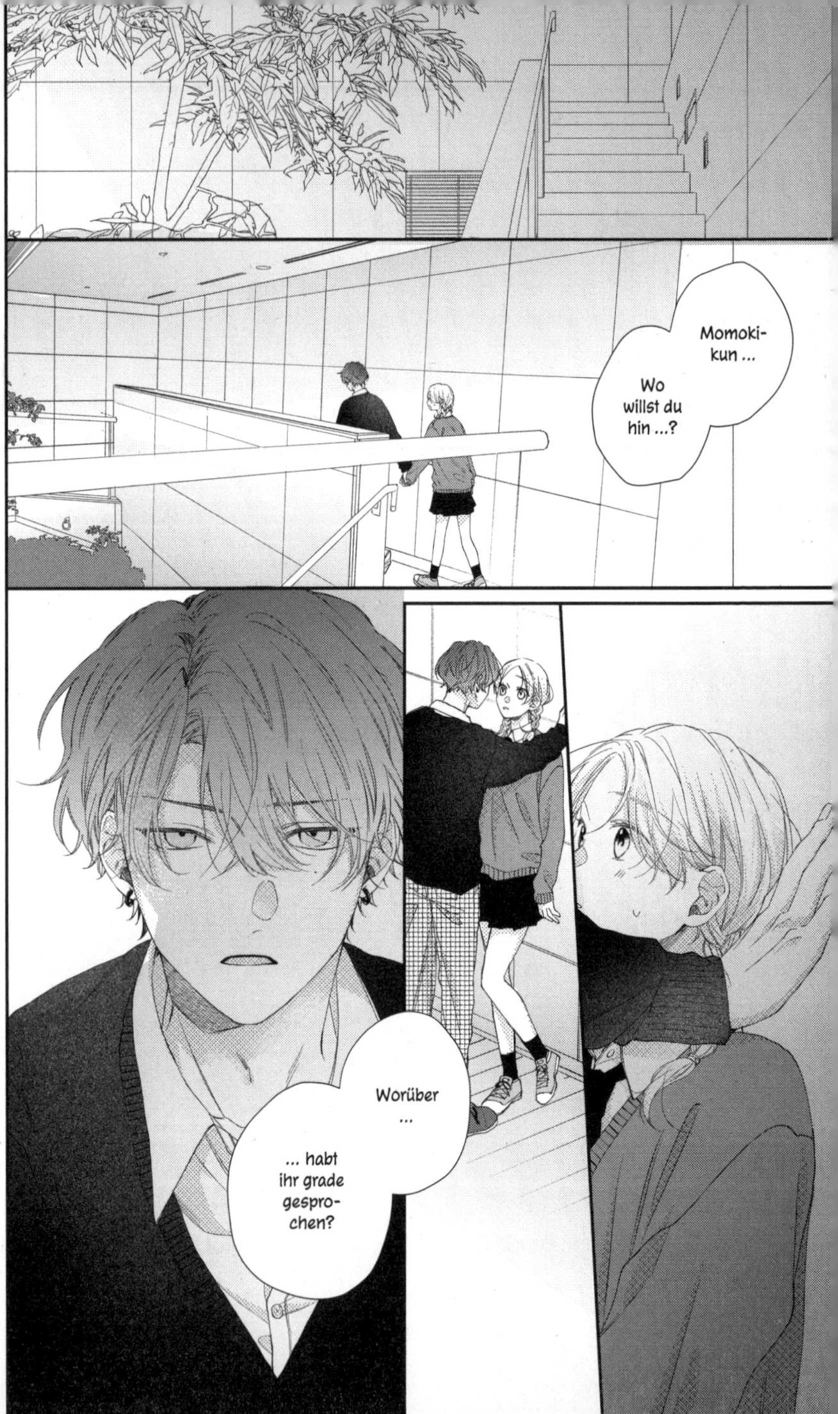
Momoki-kun ...
Wo willst du hin ...?
Worüber ...
... habt ihr grade gespro-chen?

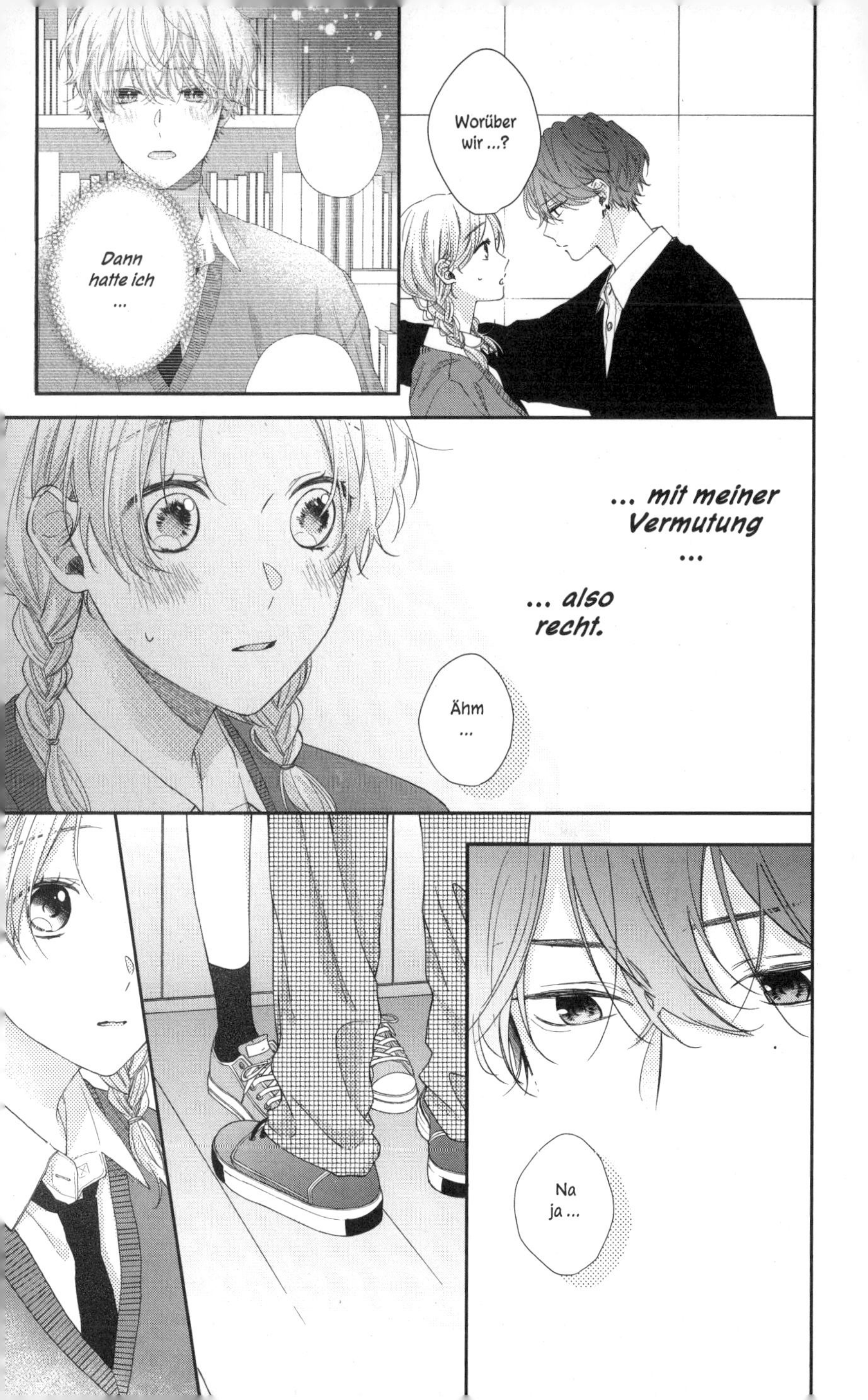
Worüber
wir ...?
Dann
hatte ich
...
... mit meiner
Vermutung
...
... also
recht.
Ähm
...
Na
ja ...

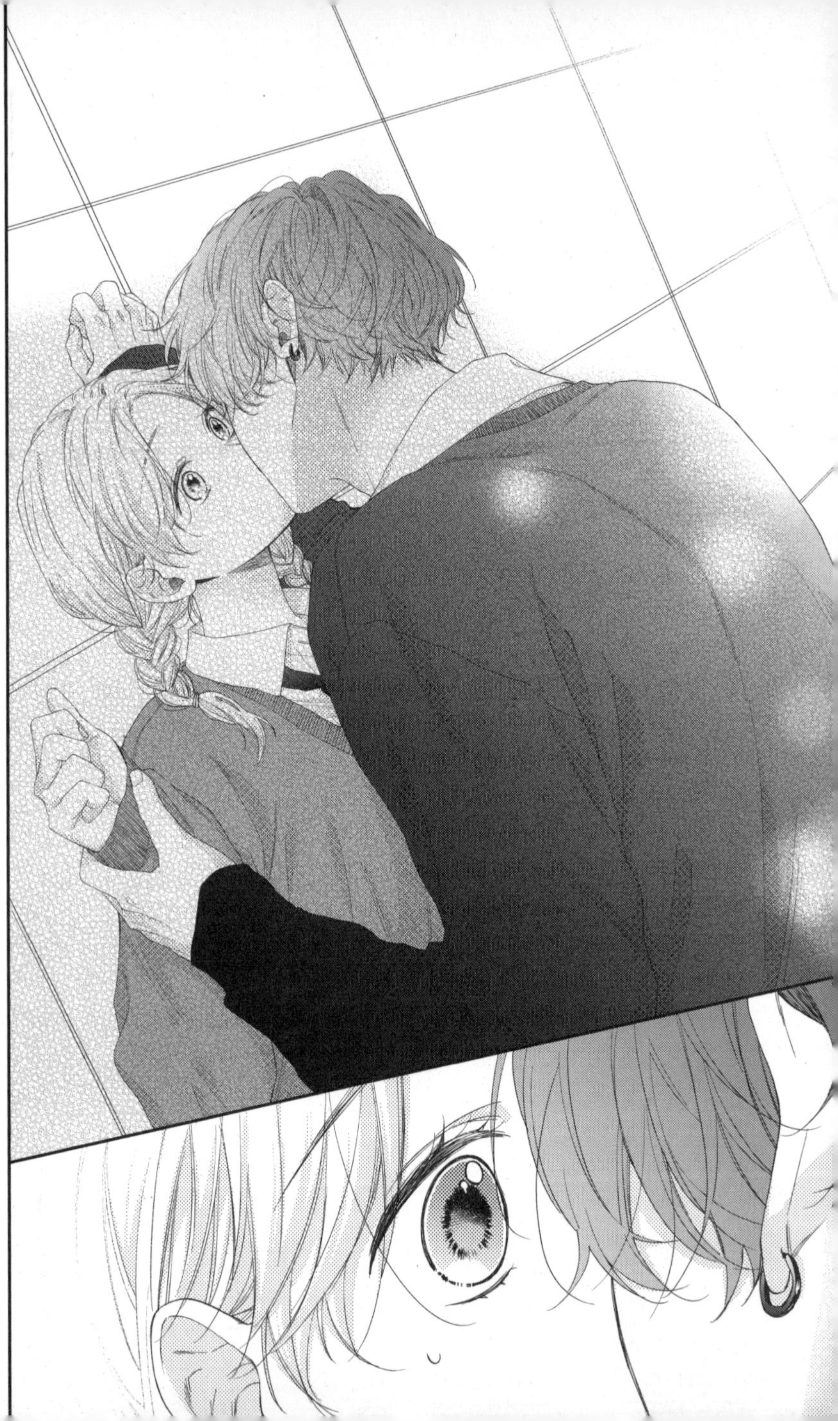

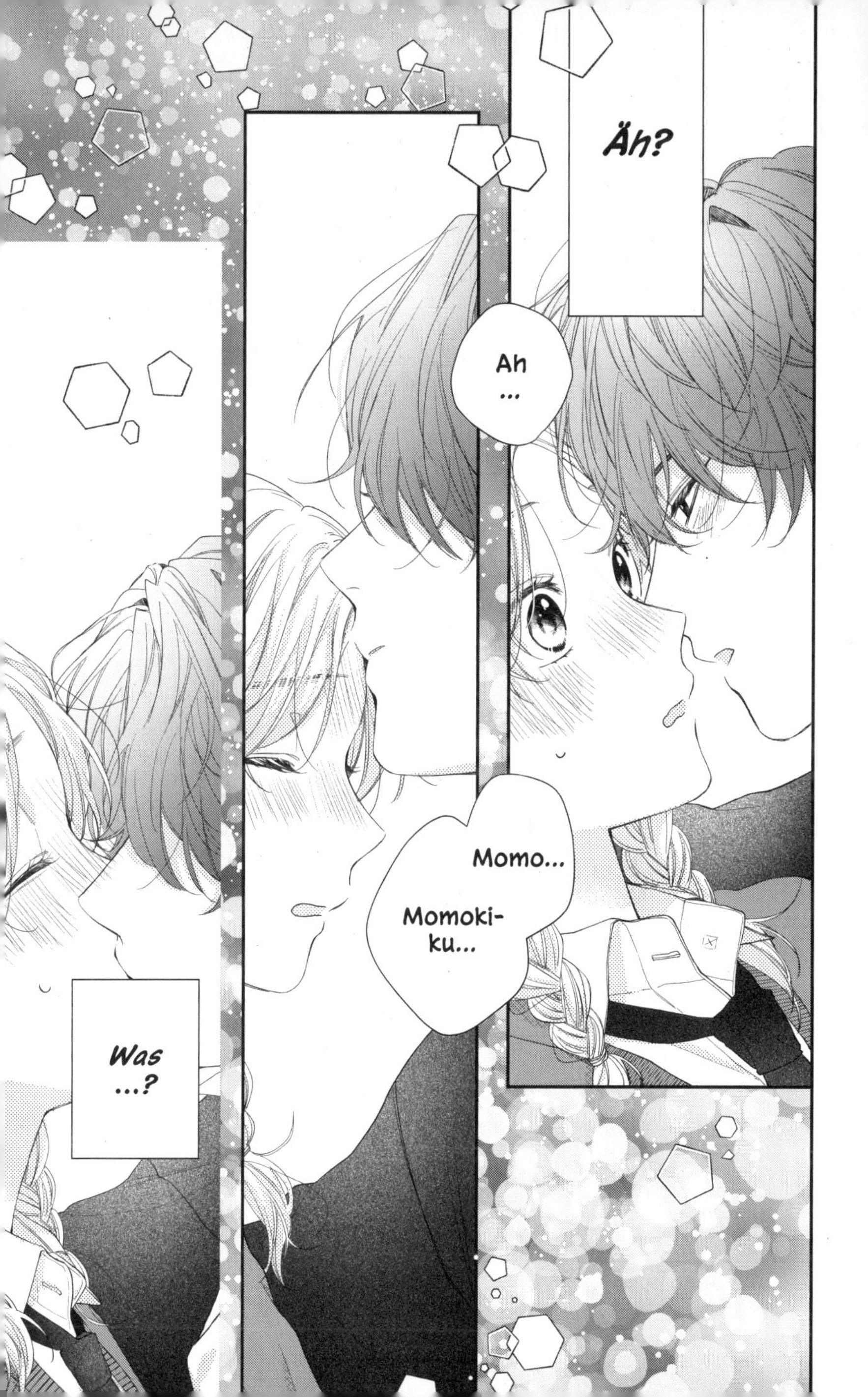
Äh?
Ah ...
Momo...
Momoki-ku...
Was ...?

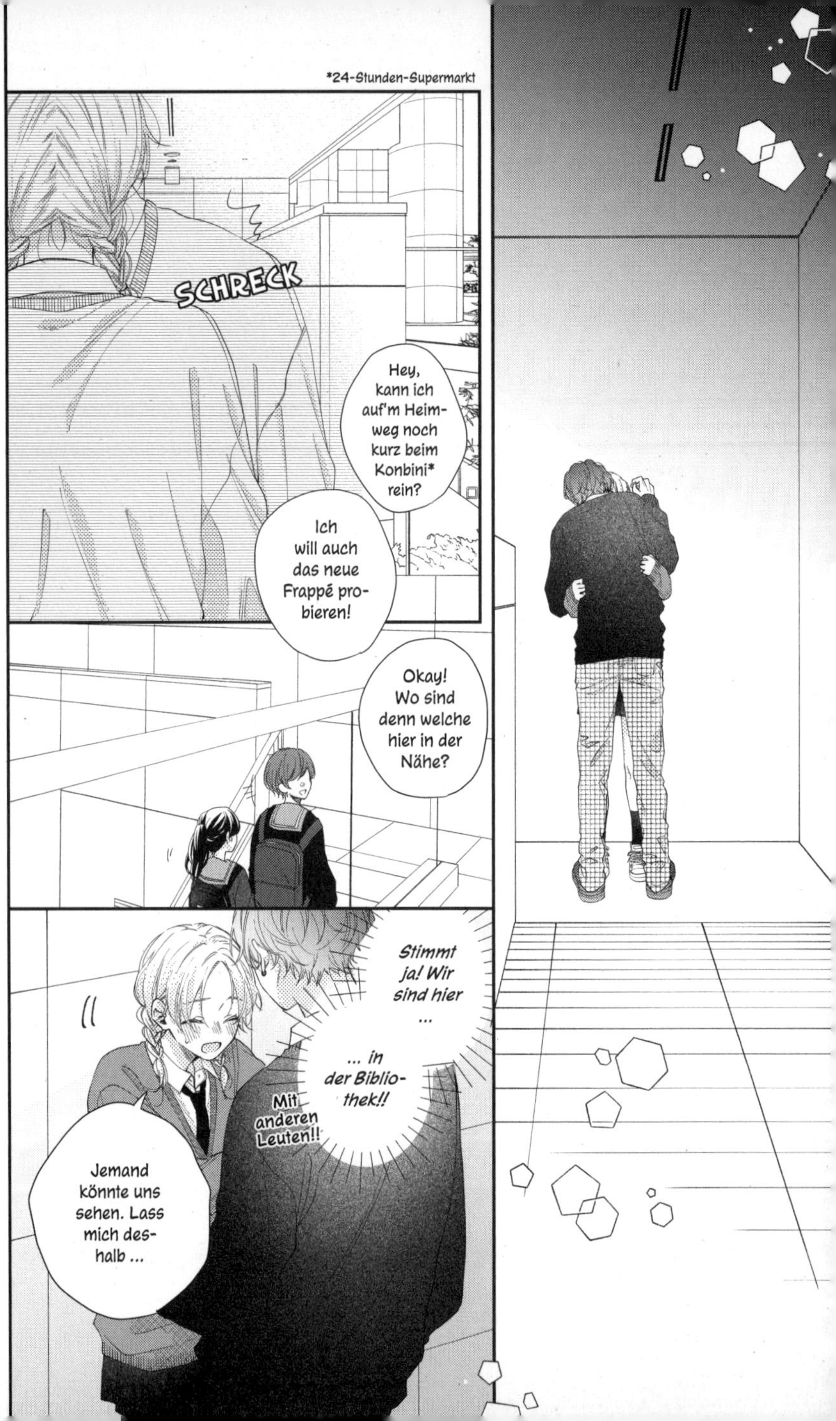

*24-Stunden-Supermarkt

... besser ...
... los ...

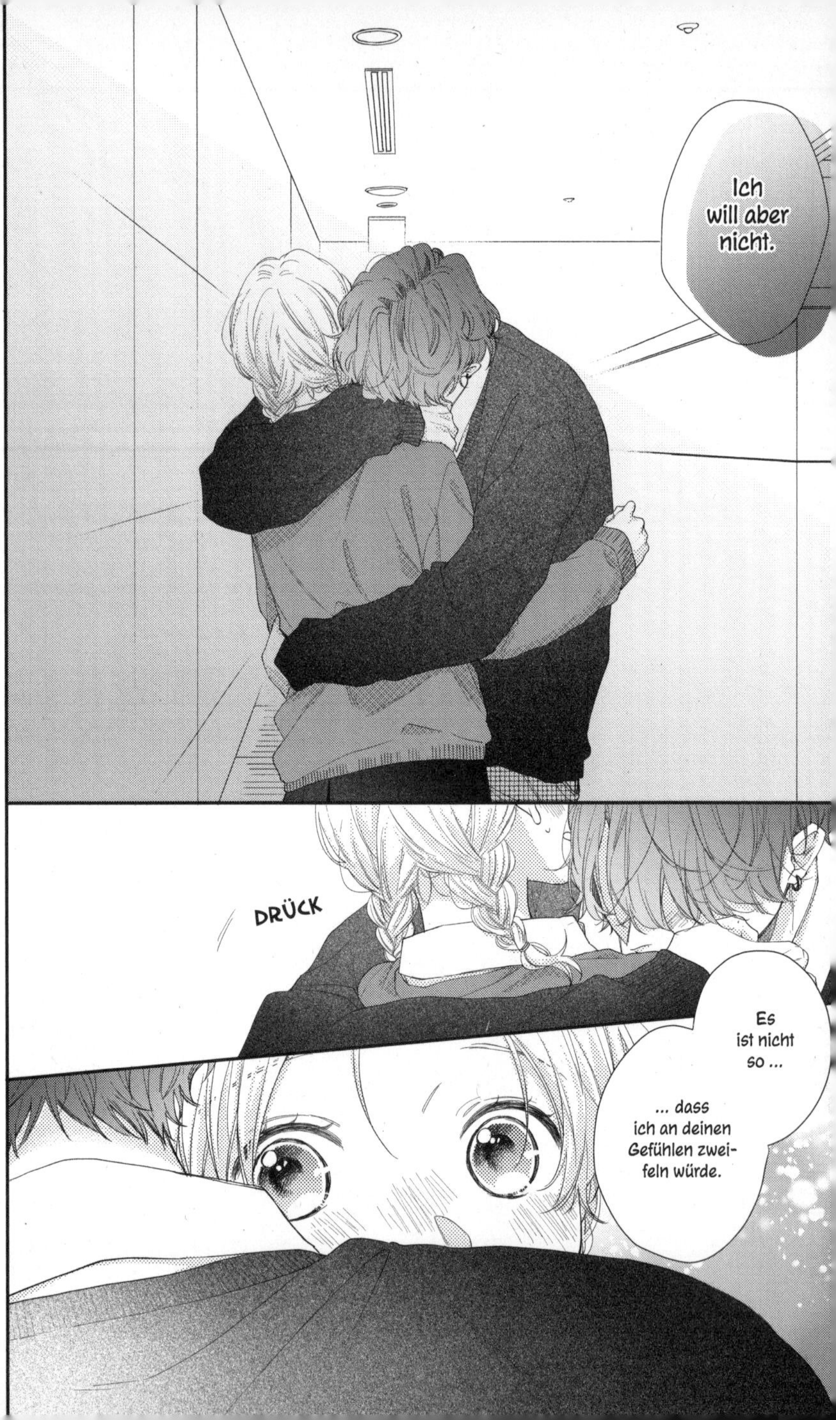
Ich will aber nicht.
DRÜCK
Es ist nicht so ...
... dass ich an deinen Gefühlen zweifeln würde.

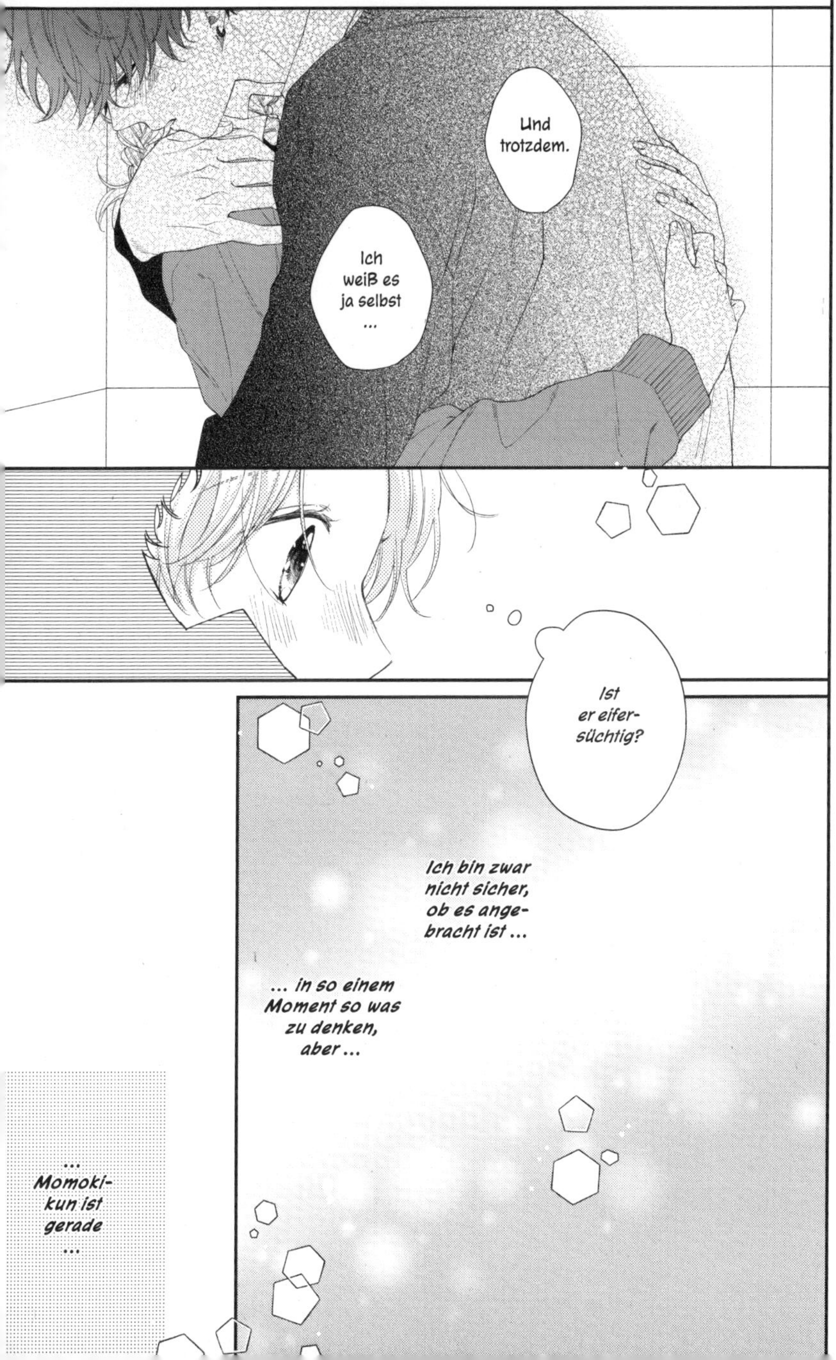
Und trotzdem.
Ich weiß es ja selbst ...
Ist er eifer-süchtig?
Ich bin zwar nicht sicher, ob es ange-bracht ist ...
... in so einem Moment so was zu denken, aber ...
... Momoki-kun ist gerade ...

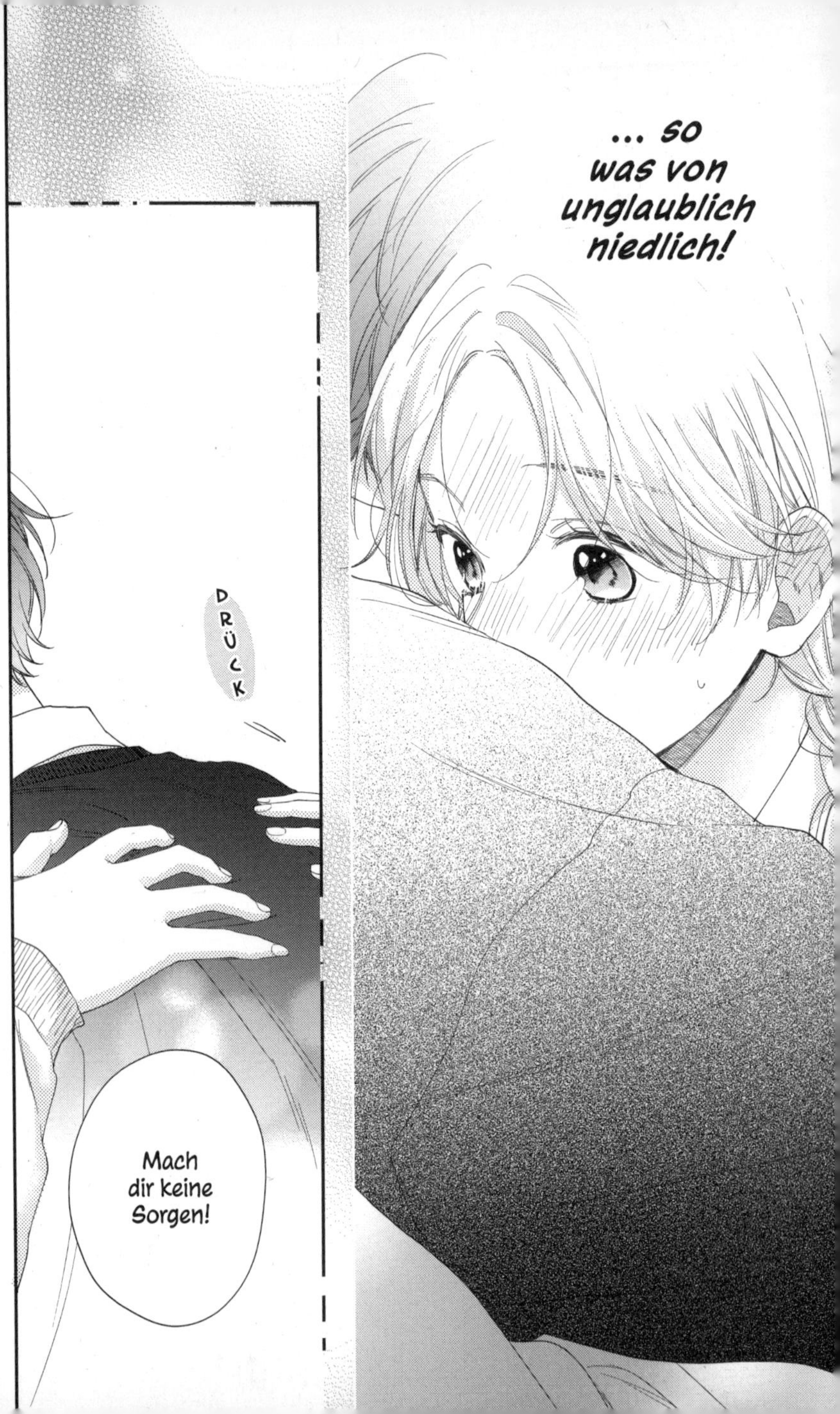
... so was von unglaublich niedlich!
DRÜCK
Mach dir keine Sorgen!

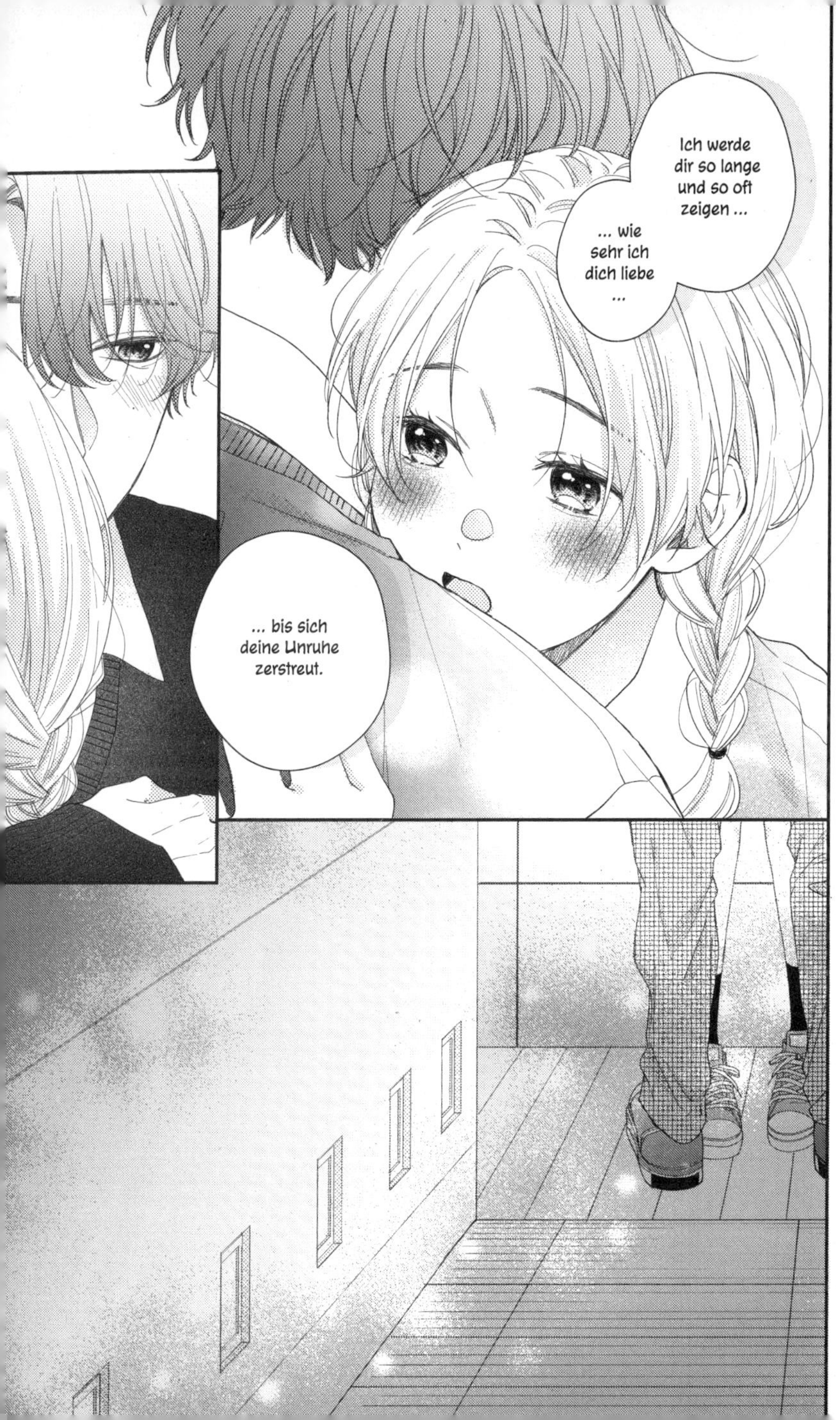
Ich werde dir so lange und so oft zeigen ...
... wie sehr ich dich liebe ...
... bis sich deine Unruhe zerstreut.

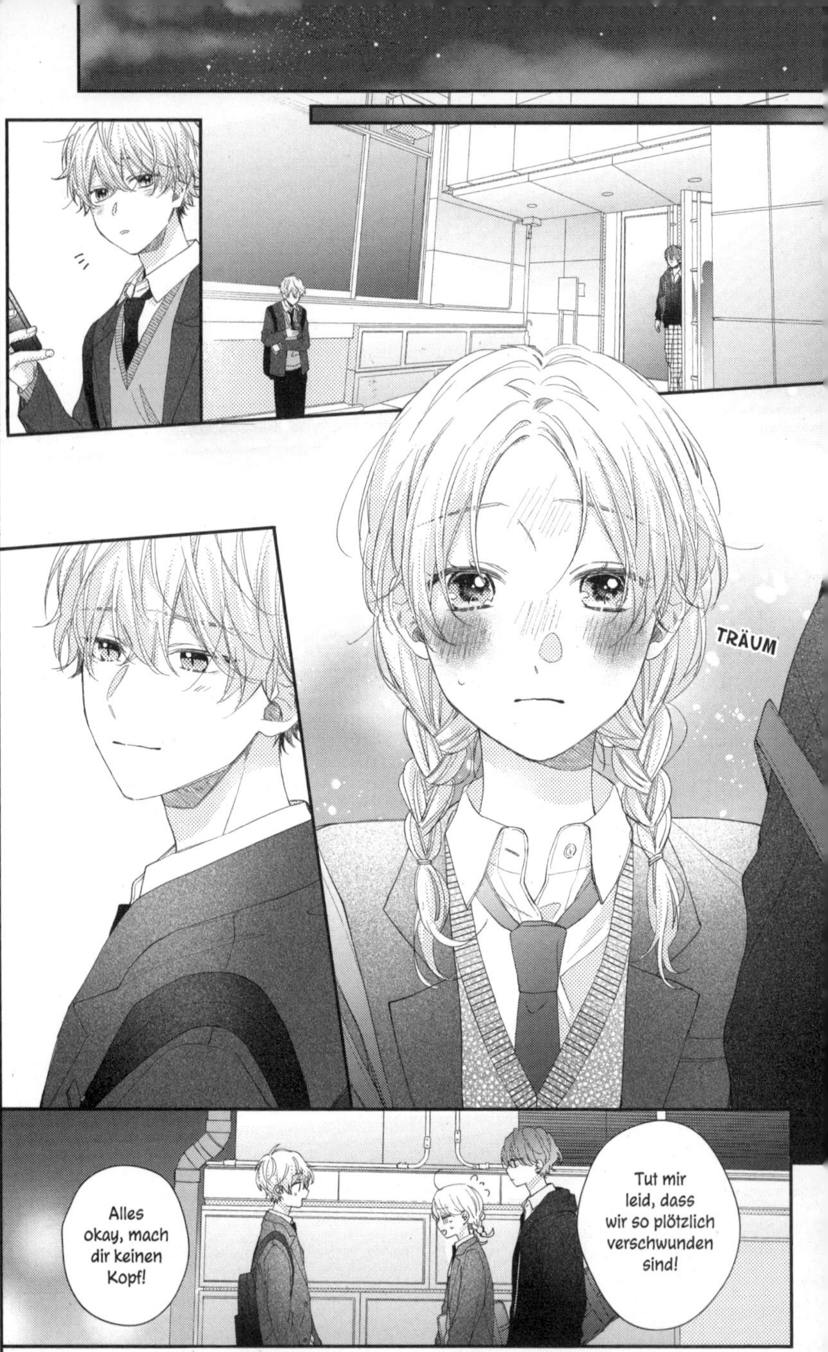
TRÄUM
Tut mir leid, dass wir so plötzlich verschwunden sind!
Alles okay, mach dir keinen Kopf!

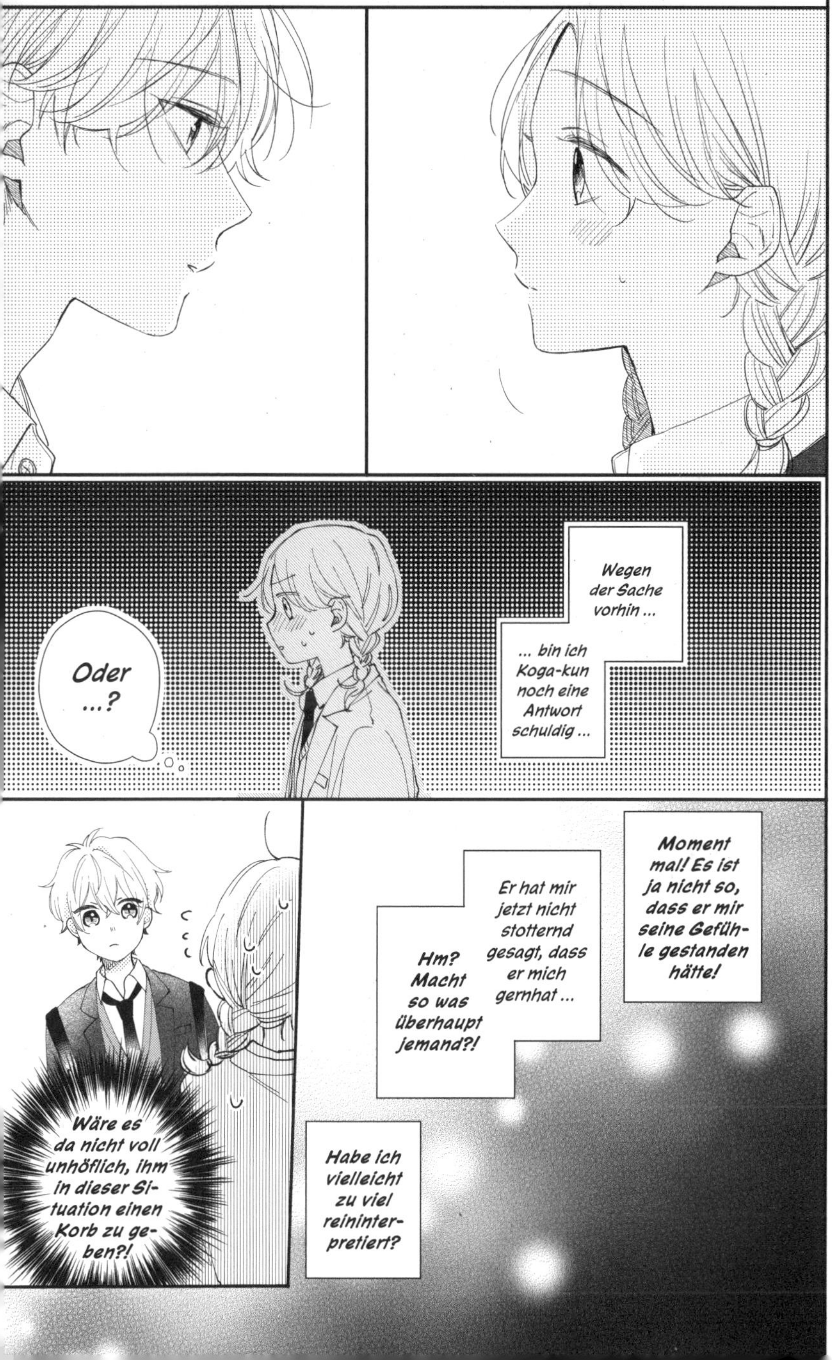
Wegen der Sache vorhin ...
... bin ich Koga-kun noch eine Antwort schuldig ...
Oder ...?
Moment mal! Es ist ja nicht so, dass er mir seine Gefühle gestanden hätte!
Er hat mir jetzt nicht stotternd gesagt, dass er mich gernhat ...
Hm? Macht so was überhaupt jemand?!
Habe ich vielleicht zu viel reininterpretiert?
Wäre es da nicht voll unhöflich, ihm in dieser Situation einen Korb zu geben?!

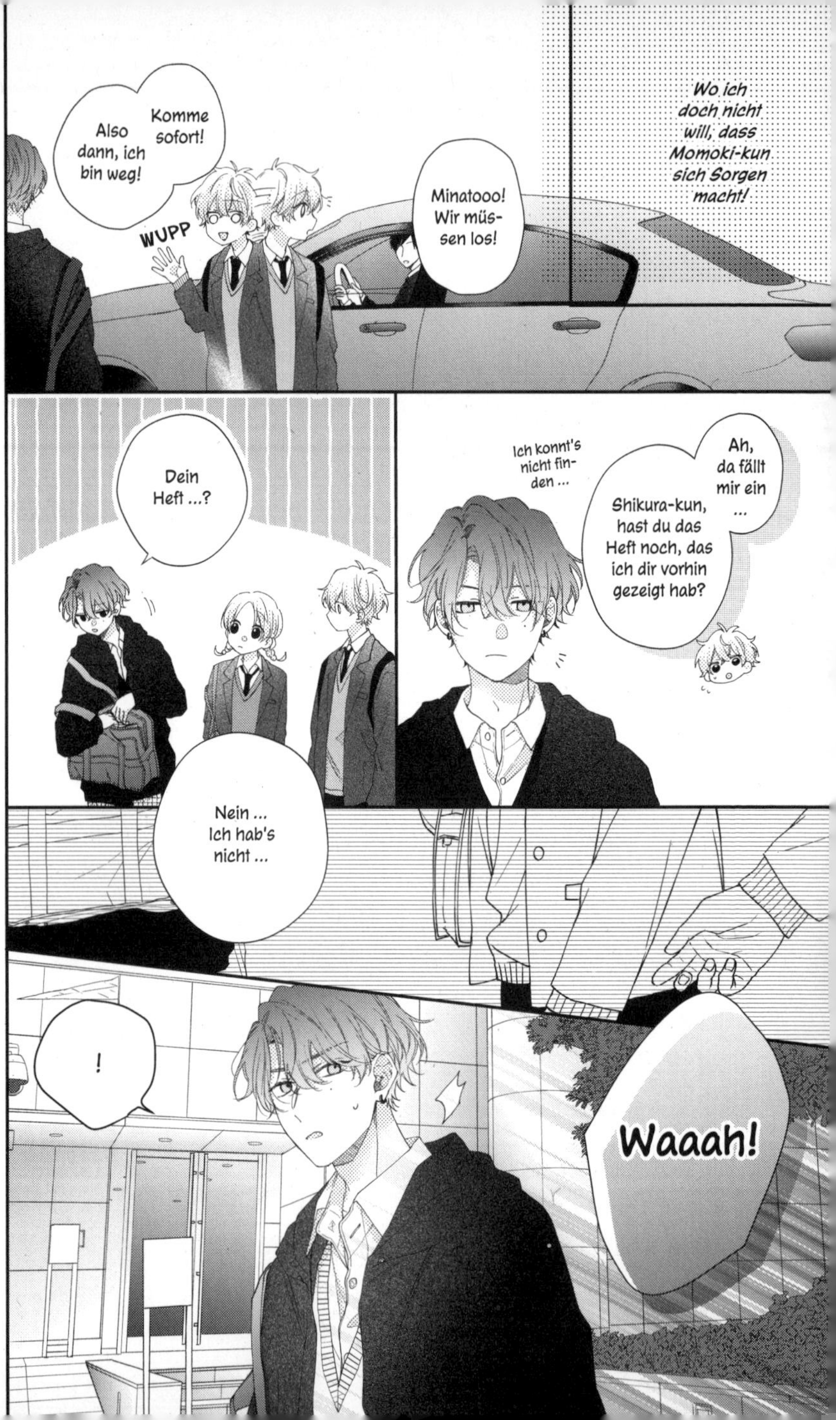
Wo ich doch nicht will, dass Momoki-kun sich Sorgen macht!
Minatooo! Wir müssen los!
Komme sofort!
Also dann, ich bin weg!
WUPP
Ah, da fällt mir ein ...
Shikura-kun, hast du das Heft noch, das ich dir vorhin gezeigt hab?
Ich konnt's nicht finden ...
Dein Heft ...?
Nein ... Ich hab's nicht ...
Waaah!
!

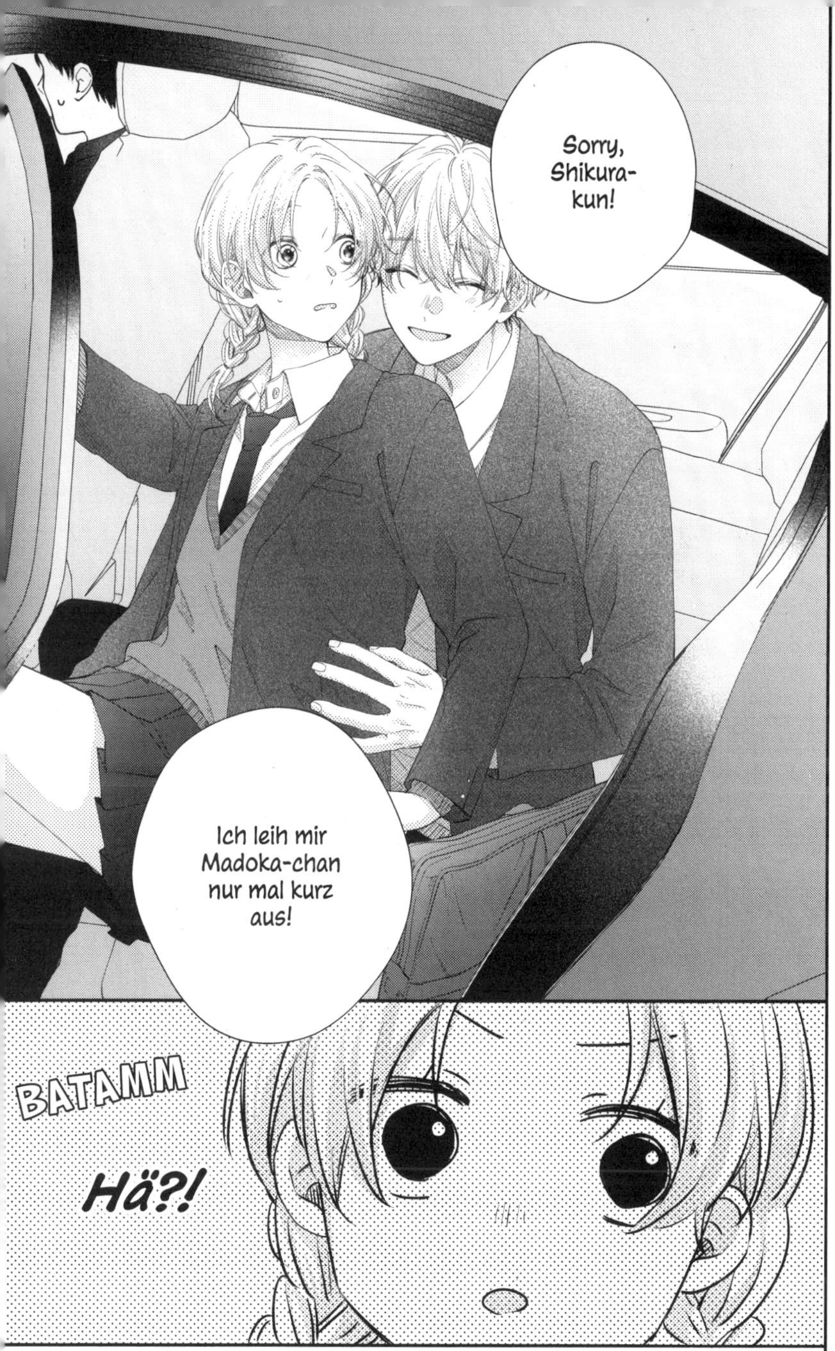
Sorry, Shikura-kun!
Ich leih mir Madoka-chan nur mal kurz aus!
BATAMM
Hä?!

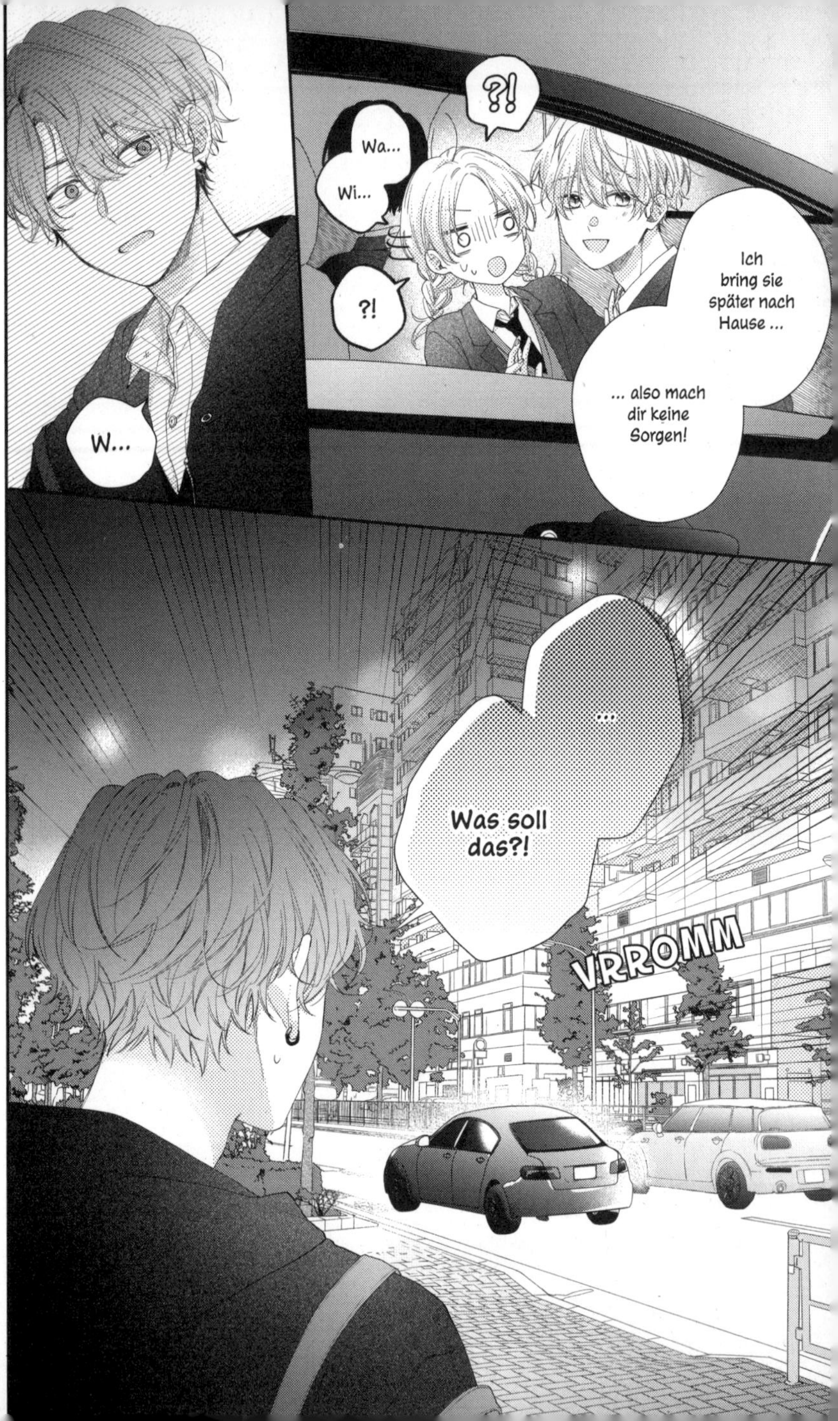
Ich bring sie später nach Hause ...
... also mach dir keine Sorgen!
?!
Wa...
Wi...
?!
W...
...
Was soll das?!
VRROMM

#22 Shikura-kuns Sprint

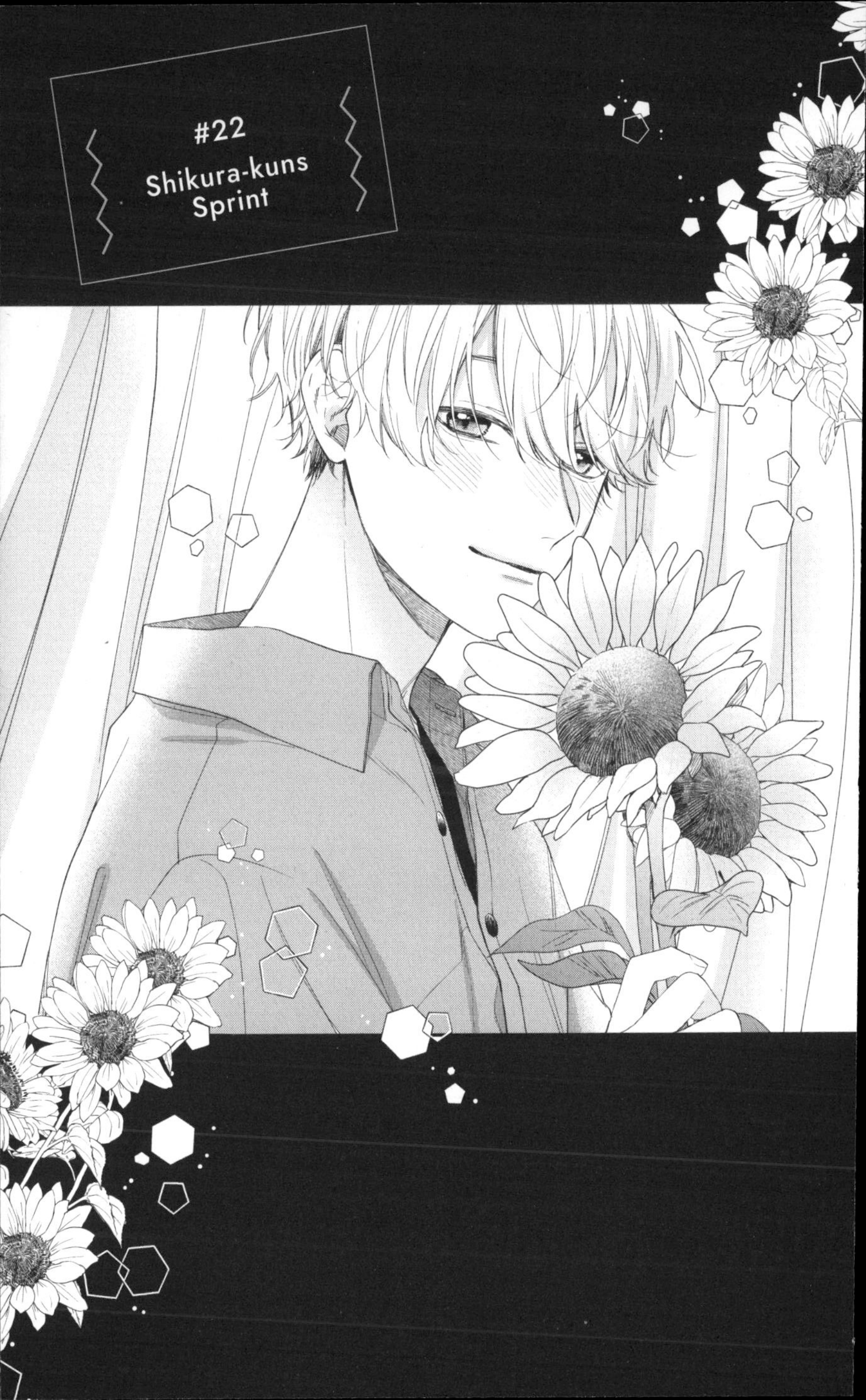

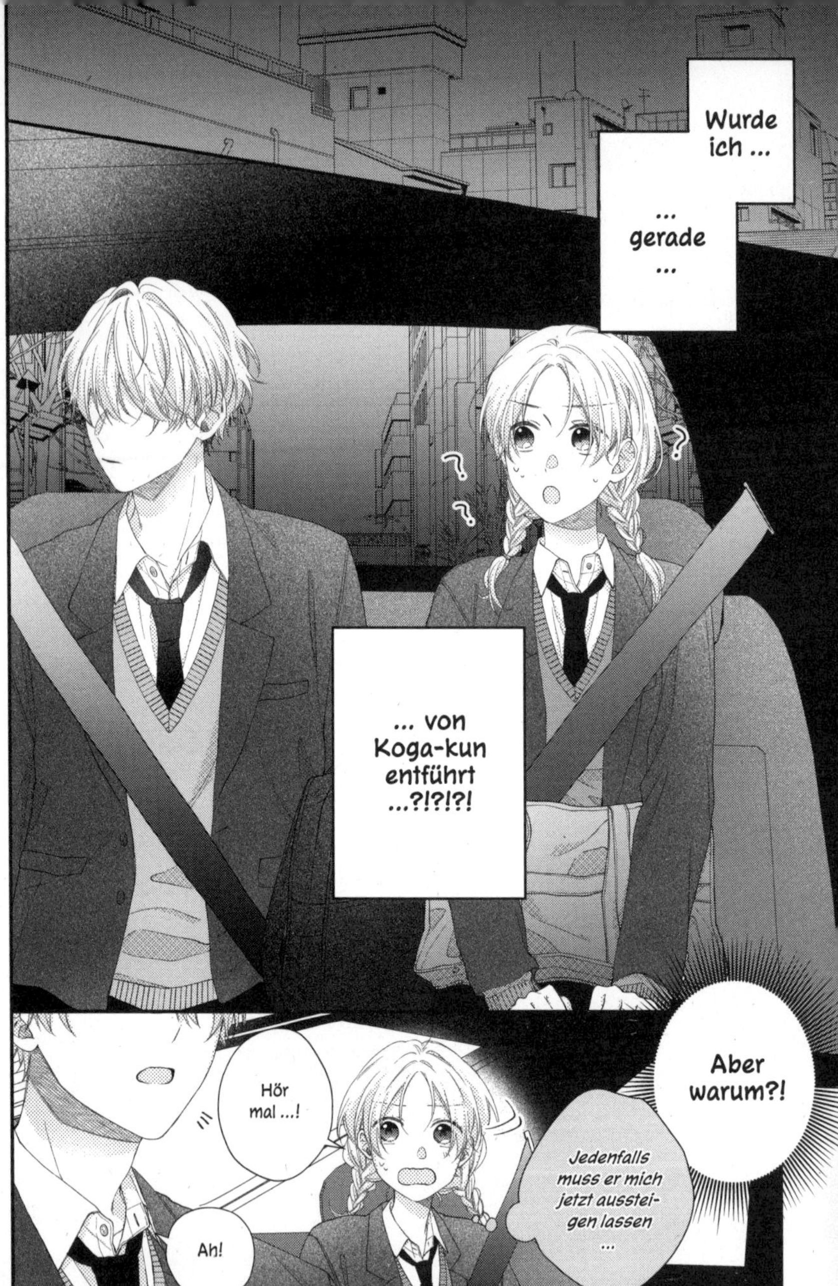
Wurde ich ...
... gerade ...
... von Koga-kun entführt ...?!?!?!
Aber warum?!
Jedenfalls muss er mich jetzt aussteigen lassen ...
Hör mal ...!
Ah!

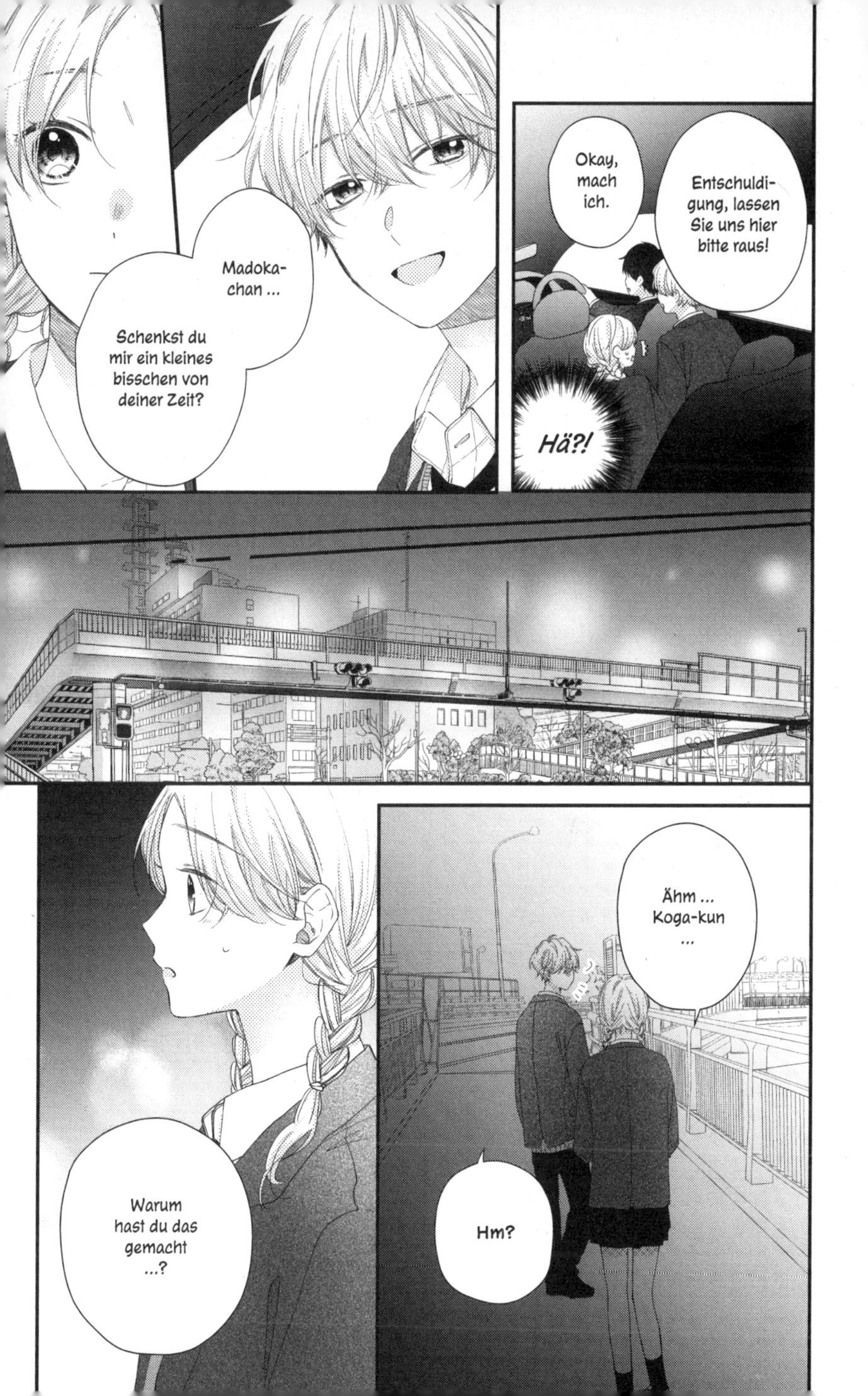

Madoka-chan ...
Schenkst du mir ein kleines bisschen von deiner Zeit?
Entschuldigung, lassen Sie uns hier bitte raus!
Okay, mach ich.
Hä?!
Ähm ... Koga-kun ...
Hm?
Warum hast du das gemacht ...?

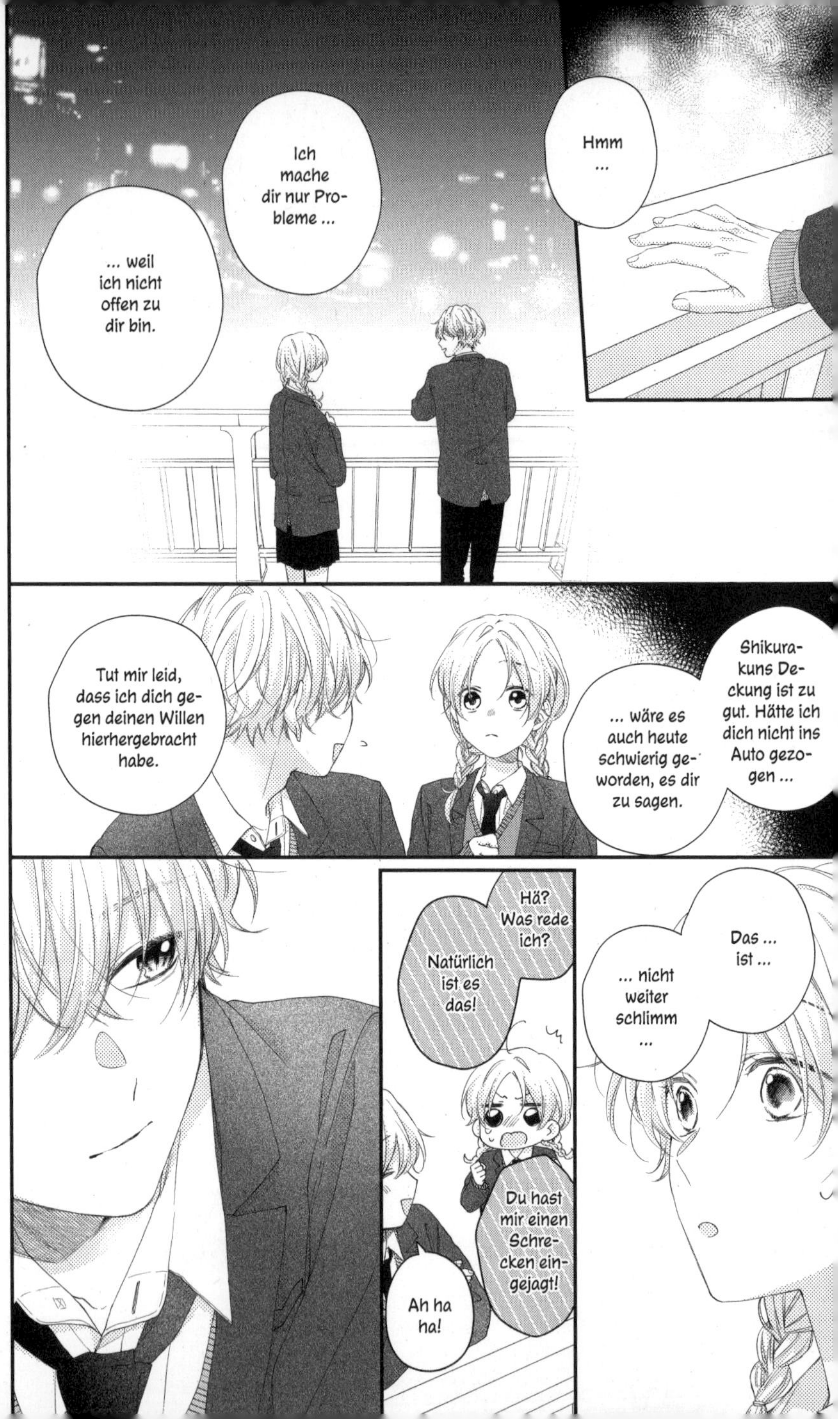

Hmm ...
Ich mache dir nur Probleme ...
... weil ich nicht offen zu dir bin.
Shikura-kuns Deckung ist zu gut. Hätte ich dich nicht ins Auto gezogen ...
... wäre es auch heute schwierig geworden, es dir zu sagen.
Tut mir leid, dass ich dich gegen deinen Willen hierhergebracht habe.
Das ... ist ...
... nicht weiter schlimm ...
Hä? Was rede ich?
Natürlich ist es das!
Du hast mir einen Schrecken eingejagt!
Ah ha ha!

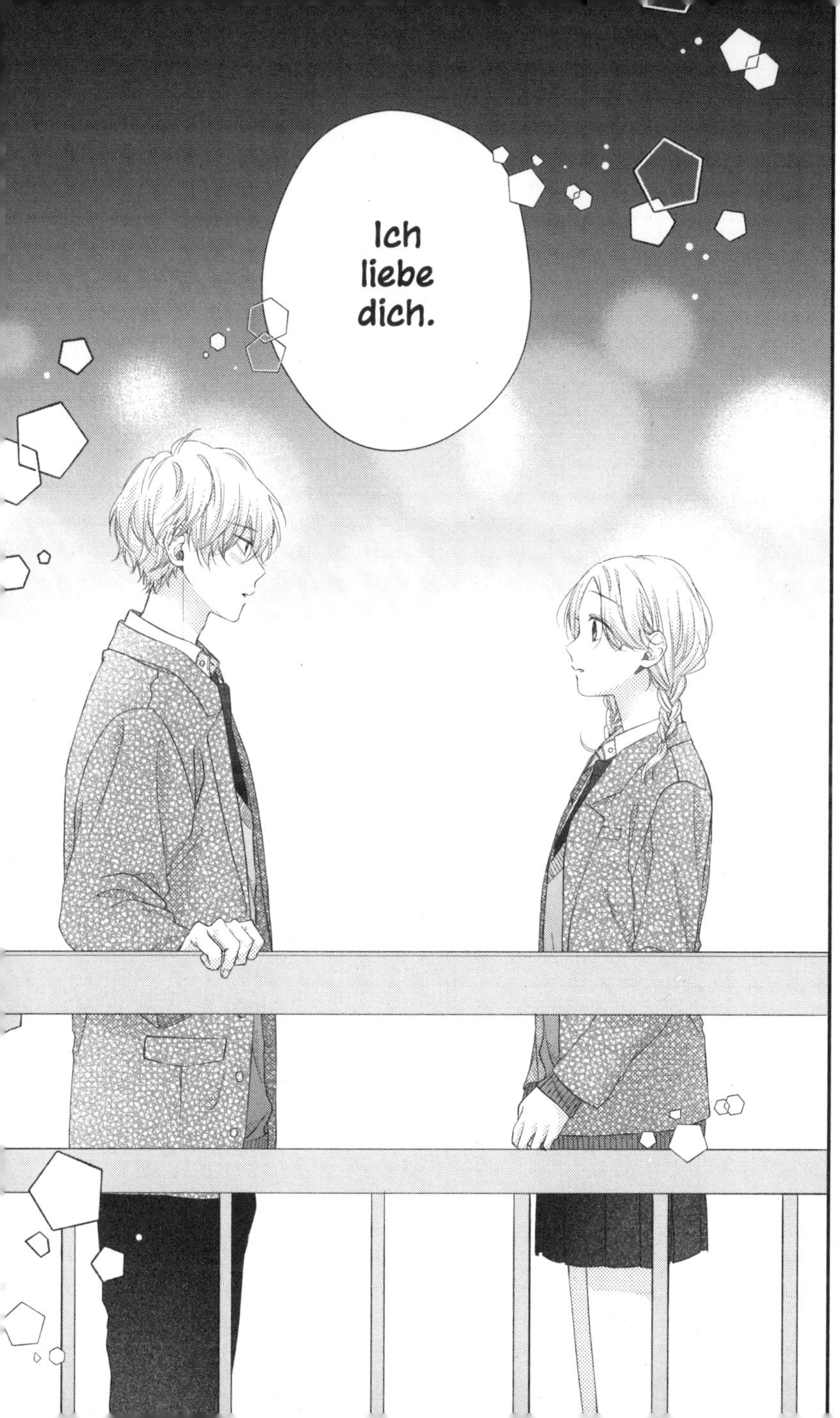
Ich liebe dich.

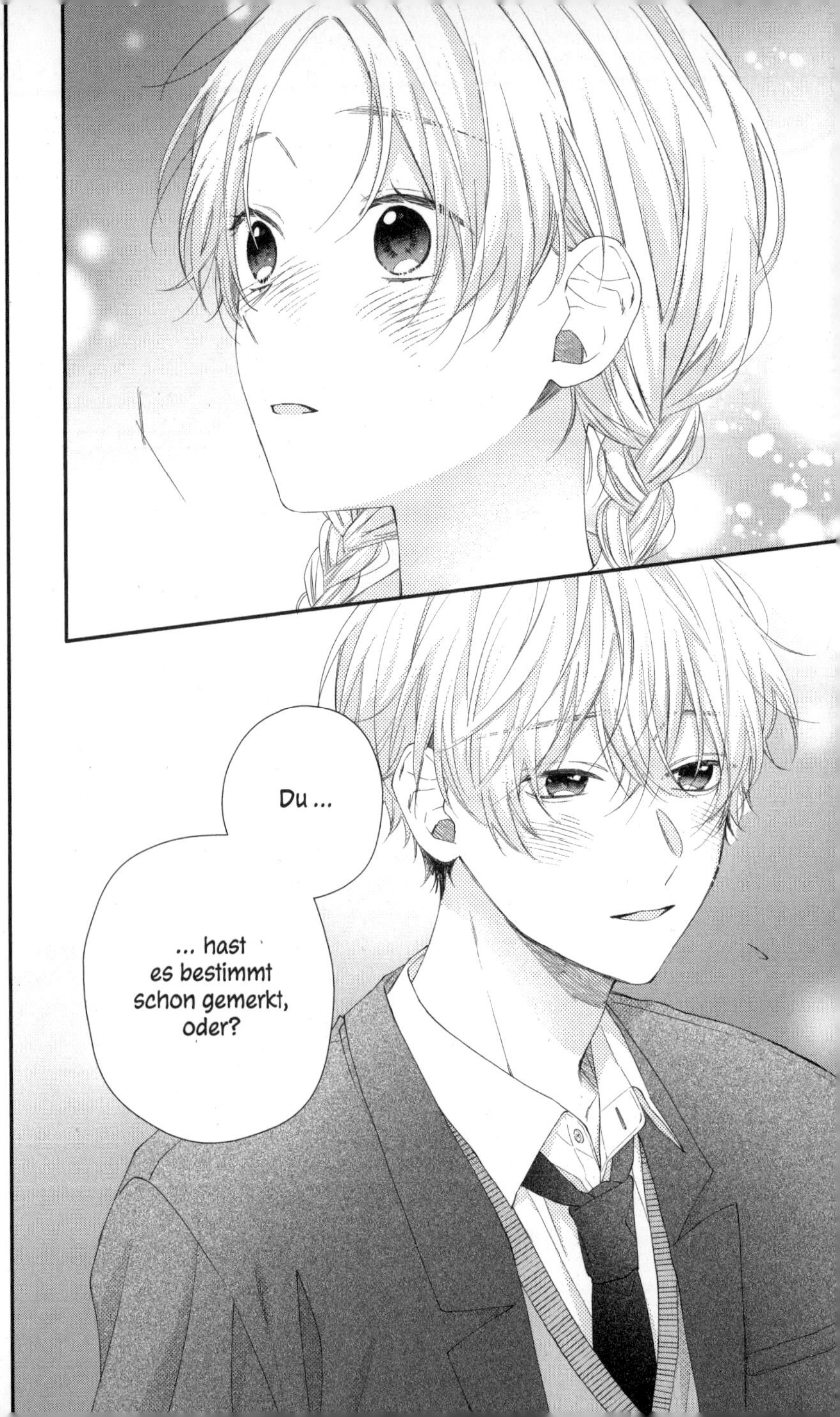
Du ...
... hast es bestimmt schon gemerkt, oder?

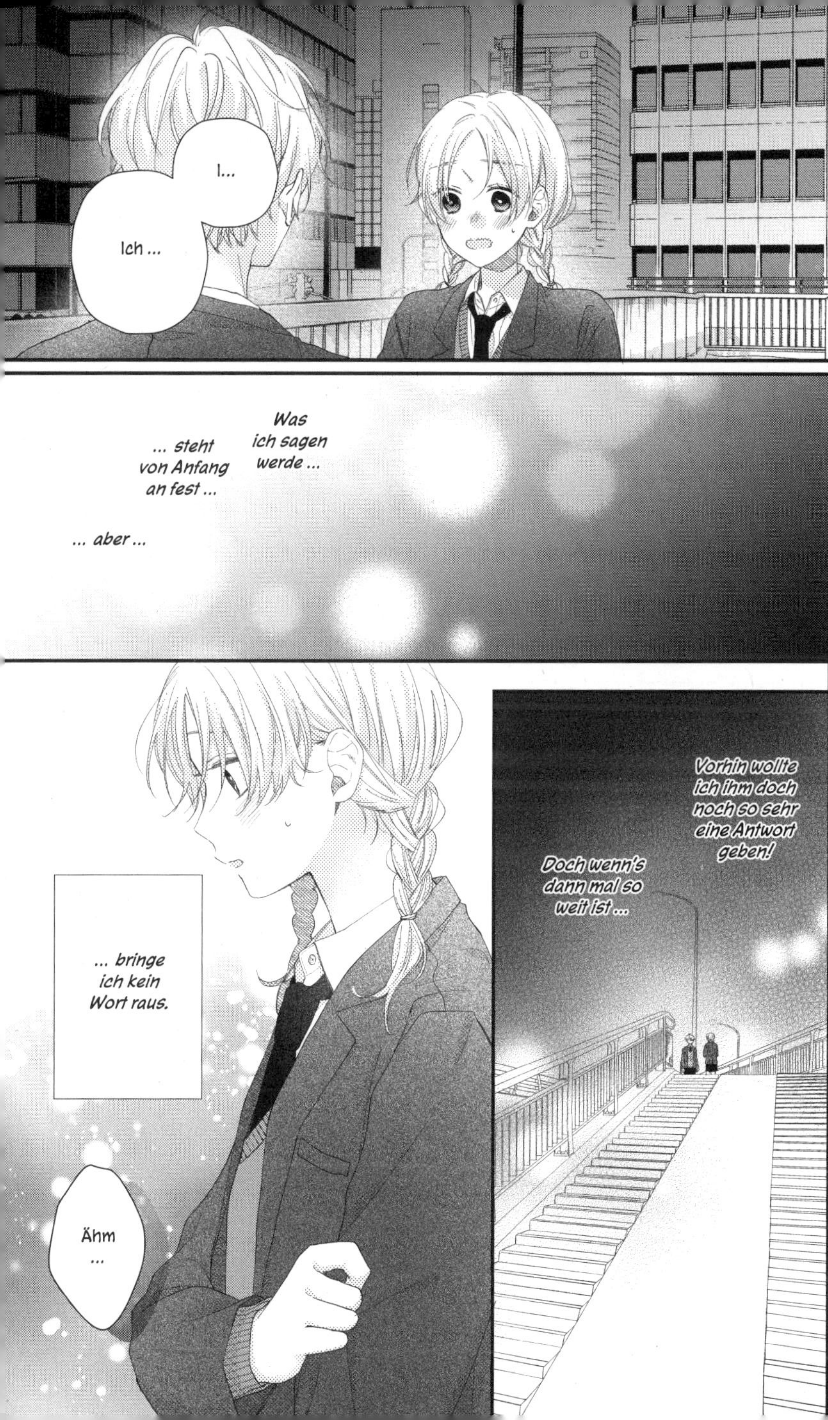
I...
Ich ...
Was ich sagen werde ...
... steht von Anfang an fest ...
... aber ...
Vorhin wollte ich ihm doch noch so sehr eine Antwort geben!
Doch wenn's dann mal so weit ist ...
... bringe ich kein Wort raus.
Ähm ...

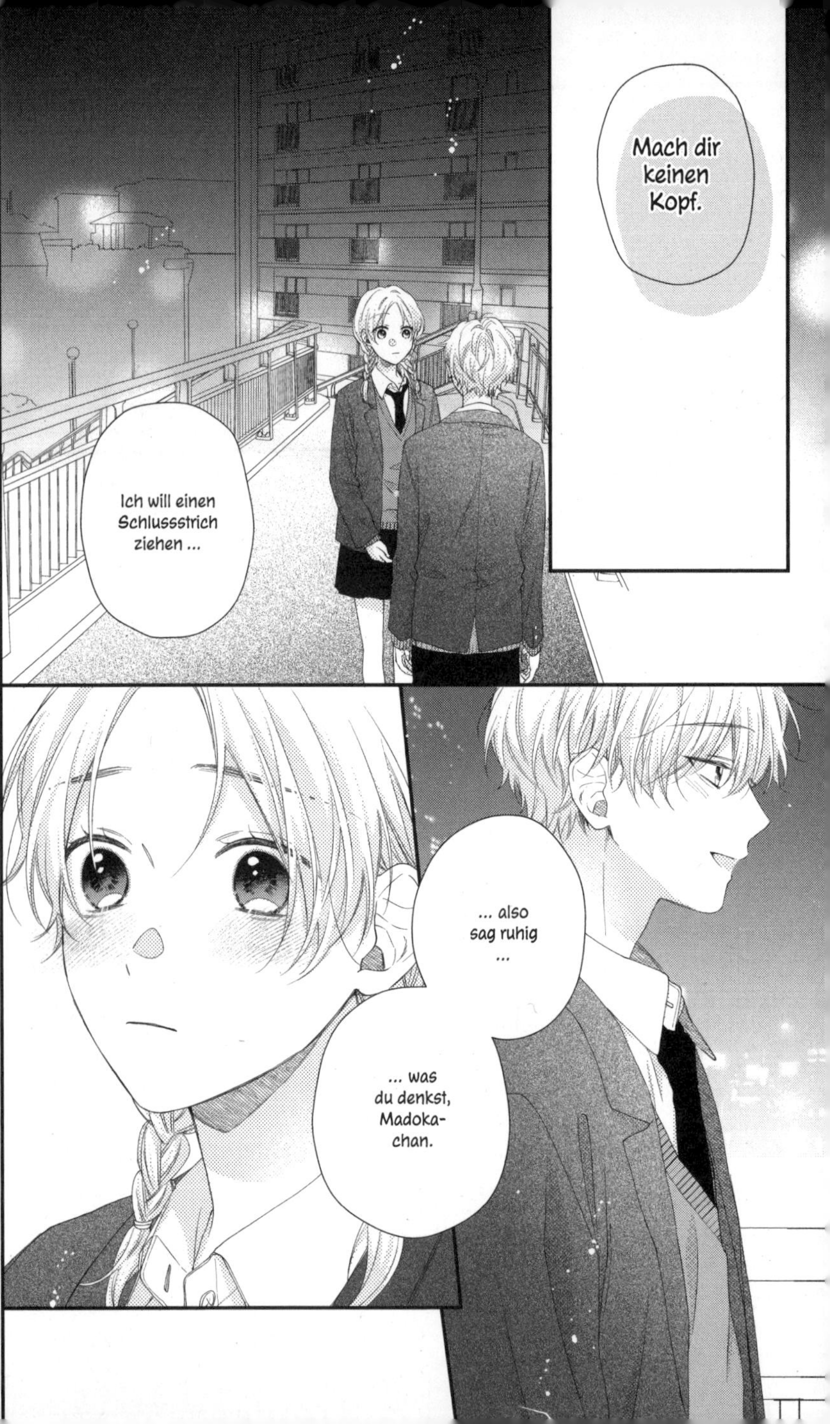
Mach dir keinen Kopf.
Ich will einen Schlussstrich ziehen ...
... also sag ruhig ...
... was du denkst, Madoka-chan.

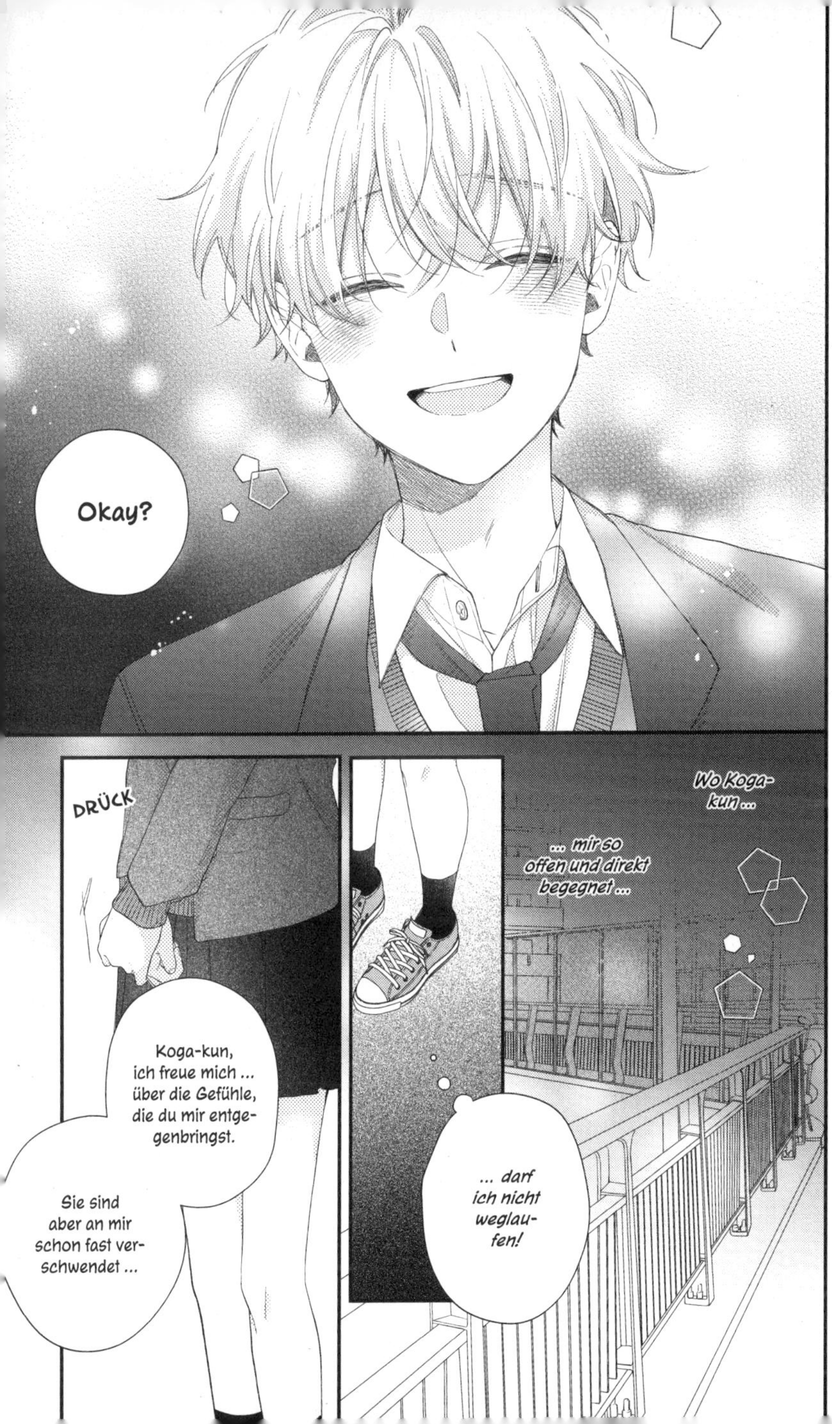
Okay?
Wo Koga-kun ...
... mir so offen und direkt begegnet ...
... darf ich nicht weglaufen!
DRÜCK
Koga-kun, ich freue mich ... über die Gefühle, die du mir entgegenbringst.
Sie sind aber an mir schon fast verschwendet ...

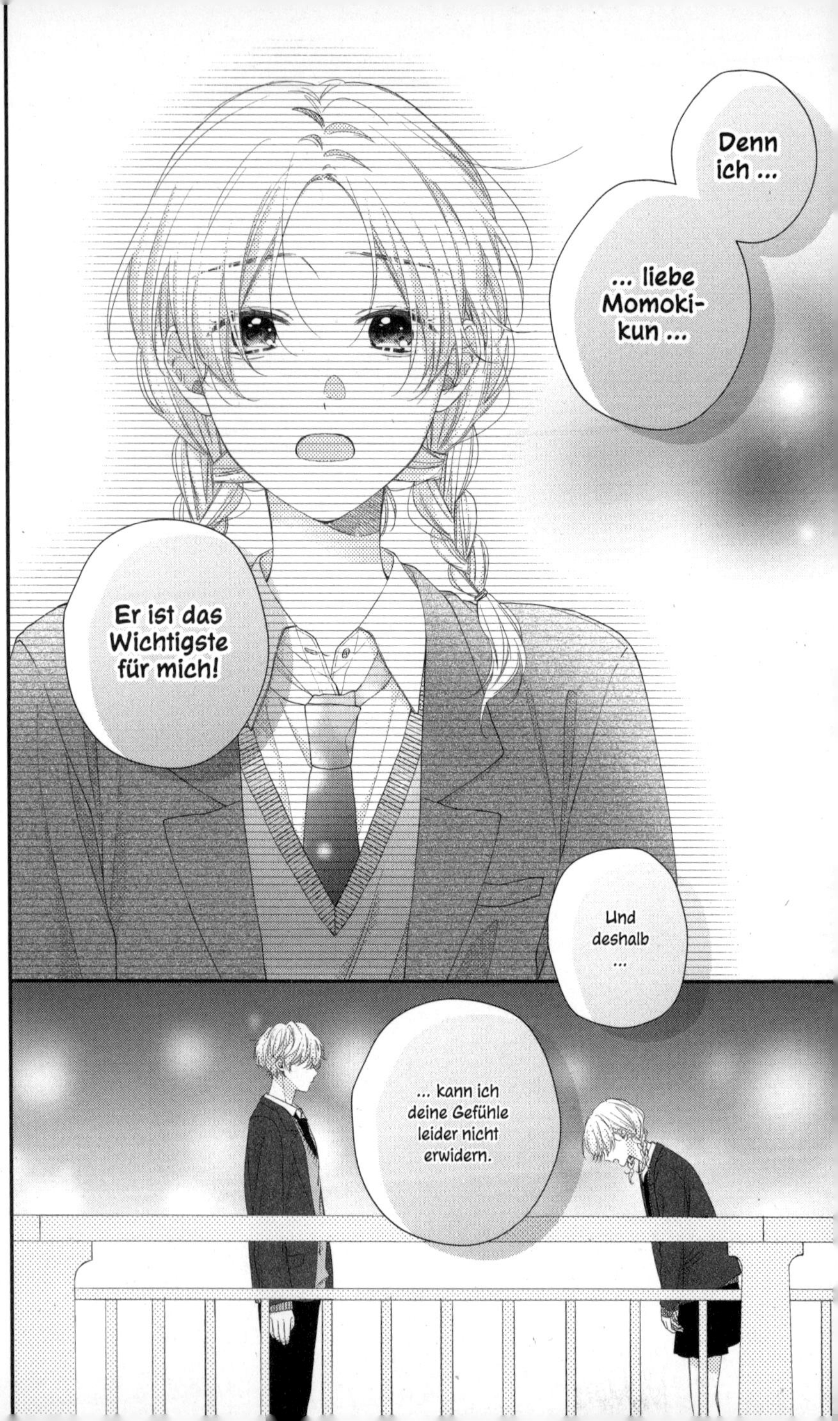
Denn ich ...
... liebe Momoki-kun ...
Er ist das Wichtigste für mich!
Und deshalb ...
... kann ich deine Gefühle leider nicht erwidern.

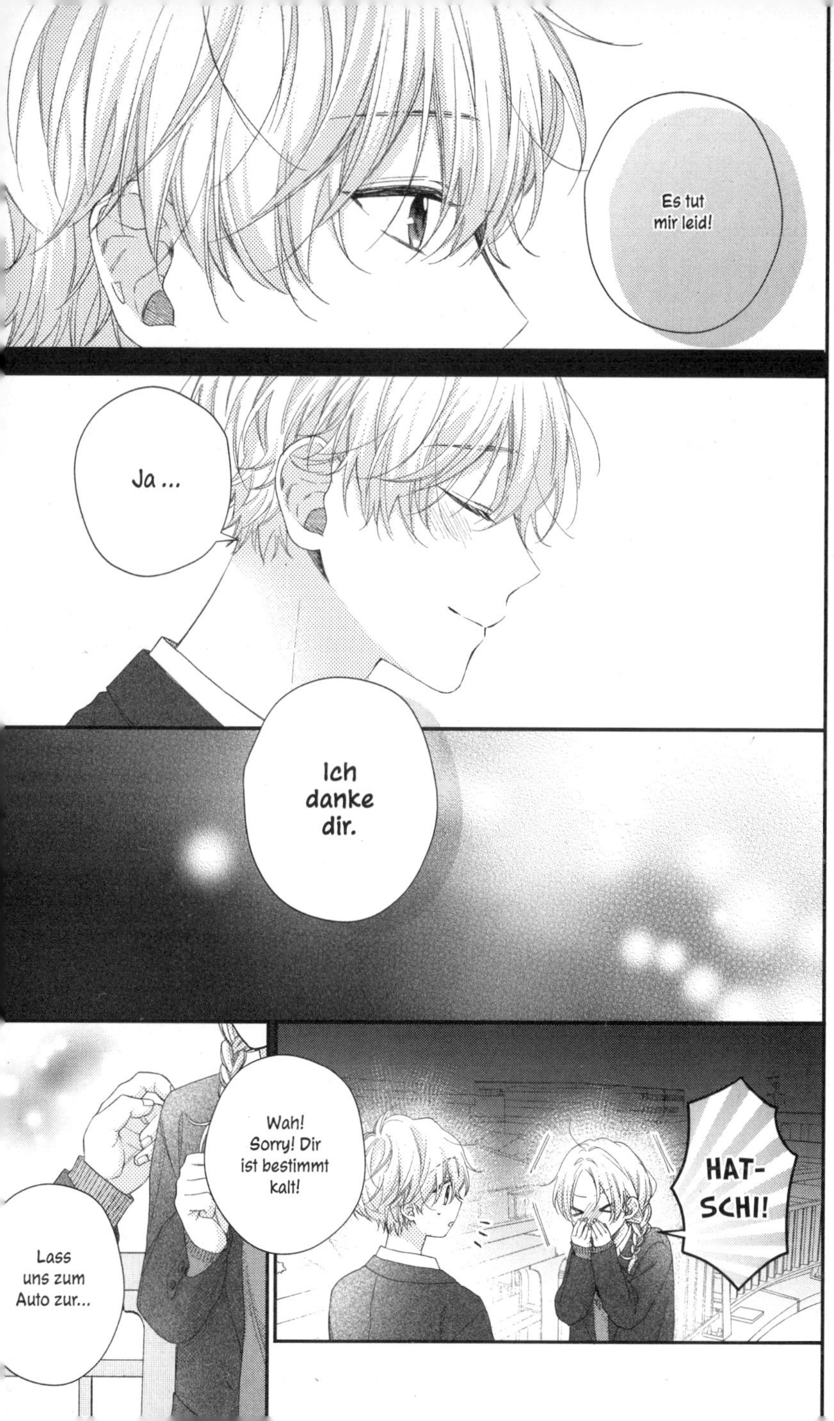
Es tut mir leid!
Ja ...
Ich danke dir.
HAT-SCHI!
Wah! Sorry! Dir ist bestimmt kalt!
Lass uns zum Auto zur...

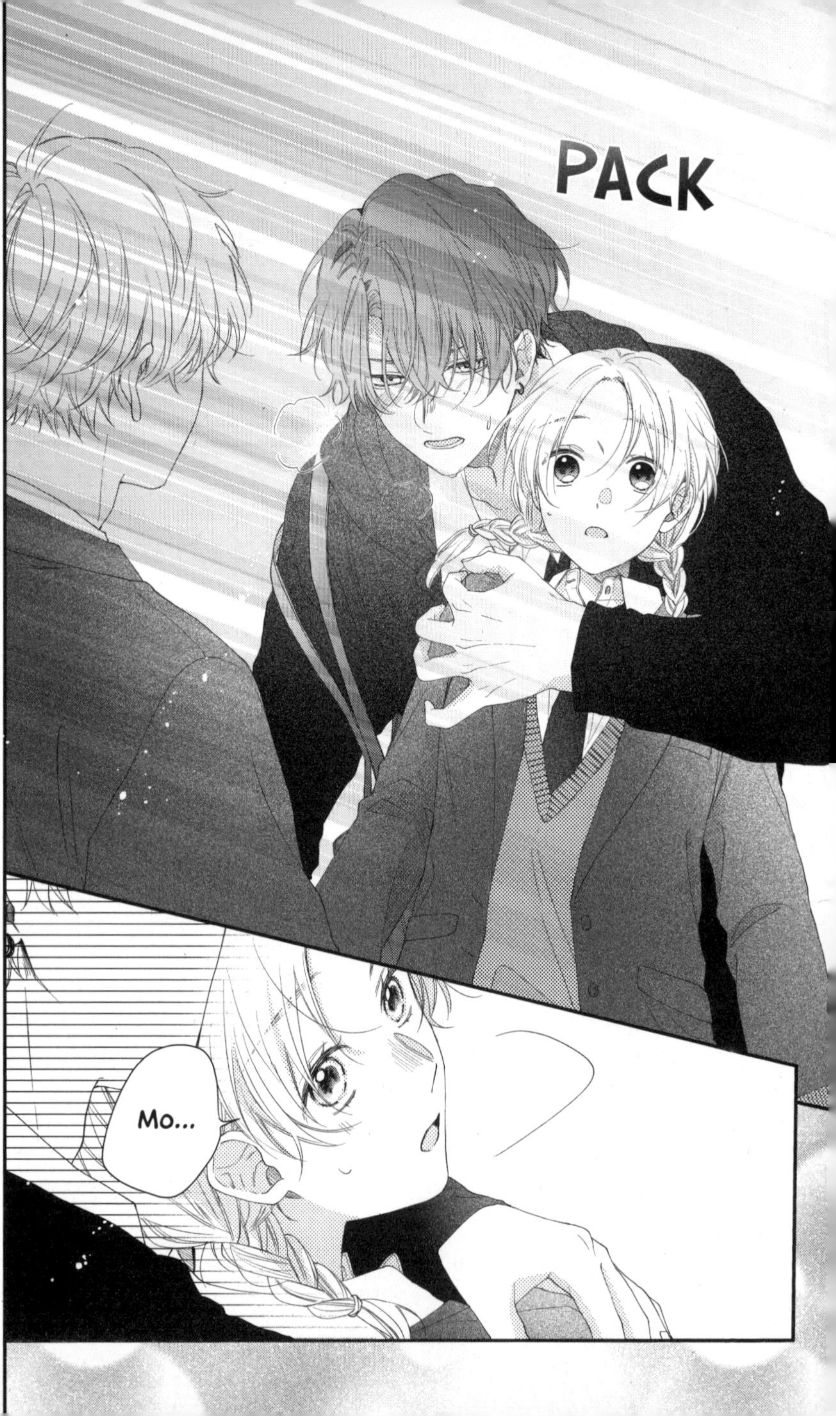
PACK
Mo...

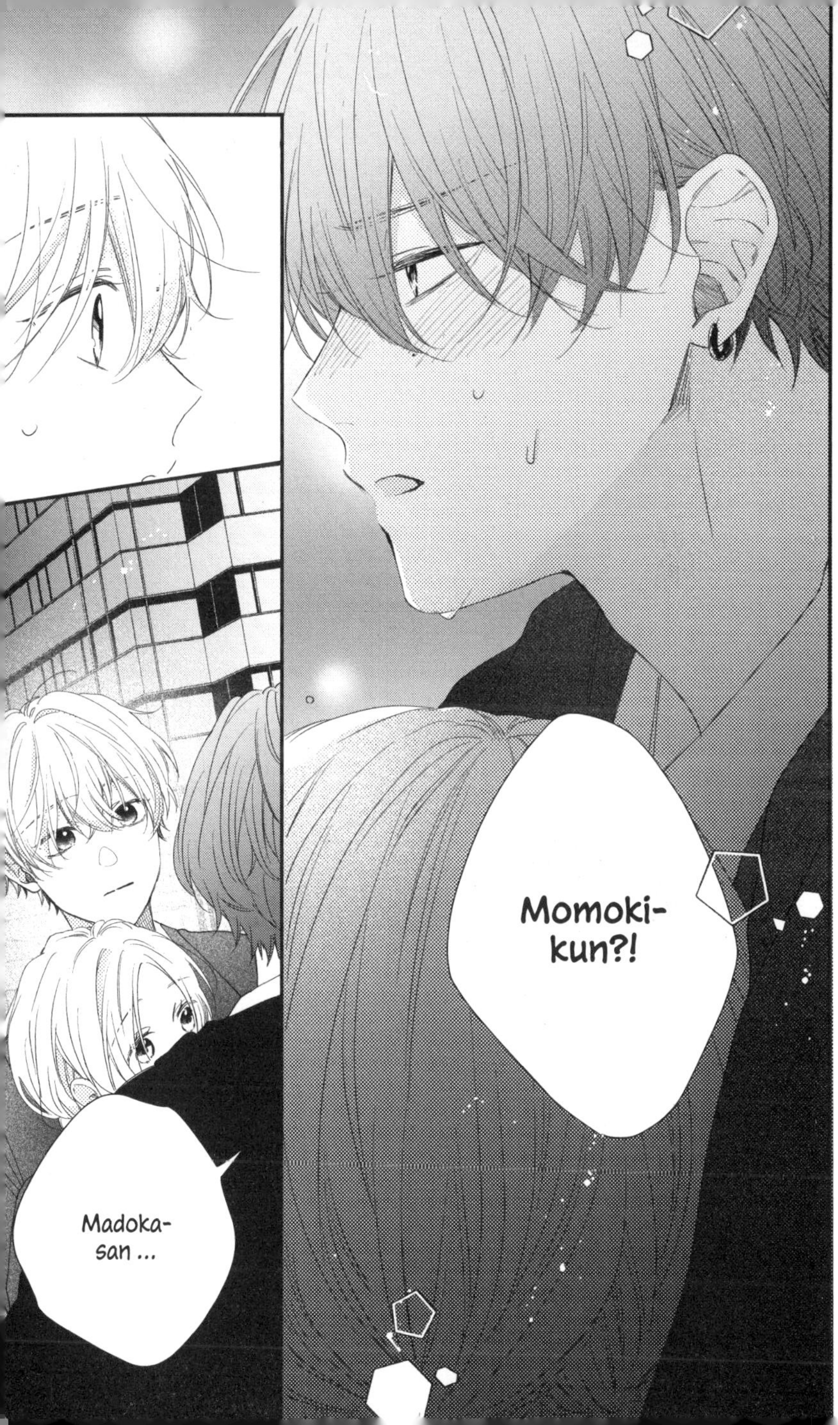
Momoki-kun?!
Madoka-san ...

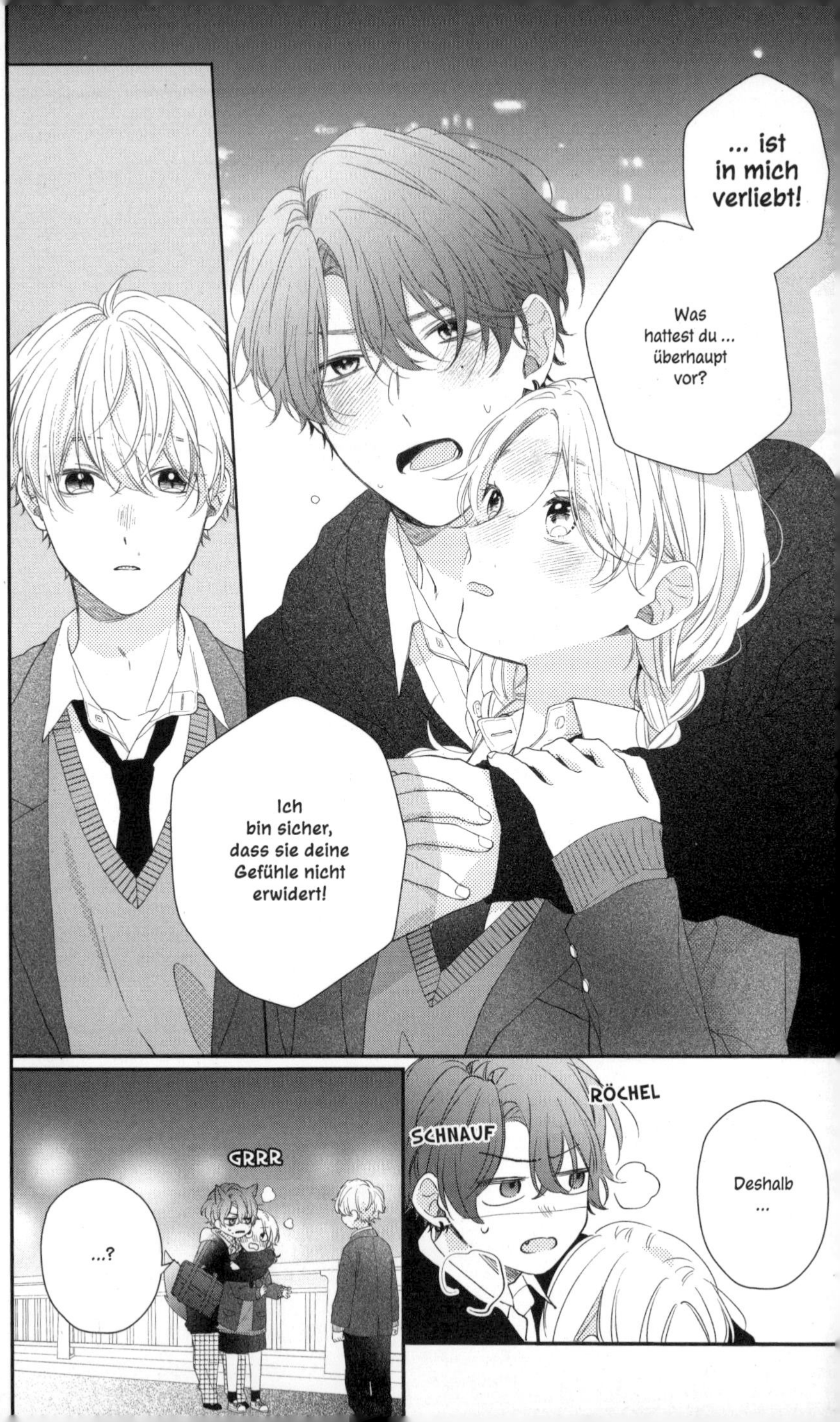

... ist in mich verliebt!
Was hattest du ... überhaupt vor?
Ich bin sicher, dass sie deine Gefühle nicht erwidert!
RÖCHEL
SCHNAUF
Deshalb ...
GRRR
...?

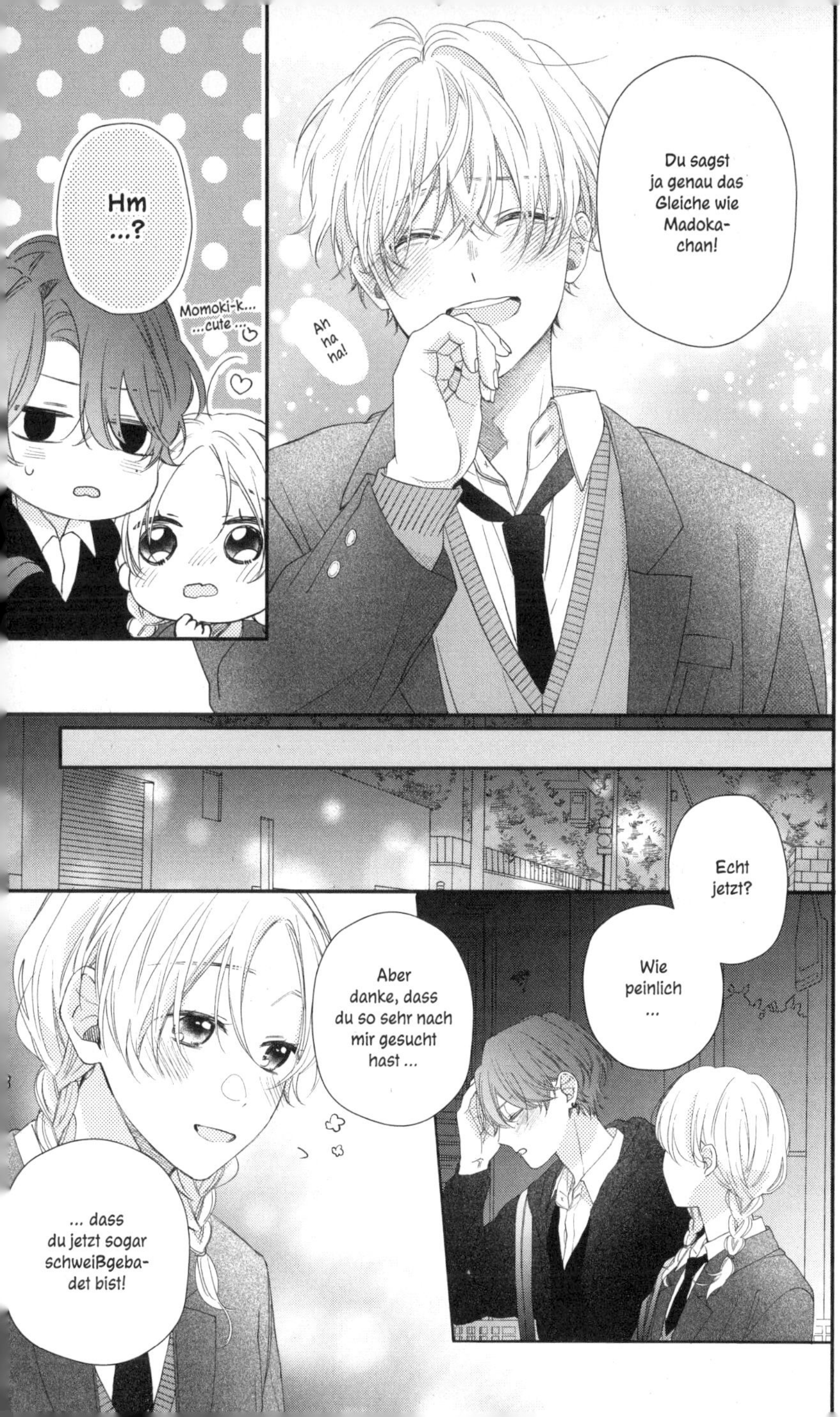
Du sagst ja genau das Gleiche wie Madoka-chan!
Ah ha ha!
Hm ...?
Momoki-k... ...cute ...
Echt jetzt?
Wie peinlich ...
Aber danke, dass du so sehr nach mir gesucht hast ...
... dass du jetzt sogar schweißgebadet bist!

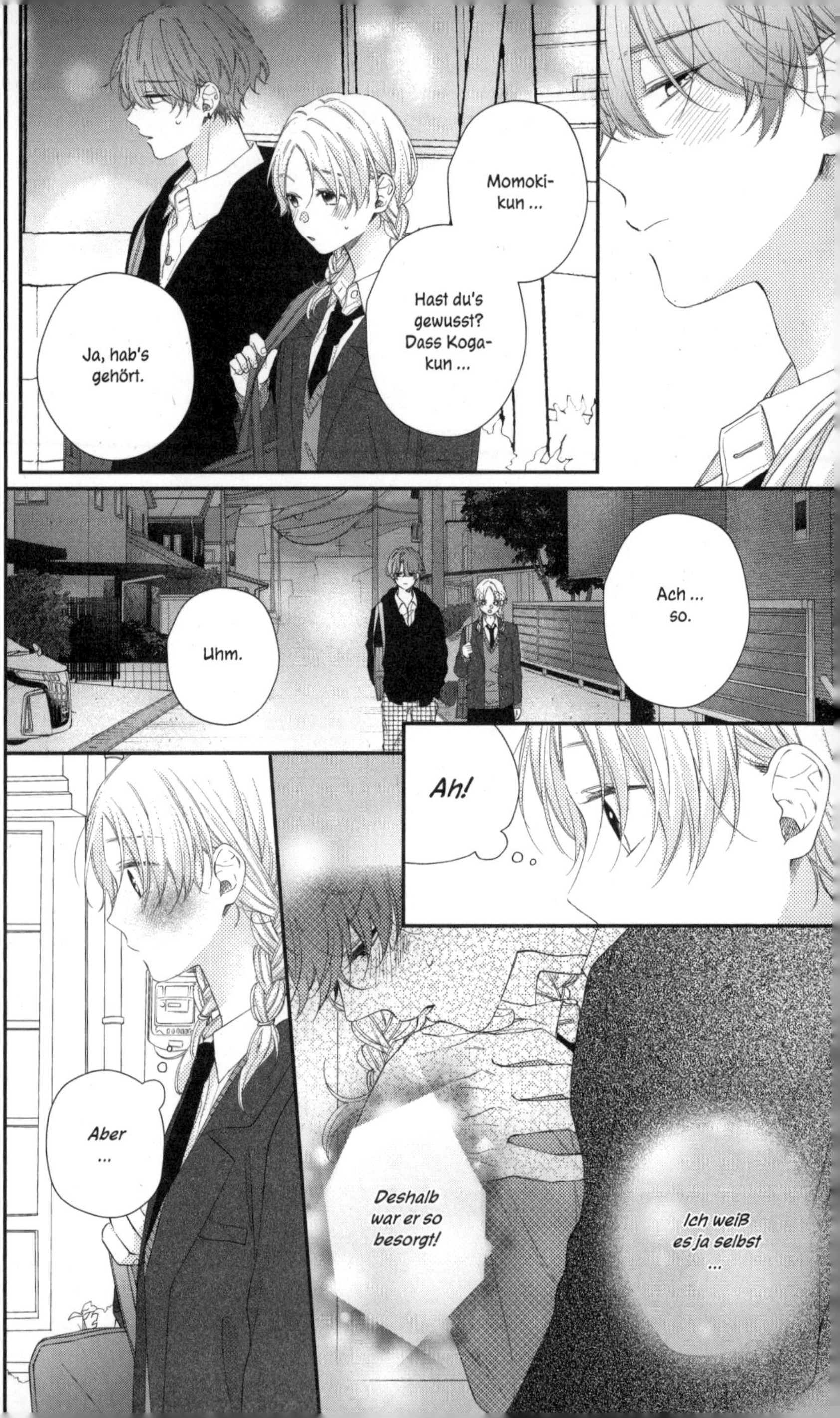
Momoki-
kun ...
Hast du's
gewusst?
Dass Koga-
kun ...
Ja, hab's
gehört.
Ach ...
so.
Uhm.
Ah!
Ich weiß
es ja selbst
...
Deshalb
war er so
besorgt!
Aber
...

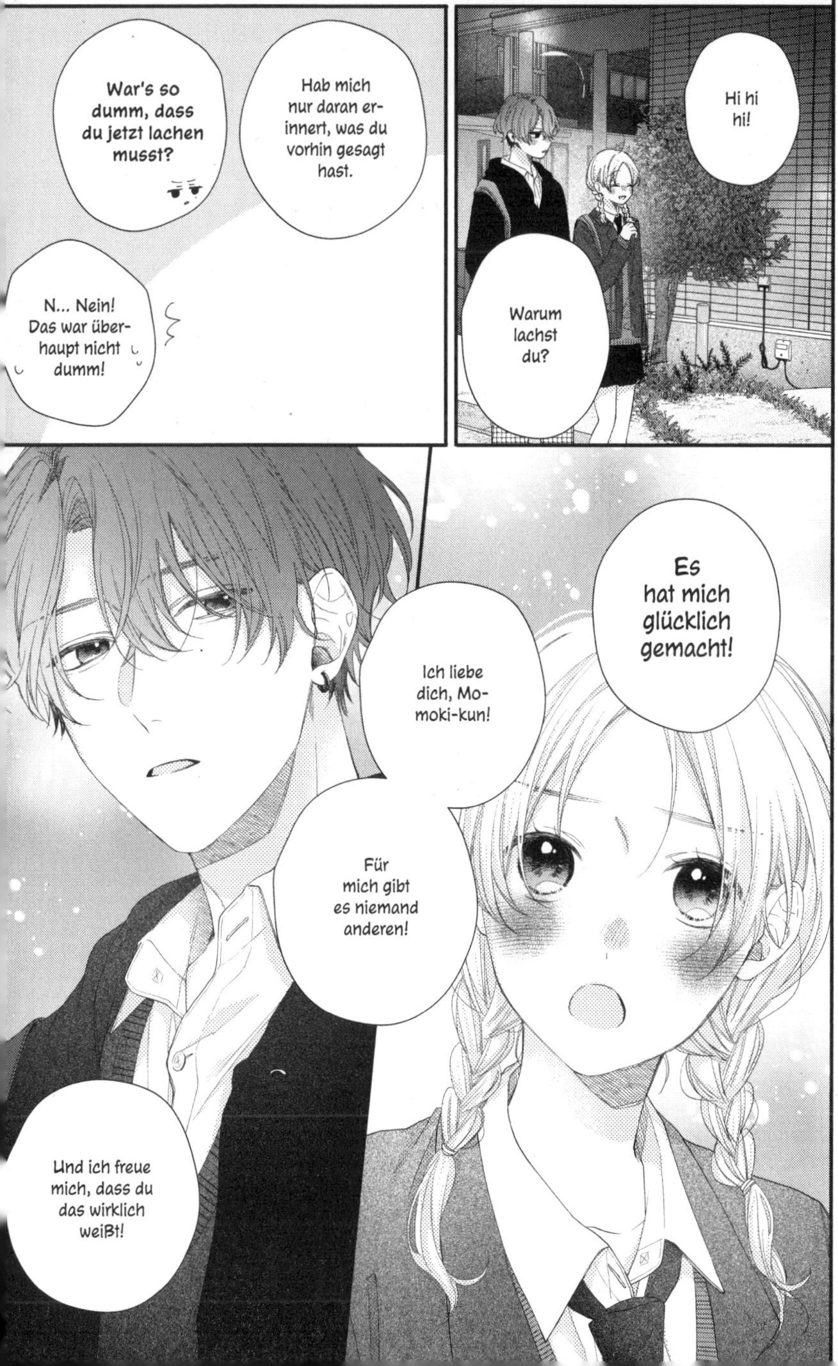
Hi hi hi!
Warum lachst du?
Hab mich nur daran erinnert, was du vorhin gesagt hast.
War's so dumm, dass du jetzt lachen musst?
N... Nein! Das war überhaupt nicht dumm!
Es hat mich glücklich gemacht!
Ich liebe dich, Momoki-kun!
Für mich gibt es niemand anderen!
Und ich freue mich, dass du das wirklich weißt!

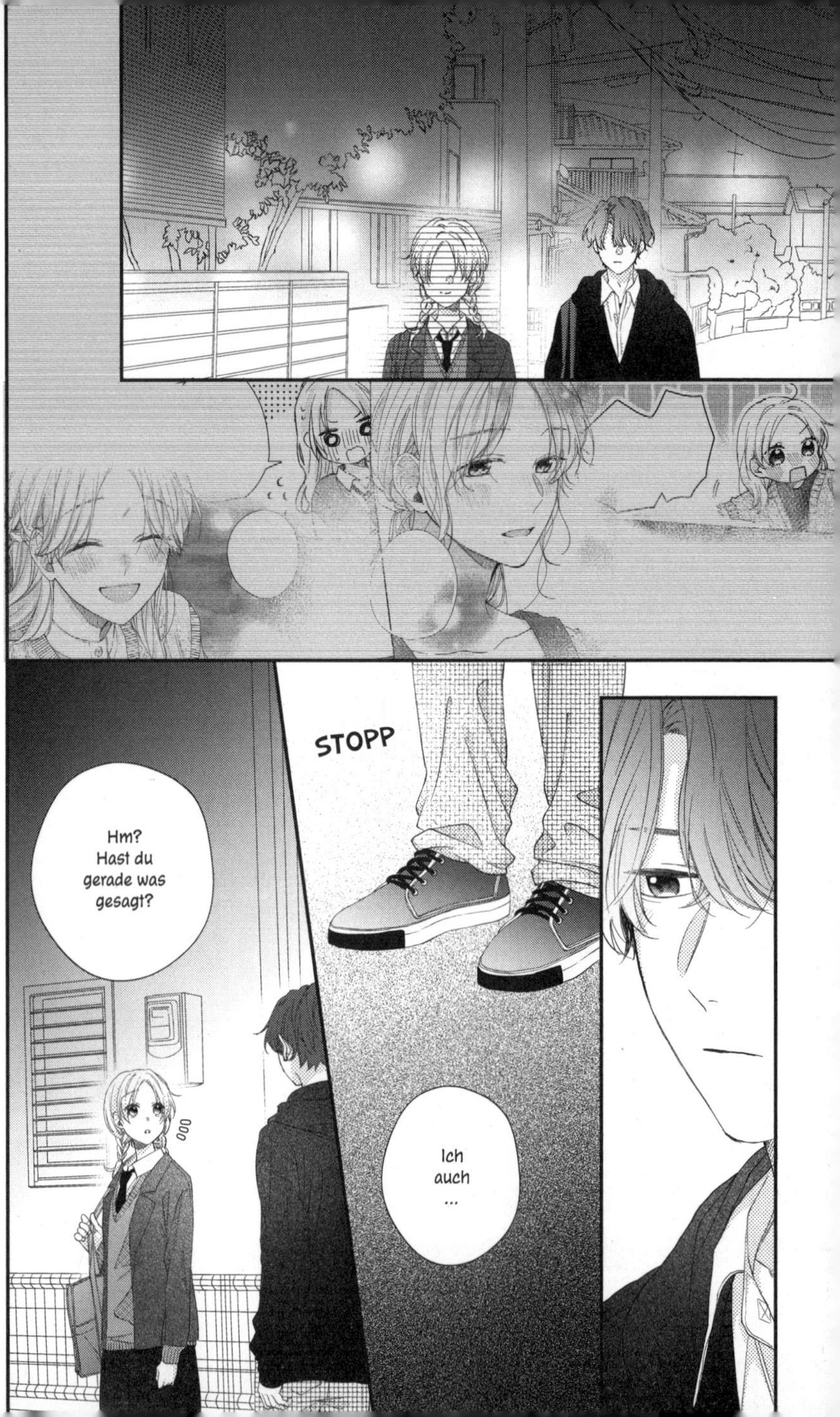
STOPP
Ich auch ...
Hm? Hast du gerade was gesagt?

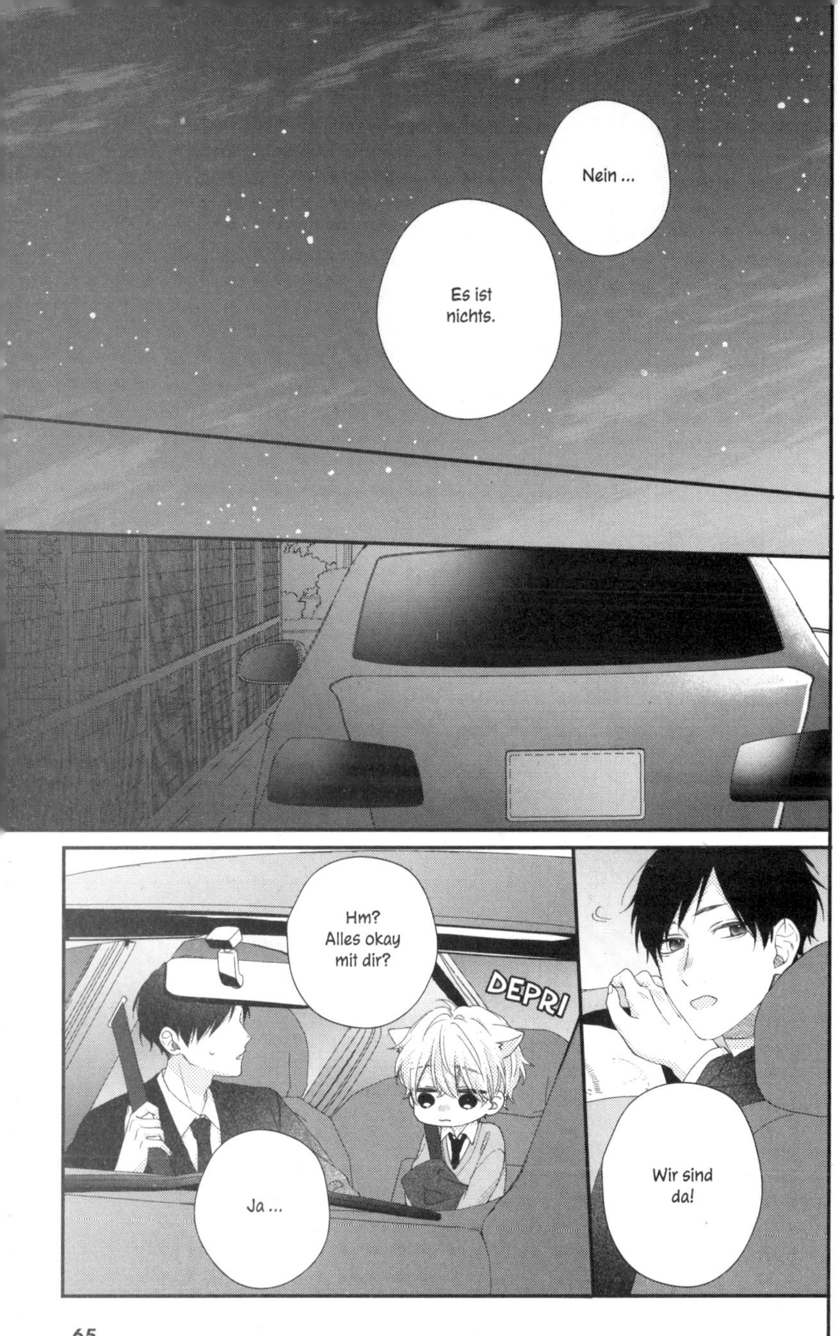
Nein ...
Es ist nichts.
Wir sind da!
Hm? Alles okay mit dir?
DEPRI
Ja ...

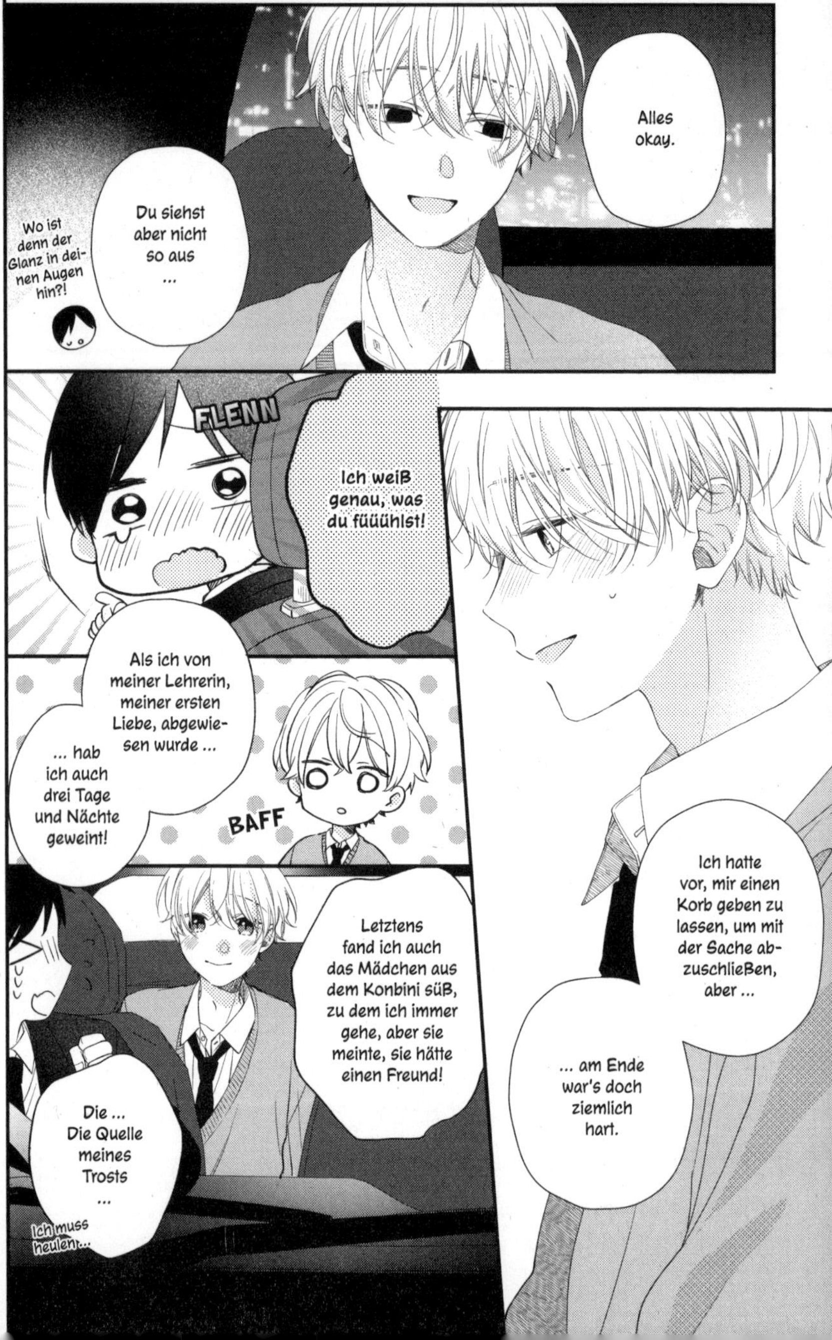

Alles okay.
Du siehst aber nicht so aus ...
Wo ist denn der Glanz in deinen Augen hin?!
Ich hatte vor, mir einen Korb geben zu lassen, um mit der Sache abzuschließen, aber ...
... am Ende war's doch ziemlich hart.
FLENN
Ich weiß genau, was du füüühlst!
Als ich von meiner Lehrerin, meiner ersten Liebe, abgewiesen wurde ...
... hab ich auch drei Tage und Nächte geweint!
BAFF
Letztens fand ich auch das Mädchen aus dem Konbini süß, zu dem ich immer gehe, aber sie meinte, sie hätte einen Freund!
Die ... Die Quelle meines Trosts ...
Ich muss heulen ...

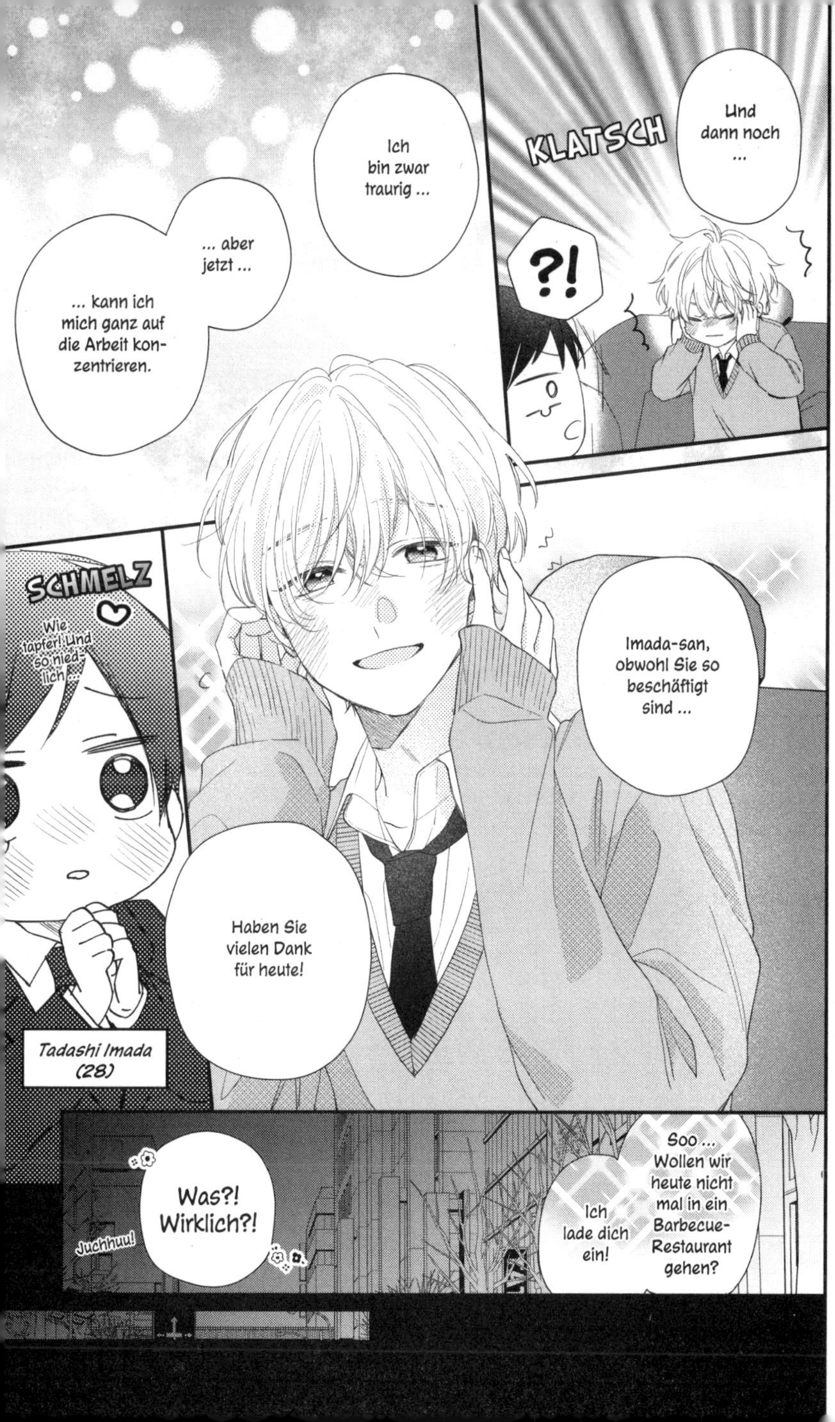
Ich bin zwar traurig ...
... aber jetzt ...
... kann ich mich ganz auf die Arbeit konzentrieren.
Und dann noch ...
KLATSCH
?!
Imada-san, obwohl Sie so beschäftigt sind ...
Haben Sie vielen Dank für heute!
SCHMELZ
Wie tapfer! Und so nied-lich ...
Tadashi Imada (28)
Soo ... Wollen wir heute nicht mal in ein Barbecue-Restaurant gehen?
Ich lade dich ein!
Was?! Wirklich?!
Juchhuu!

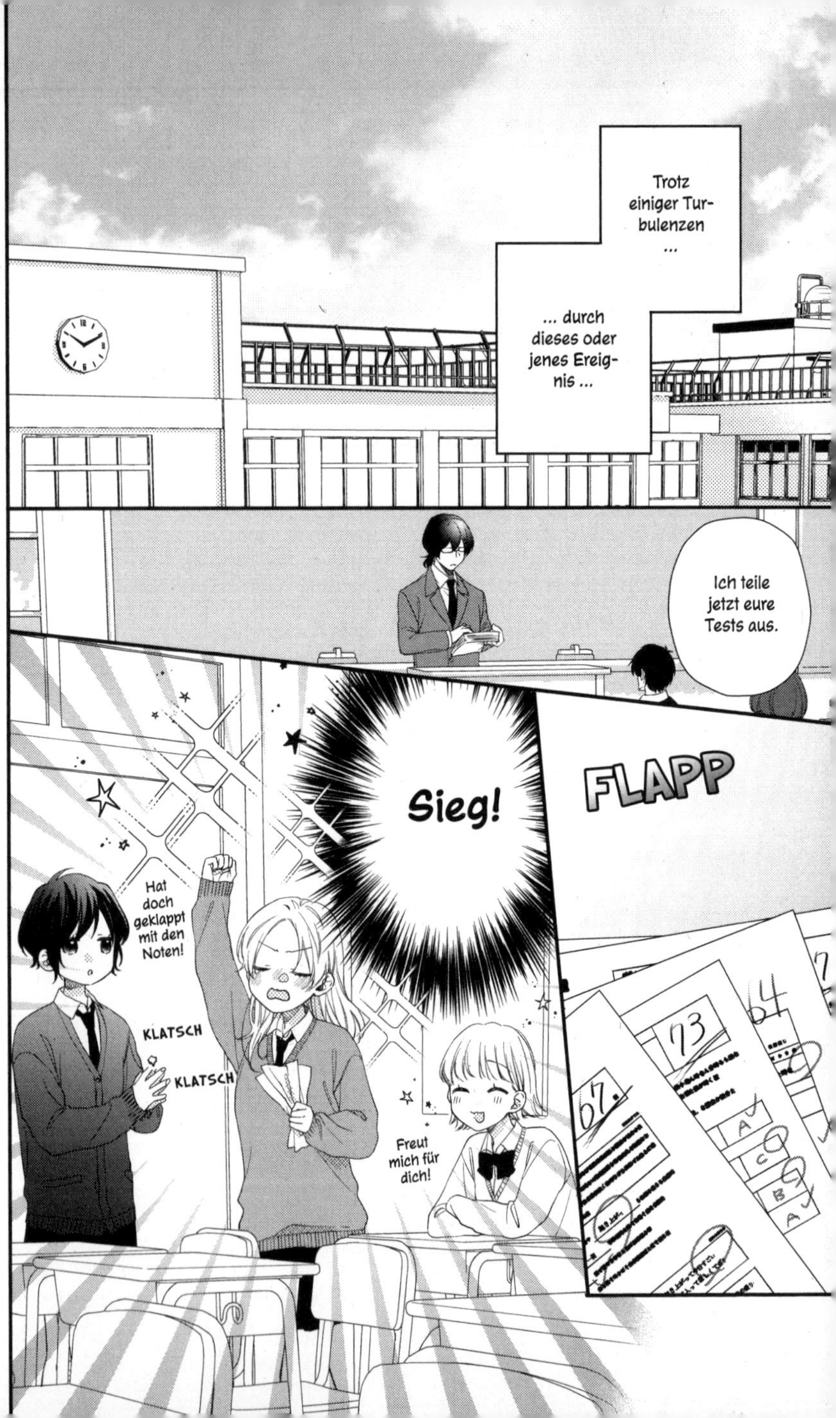
Trotz einiger Tur-bulenzen ...
... durch dieses oder jenes Ereig-nis ...
Ich teile jetzt eure Tests aus.
FLAPP
Sieg!
Hat doch geklappt mit den Noten!
KLATSCH
KLATSCH
Freut mich für dich!

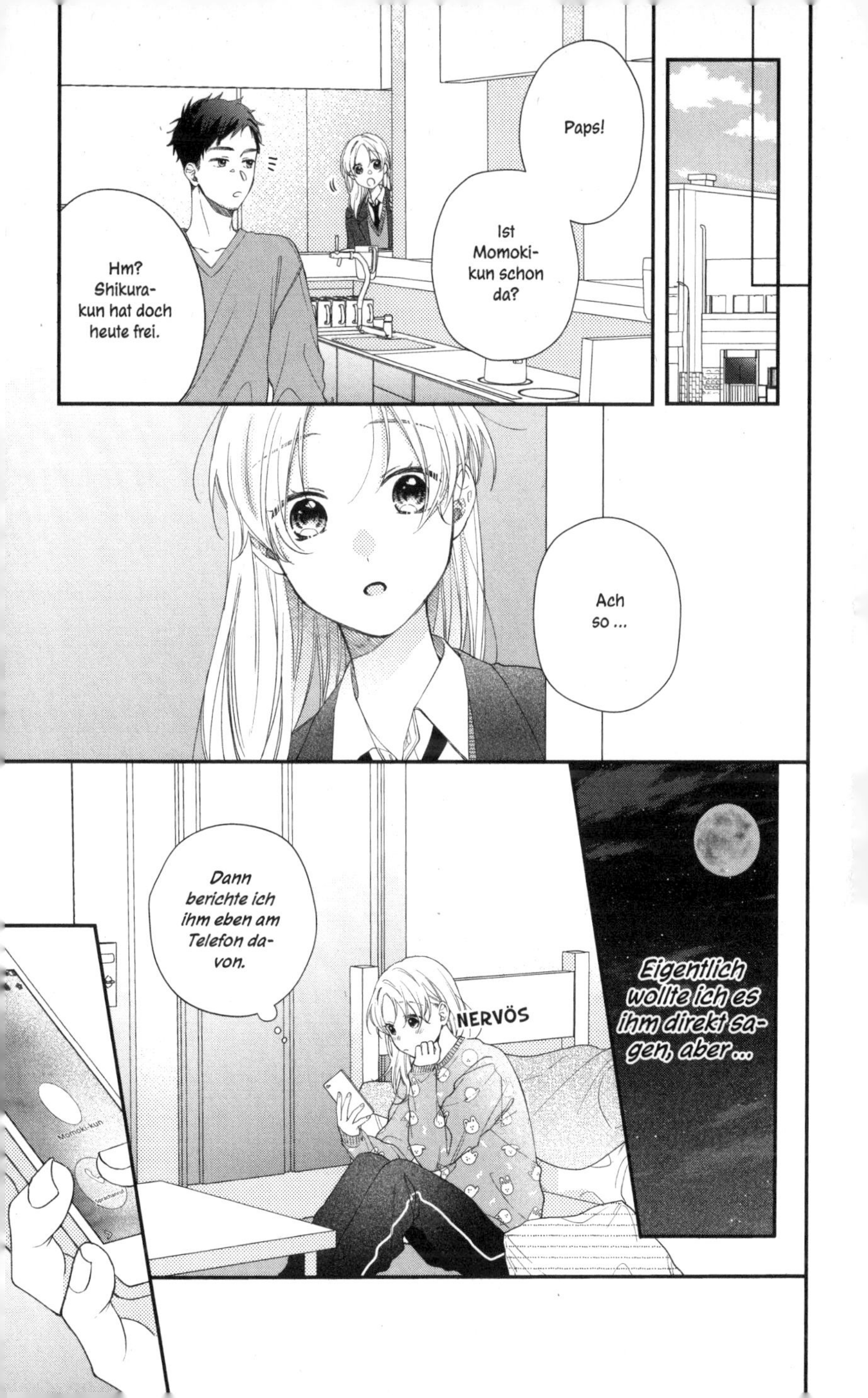
Paps!
Ist Momoki-kun schon da?
Hm? Shikura-kun hat doch heute frei.
Ach so ...
Eigentlich wollte ich es ihm direkt sagen, aber ...
NERVÖS
Dann berichte ich ihm eben am Telefon davon.
Momoki-kun

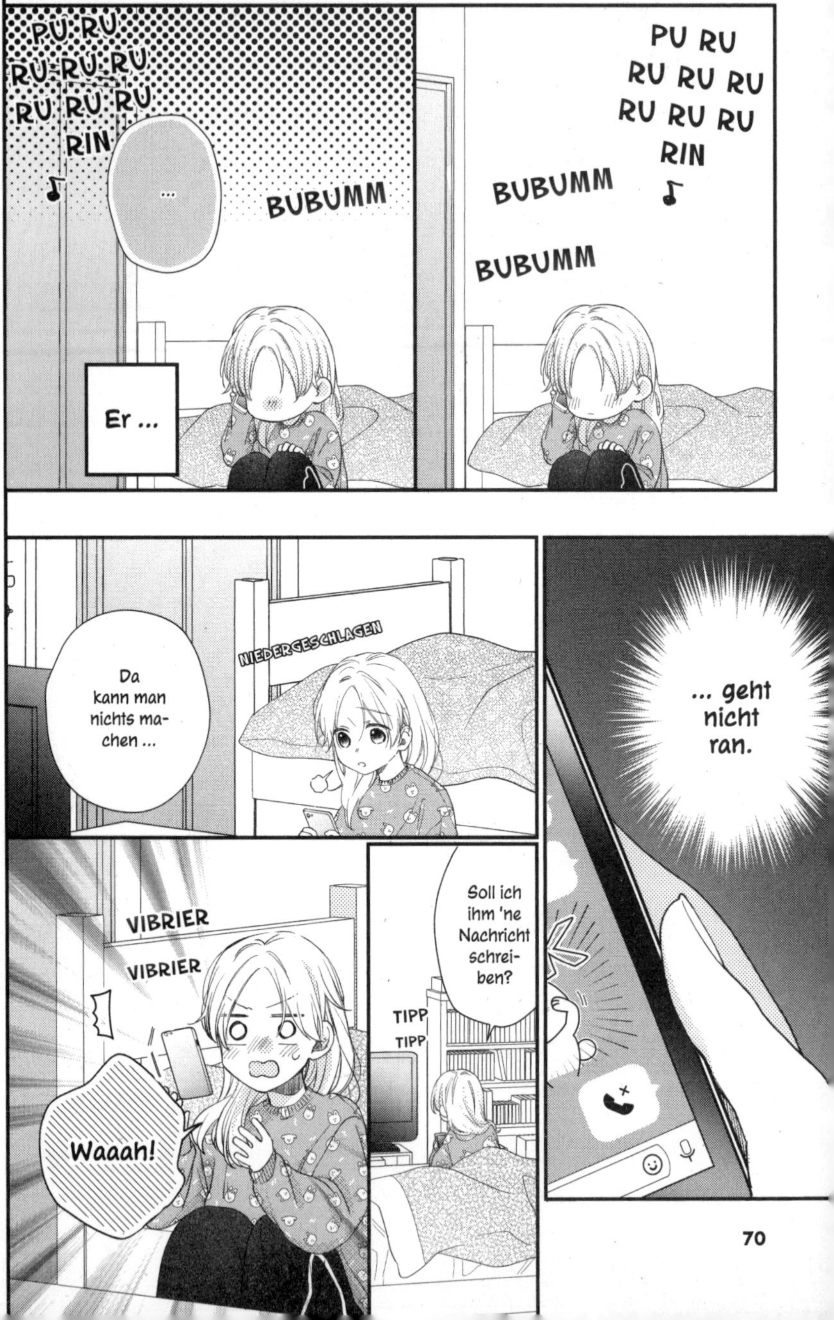
PU RU
RU RU RU
RU RU RU
RIN
BUBUMM
BUBUMM
PU RU
RU RU RU
RU RU RU
RIN
...
BUBUMM
Er ...
... geht nicht ran.
NIEDERGESCHLAGEN
Da kann man nichts machen ...
Soll ich ihm 'ne Nachricht schreiben?
TIPP
TIPP
VIBRIER
VIBRIER
Waaah!

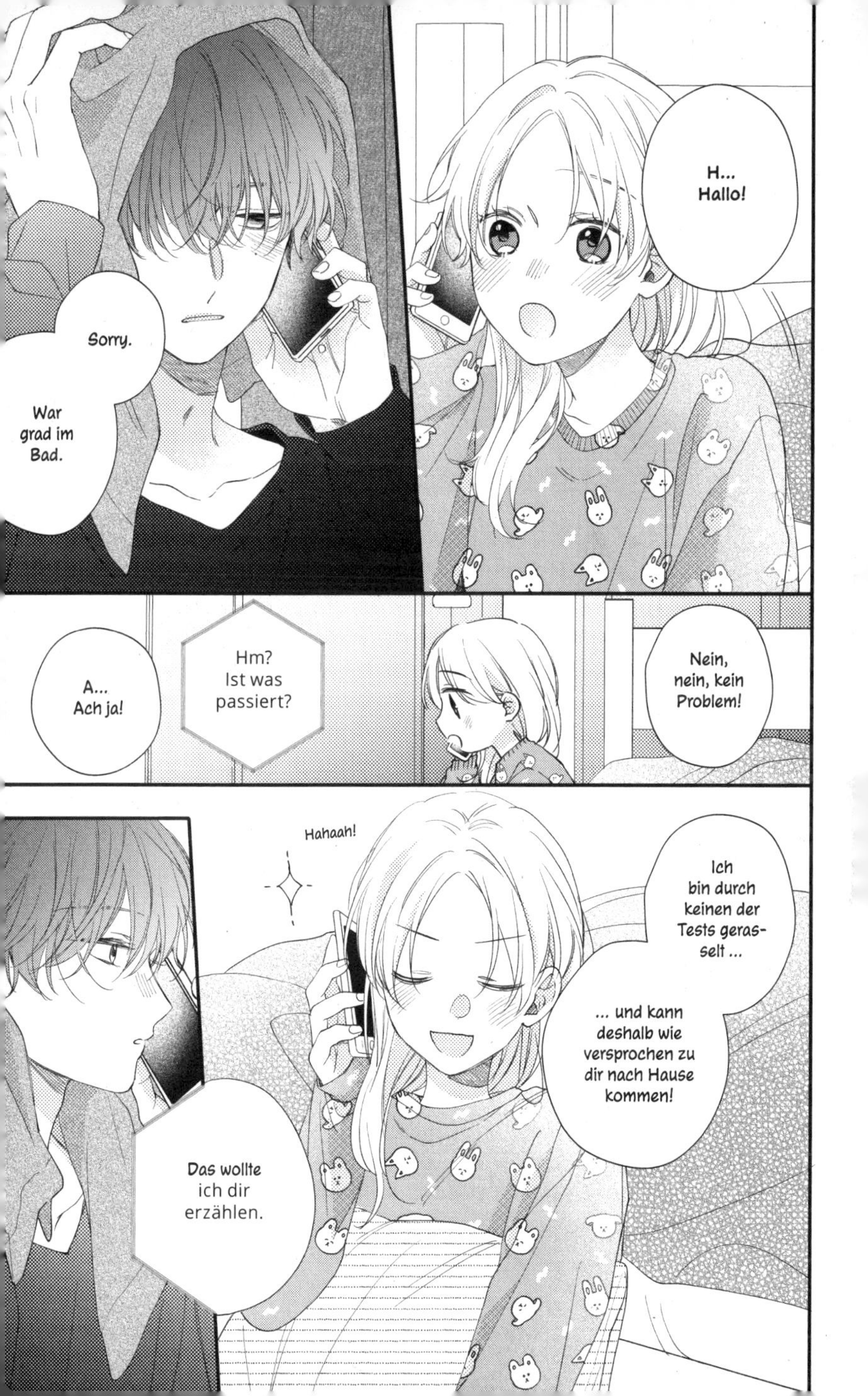
H... Hallo!
Sorry.
War grad im Bad.
Nein, nein, kein Problem!
Hm? Ist was passiert?
A... Ach ja!
Hahaah!
Ich bin durch keinen der Tests gerasselt ...
... und kann deshalb wie versprochen zu dir nach Hause kommen!
Das wollte ich dir erzählen.

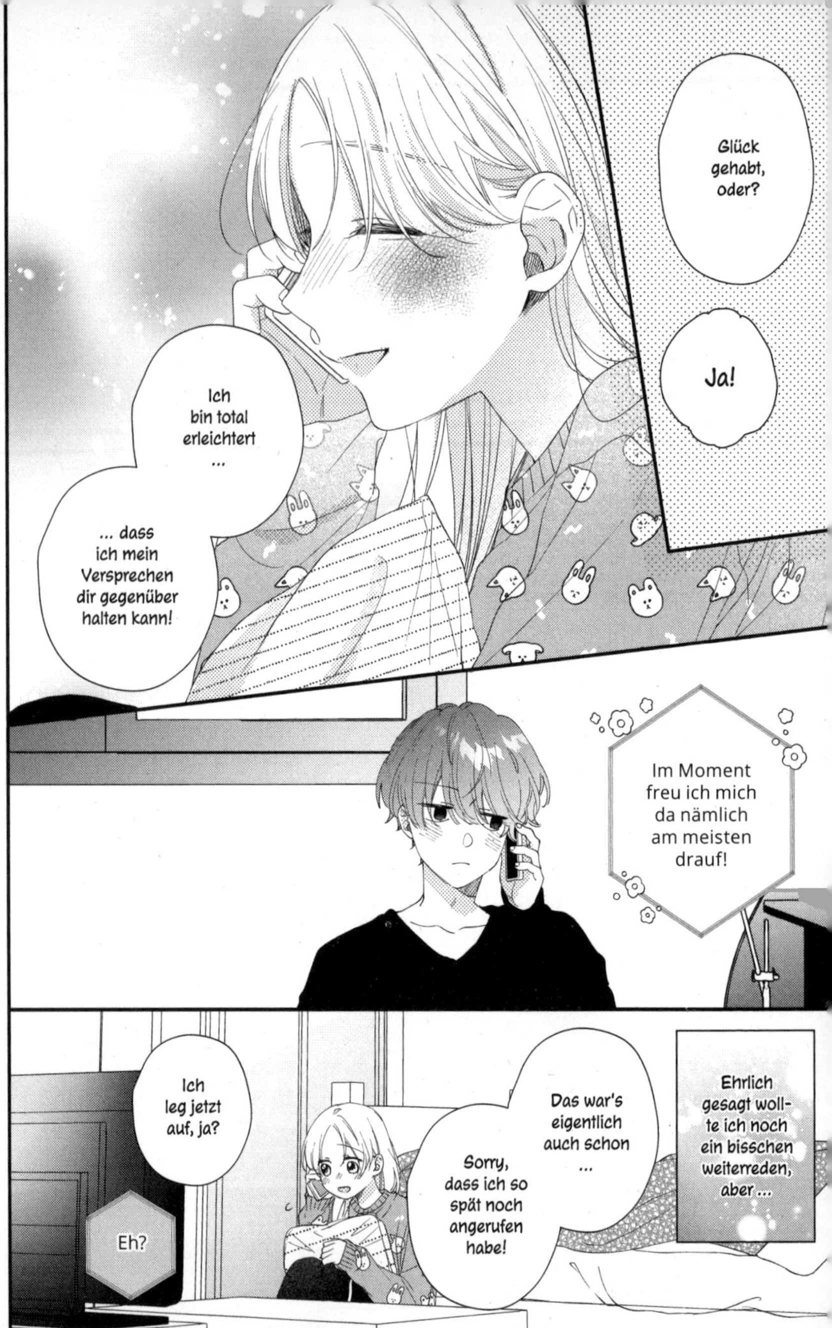
Glück gehabt, oder?
Ja!
Ich bin total erleichtert ...
... dass ich mein Versprechen dir gegenüber halten kann!
Im Moment freu ich mich da nämlich am meisten drauf!
Ehrlich gesagt wollte ich noch ein bisschen weiterreden, aber ...
Das war's eigentlich auch schon ...
Sorry, dass ich so spät noch angerufen habe!
Ich leg jetzt auf, ja?
Eh?

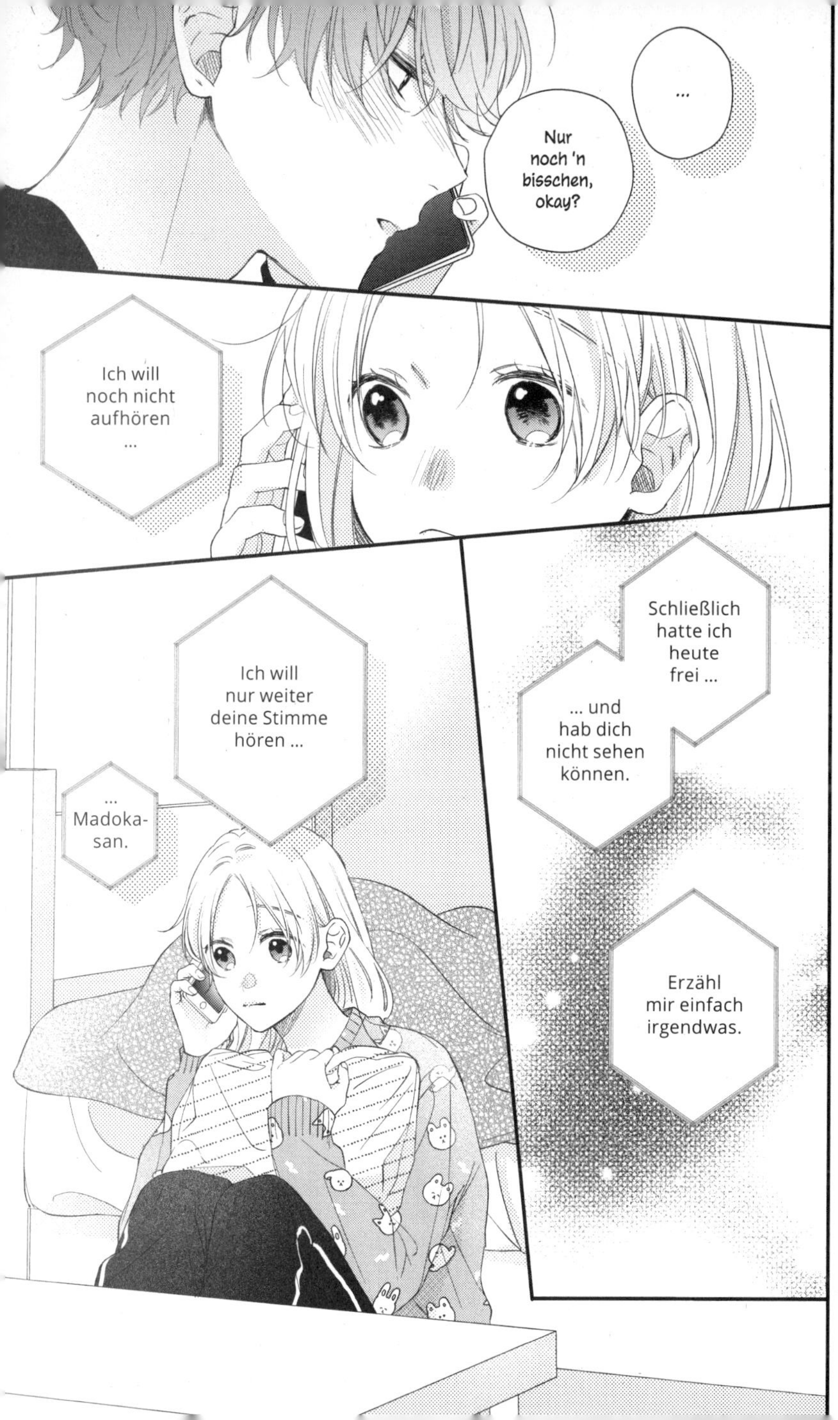
...
Nur noch 'n bisschen, okay?
Ich will noch nicht aufhören ...
Schließlich hatte ich heute frei ...
... und hab dich nicht sehen können.
Erzähl mir einfach irgendwas.
Ich will nur weiter deine Stimme hören ...
... Madoka-san.

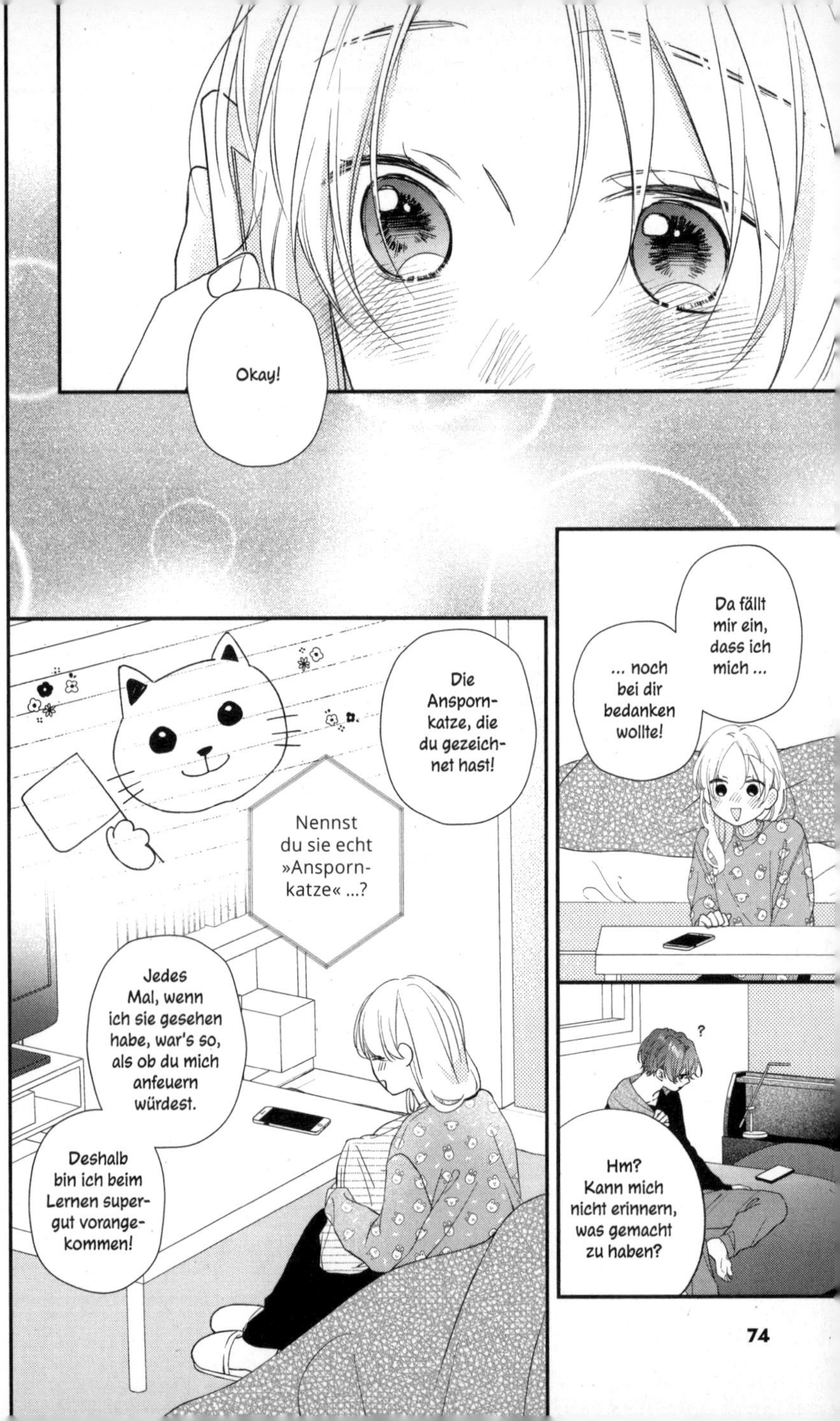

Okay!
Da fällt mir ein, dass ich mich ...
... noch bei dir bedanken wollte!
Die Ansporn-katze, die du gezeich-net hast!
Nennst du sie echt »Ansporn-katze« ...?
Hm? Kann mich nicht erinnern, was gemacht zu haben?
Jedes Mal, wenn ich sie gesehen habe, war's so, als ob du mich anfeuern würdest.
Deshalb bin ich beim Lernen super-gut vorange-kommen!
?

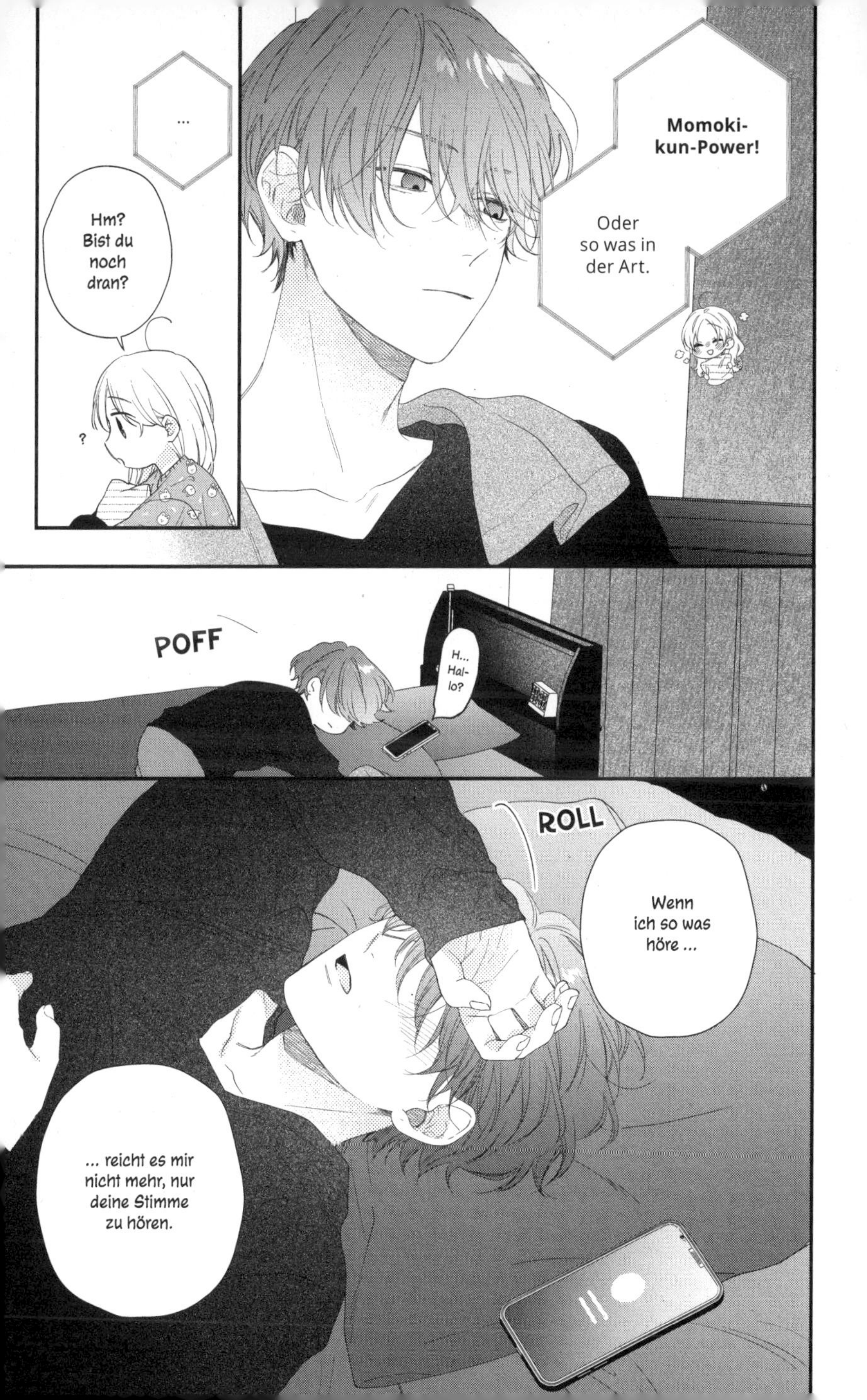
Momoki-
kun-Power!
Oder
so was in
der Art.
...
Hm?
Bist du
noch
dran?
?
POFF
H...
Hal-
lo?
ROLL
Wenn
ich so was
höre ...
... reicht es mir
nicht mehr, nur
deine Stimme
zu hören.

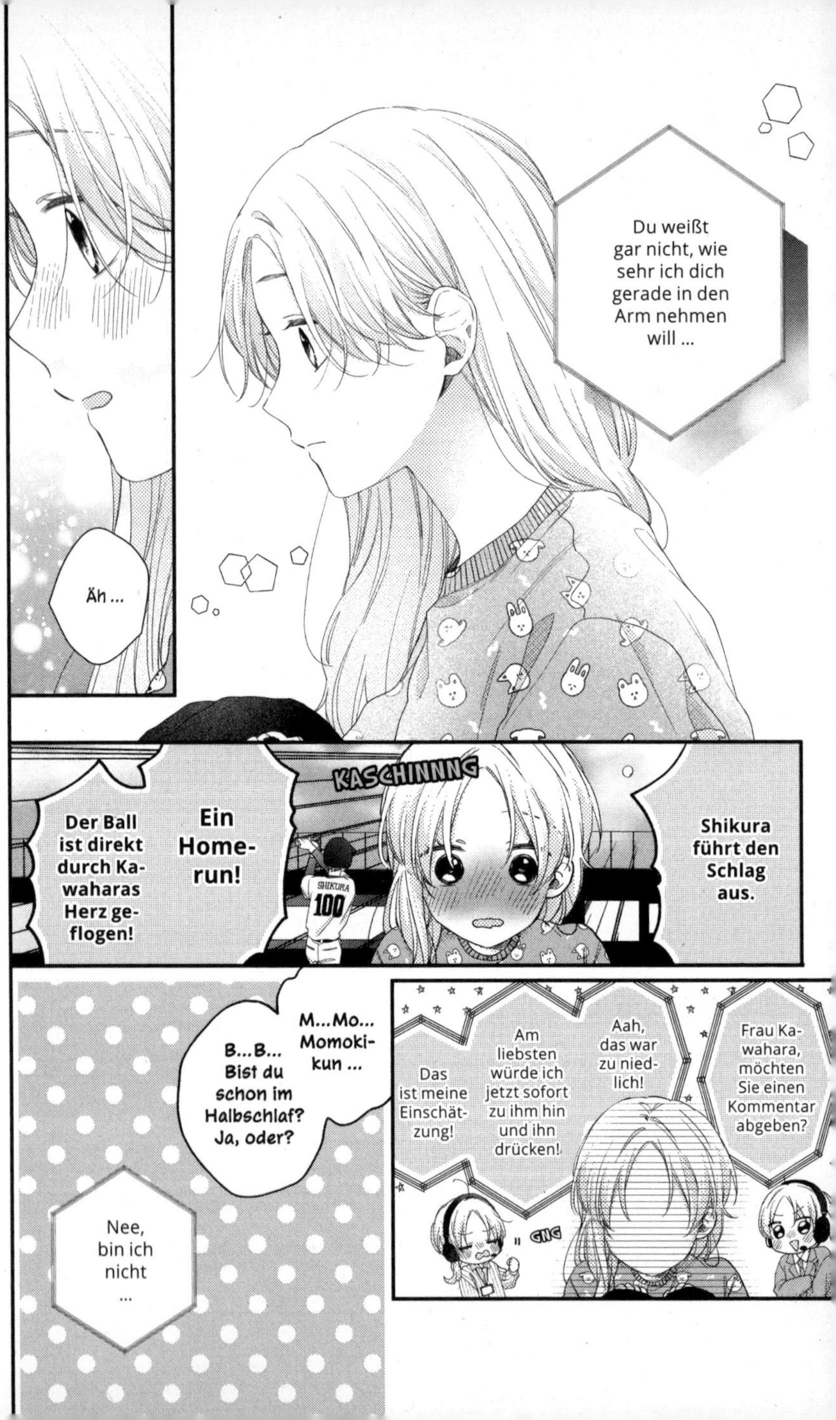
Du weißt gar nicht, wie sehr ich dich gerade in den Arm nehmen will ...
Äh ...
Shikura führt den Schlag aus.
KASCHINNNG
SHIKURA 100
Ein Home-run!
Der Ball ist direkt durch Kawaharas Herz geflogen!
Frau Kawahara, möchten Sie einen Kommentar abgeben?
Aah, das war zu niedlich!
Am liebsten würde ich jetzt sofort zu ihm hin und ihn drücken!
Das ist meine Einschätzung!
GNG
M...Mo... Momoki-kun ...
B...B... Bist du schon im Halbschlaf? Ja, oder?
Nee, bin ich nicht ...

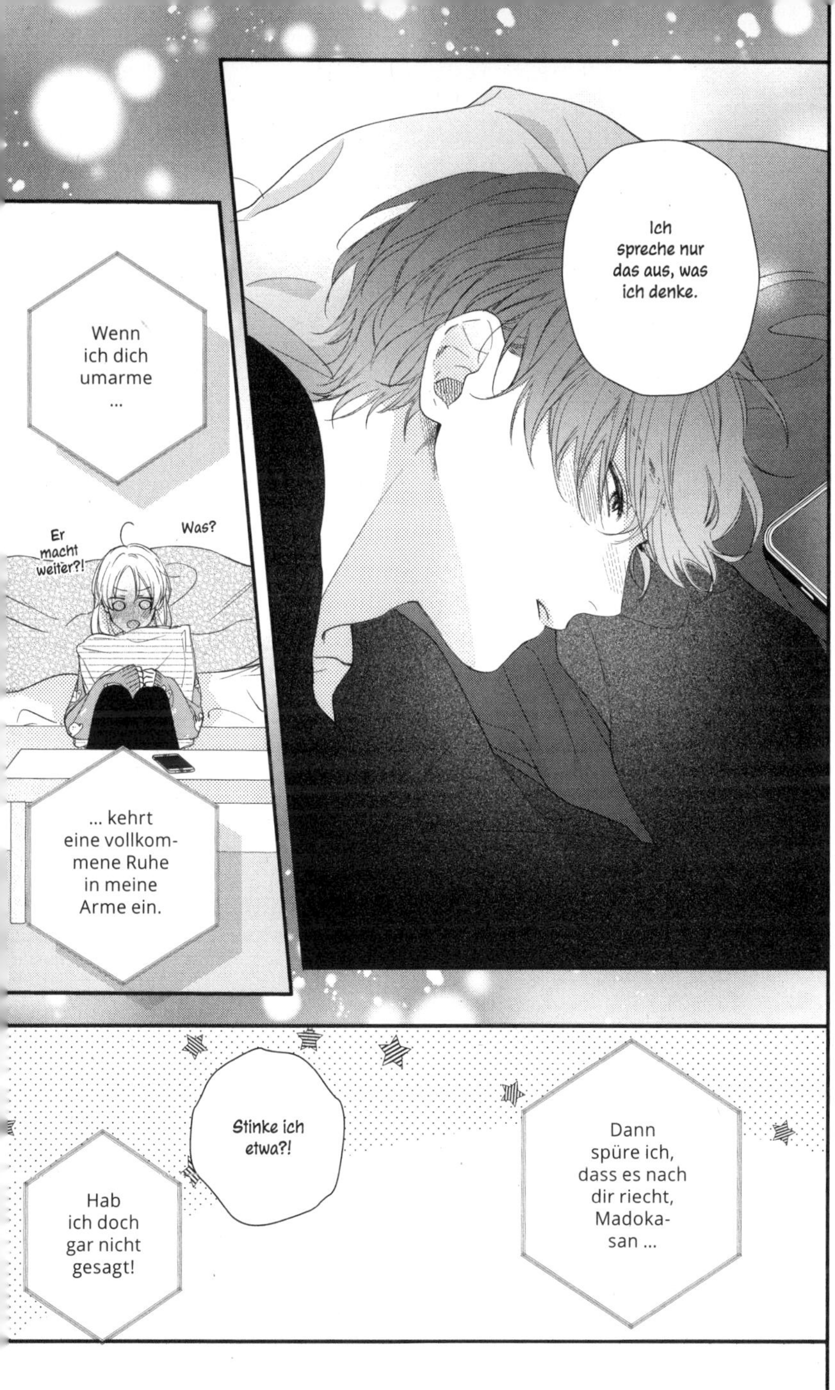
Ich spreche nur das aus, was ich denke.
Wenn ich dich umarme ...
Was?
Er macht weiter?!
... kehrt eine vollkommene Ruhe in meine Arme ein.
Dann spüre ich, dass es nach dir riecht, Madoka-san ...
Stinke ich etwa?!
Hab ich doch gar nicht gesagt!

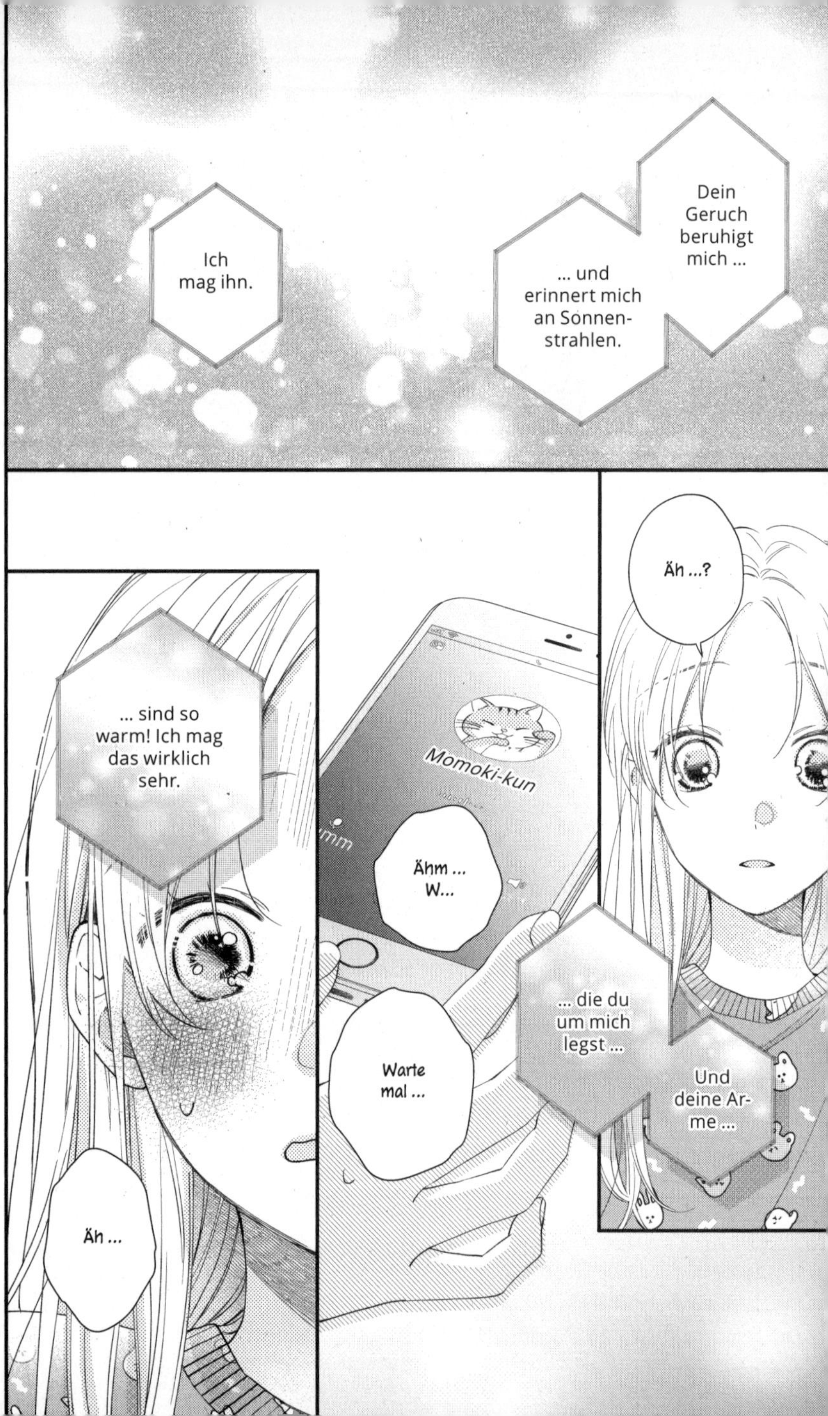
Dein Geruch beruhigt mich ...
... und erinnert mich an Sonnenstrahlen.
Ich mag ihn.
Äh ...?
Und deine Arme ...
... die du um mich legst ...
Momoki-kun
Ähm ... W...
Warte mal ...
... sind so warm! Ich mag das wirklich sehr.
Äh ...

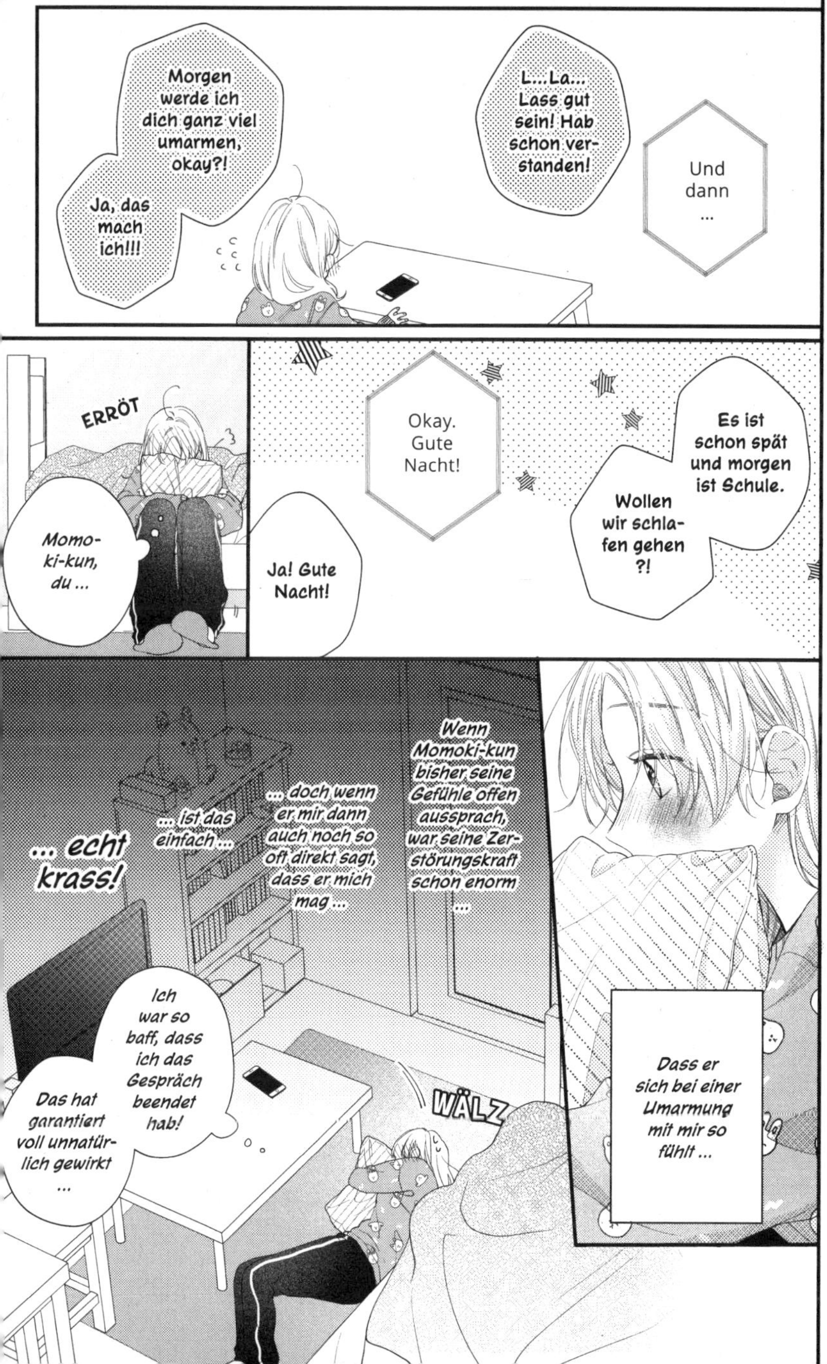
Und dann ...
L...La... Lass gut sein! Hab schon verstanden!
Morgen werde ich dich ganz viel umarmen, okay?!
Ja, das mach ich!!!
Es ist schon spät und morgen ist Schule.
Wollen wir schlafen gehen ?!
Okay. Gute Nacht!
Ja! Gute Nacht!
ERRÖT
Momoki-kun, du ...
Dass er sich bei einer Umarmung mit mir so fühlt ...
Wenn Momoki-kun bisher seine Gefühle offen aussprach, war seine Zerstörungskraft schon enorm ...
... doch wenn er mir dann auch noch so oft direkt sagt, dass er mich mag ...
... ist das einfach ...
... echt krass!
WÄLZ
Ich war so baff, dass ich das Gespräch beendet hab!
Das hat garantiert voll unnatürlich gewirkt ...

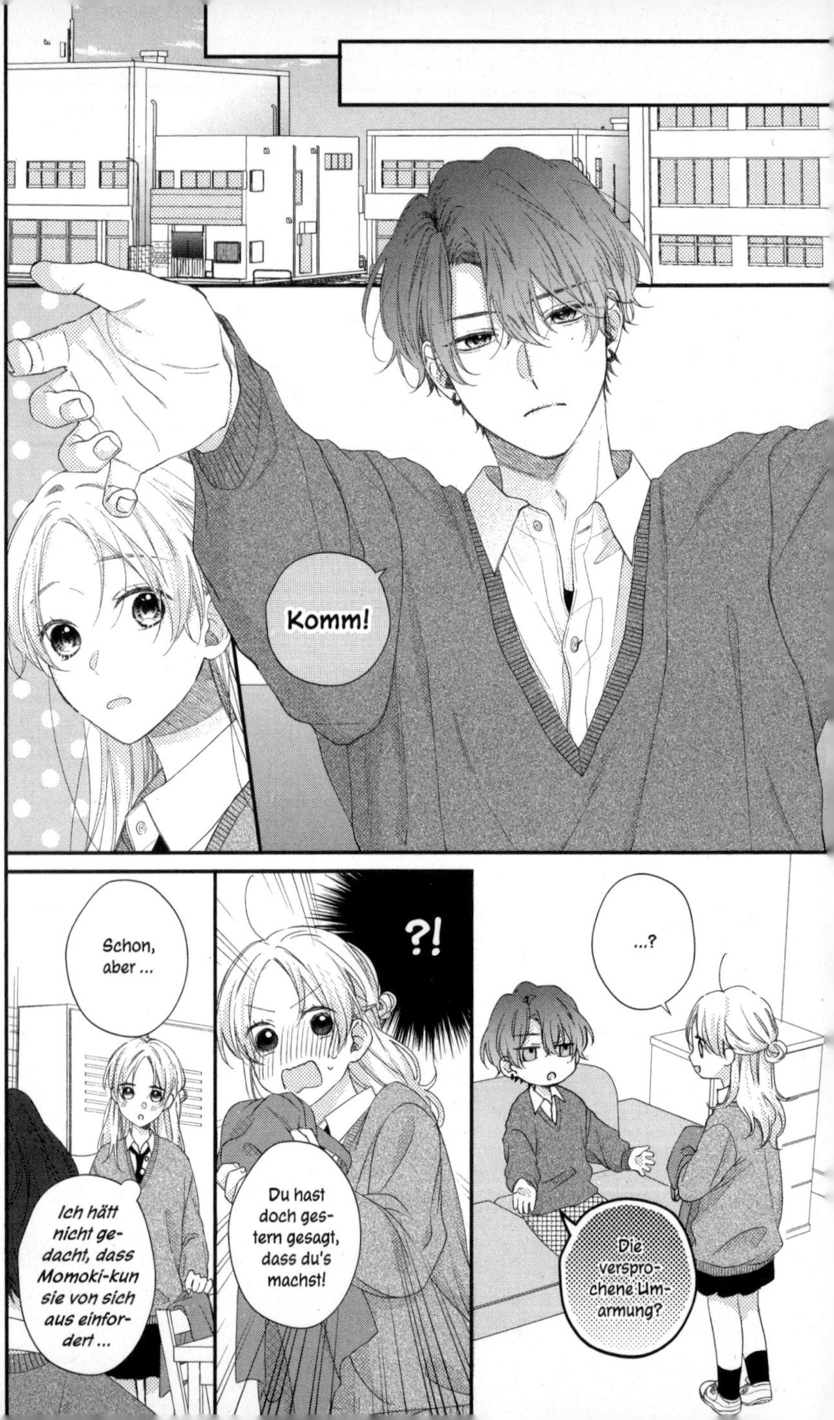
Komm!
...?
Die verspro-chene Um-armung?
?!
Du hast doch ges-tern gesagt, dass du's machst!
Schon, aber ...
Ich hätt nicht ge-dacht, dass Momoki-kun sie von sich aus einfor-dert ...

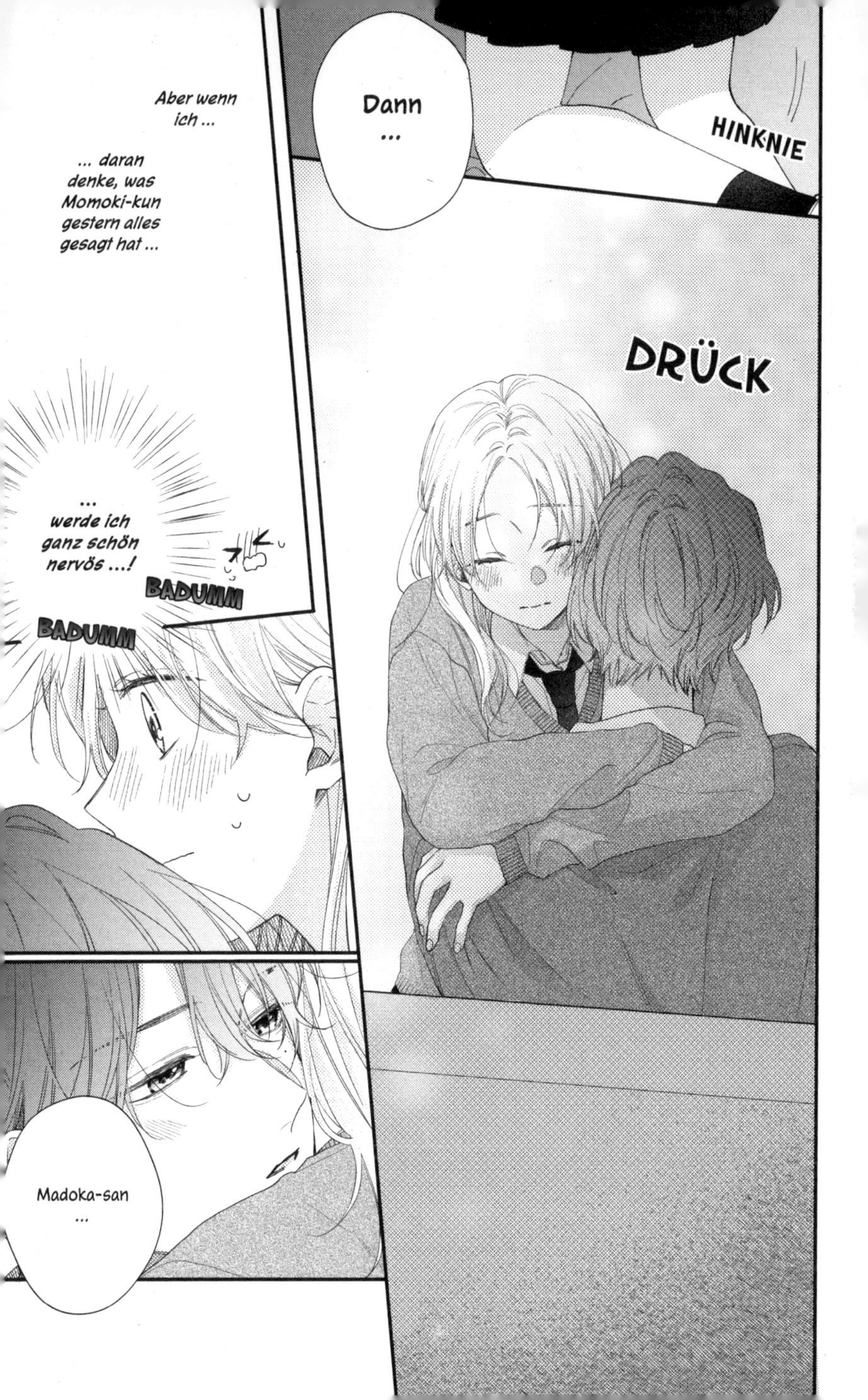

Dann ...
HINKNIE
Aber wenn ich ...
... daran denke, was Momoki-kun gestern alles gesagt hat ...
DRÜCK
... werde ich ganz schön nervös ...!
BADUMM
BADUMM
Madoka-san ...

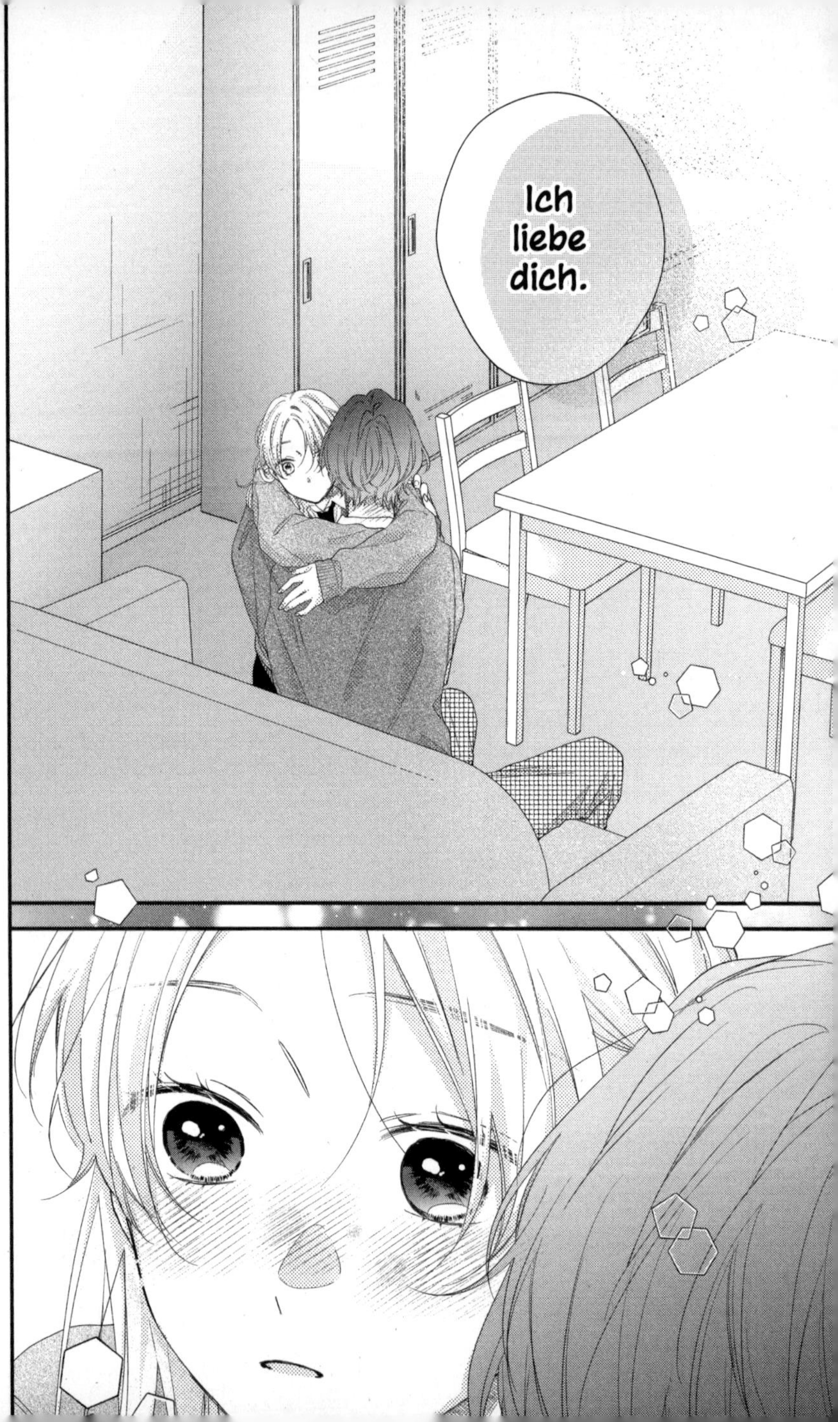
Ich liebe dich.

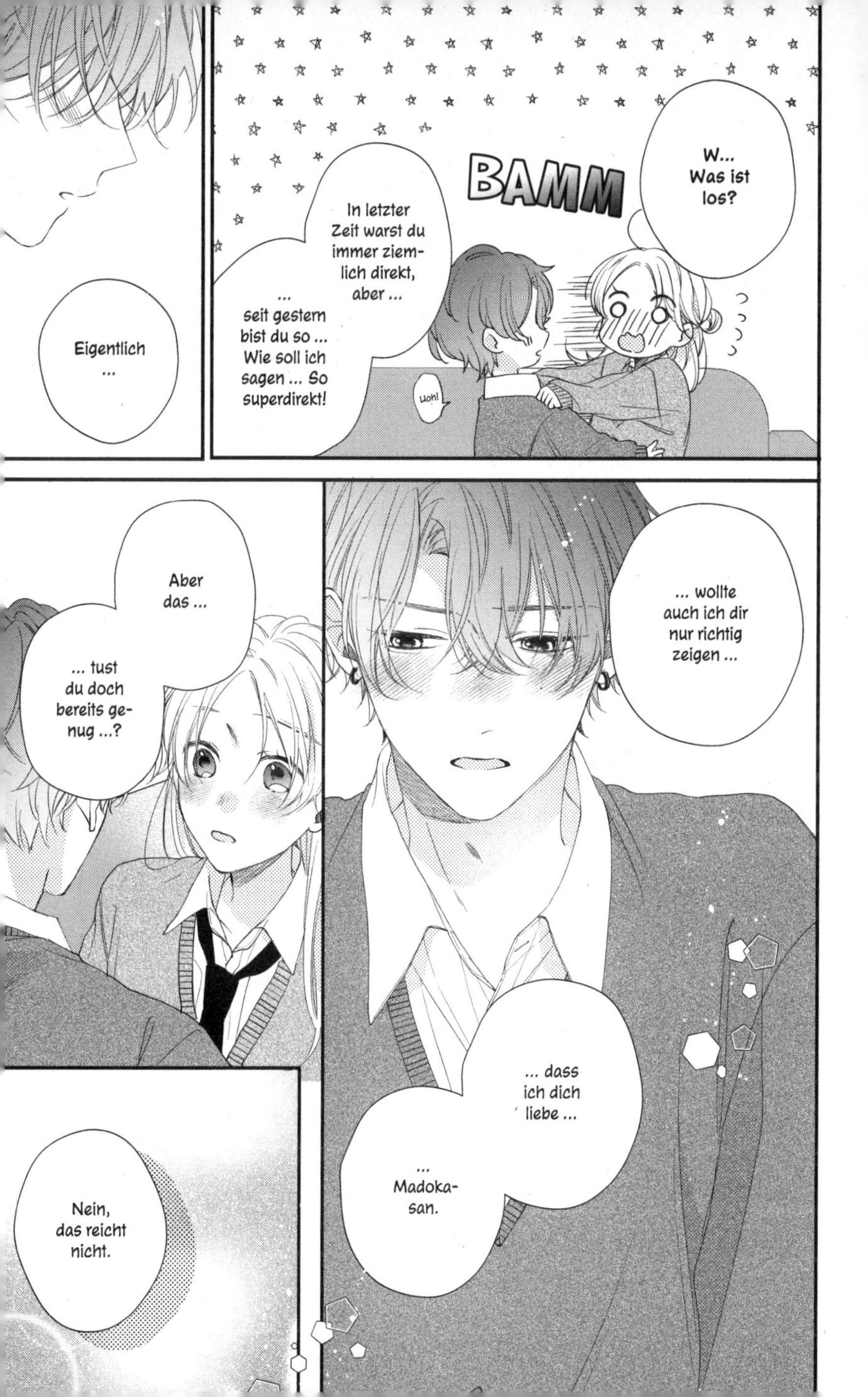
W... Was ist los?
BAMM
In letzter Zeit warst du immer ziem-lich direkt, aber ...
... seit gestern bist du so ... Wie soll ich sagen ... So superdirekt!
Uoh!
Eigentlich ...
... wollte auch ich dir nur richtig zeigen ...
... dass ich dich liebe ...
... Madoka-san.
Aber das ...
... tust du doch bereits ge-nug ...?
Nein, das reicht nicht.

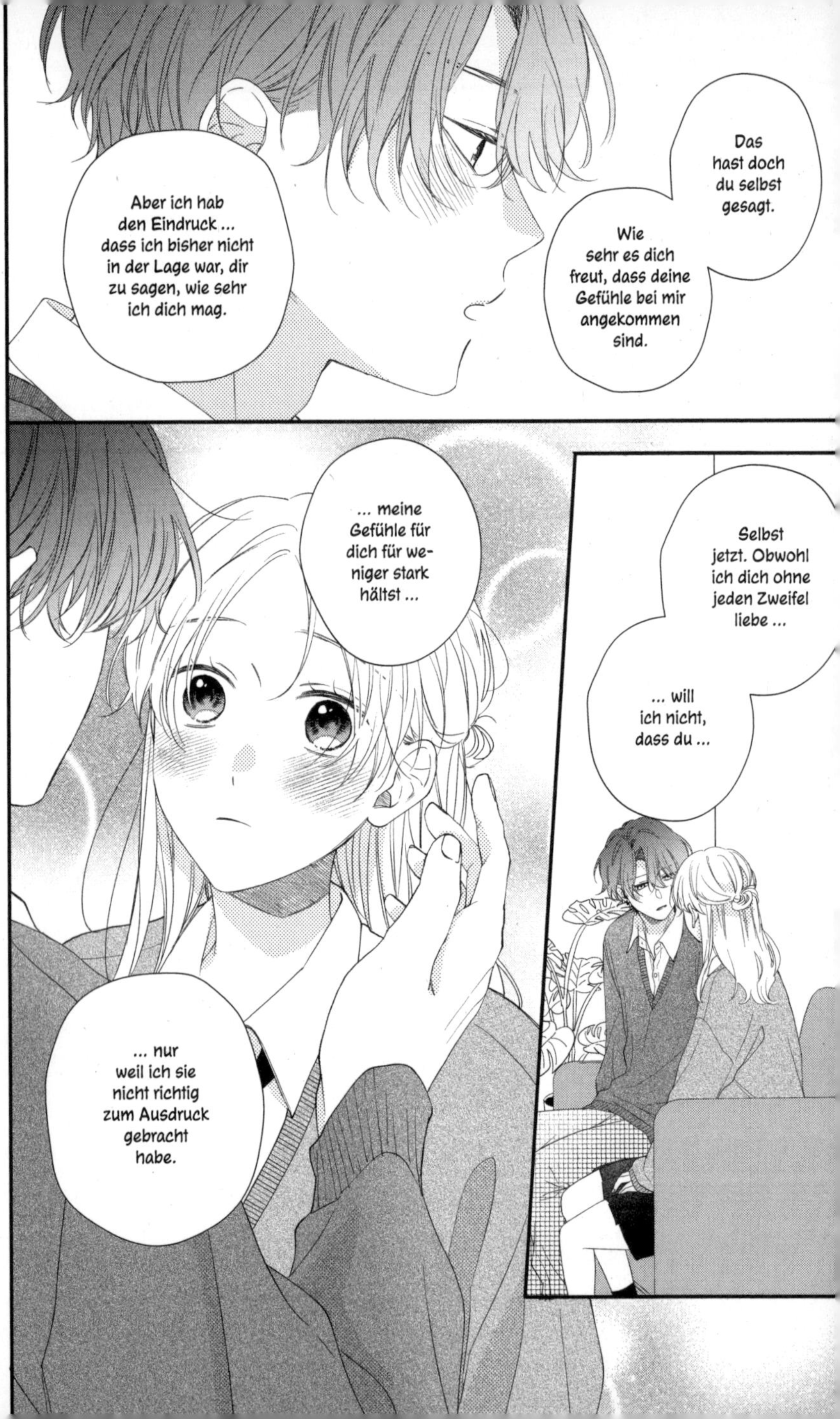
Das hast doch du selbst gesagt.
Wie sehr es dich freut, dass deine Gefühle bei mir angekommen sind.
Aber ich hab den Eindruck … dass ich bisher nicht in der Lage war, dir zu sagen, wie sehr ich dich mag.
Selbst jetzt. Obwohl ich dich ohne jeden Zweifel liebe …
… will ich nicht, dass du …
… meine Gefühle für dich für weniger stark hältst …
… nur weil ich sie nicht richtig zum Ausdruck gebracht habe.

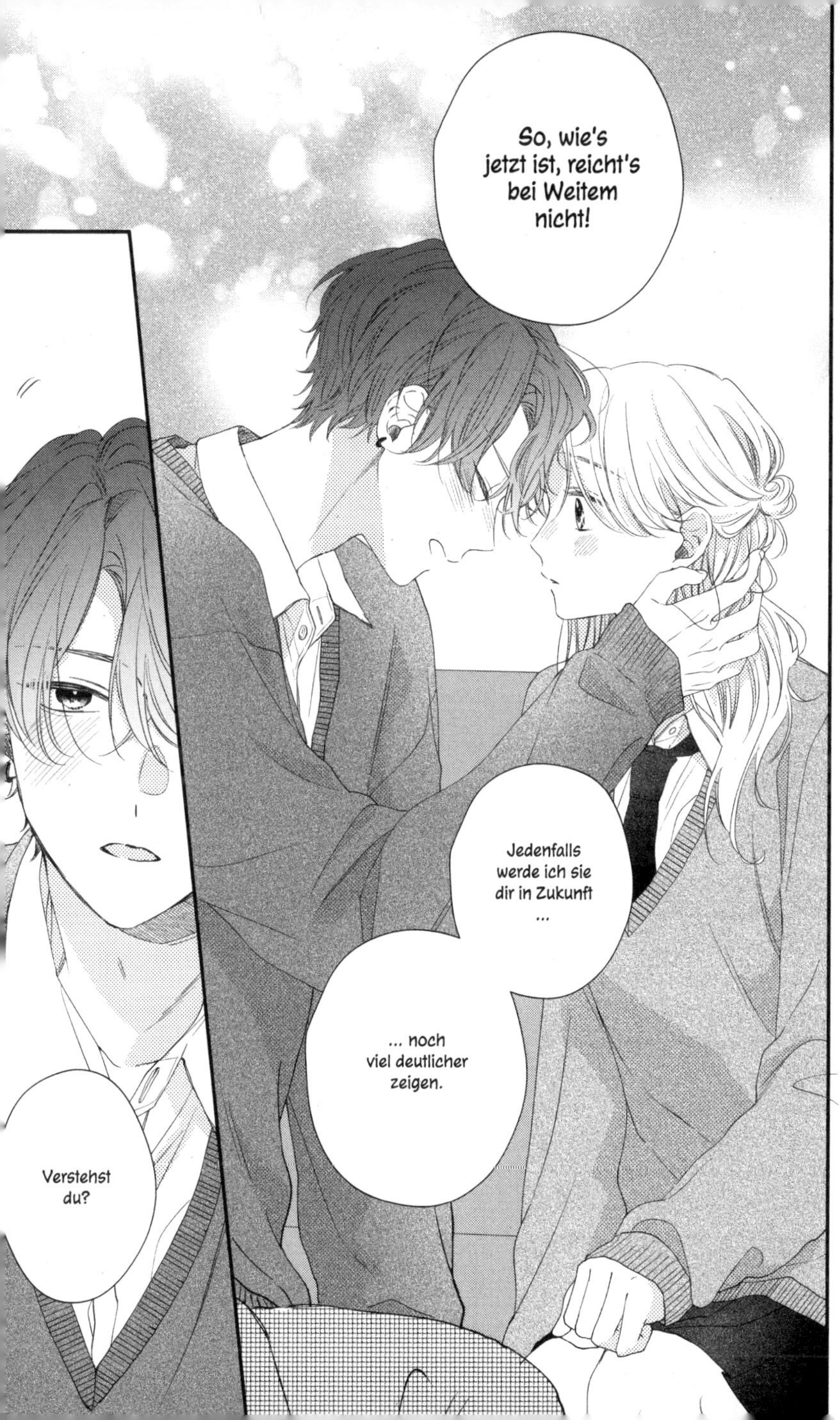
So, wie's jetzt ist, reicht's bei Weitem nicht!
Jedenfalls werde ich sie dir in Zukunft ...
... noch viel deutlicher zeigen.
Verstehst du?

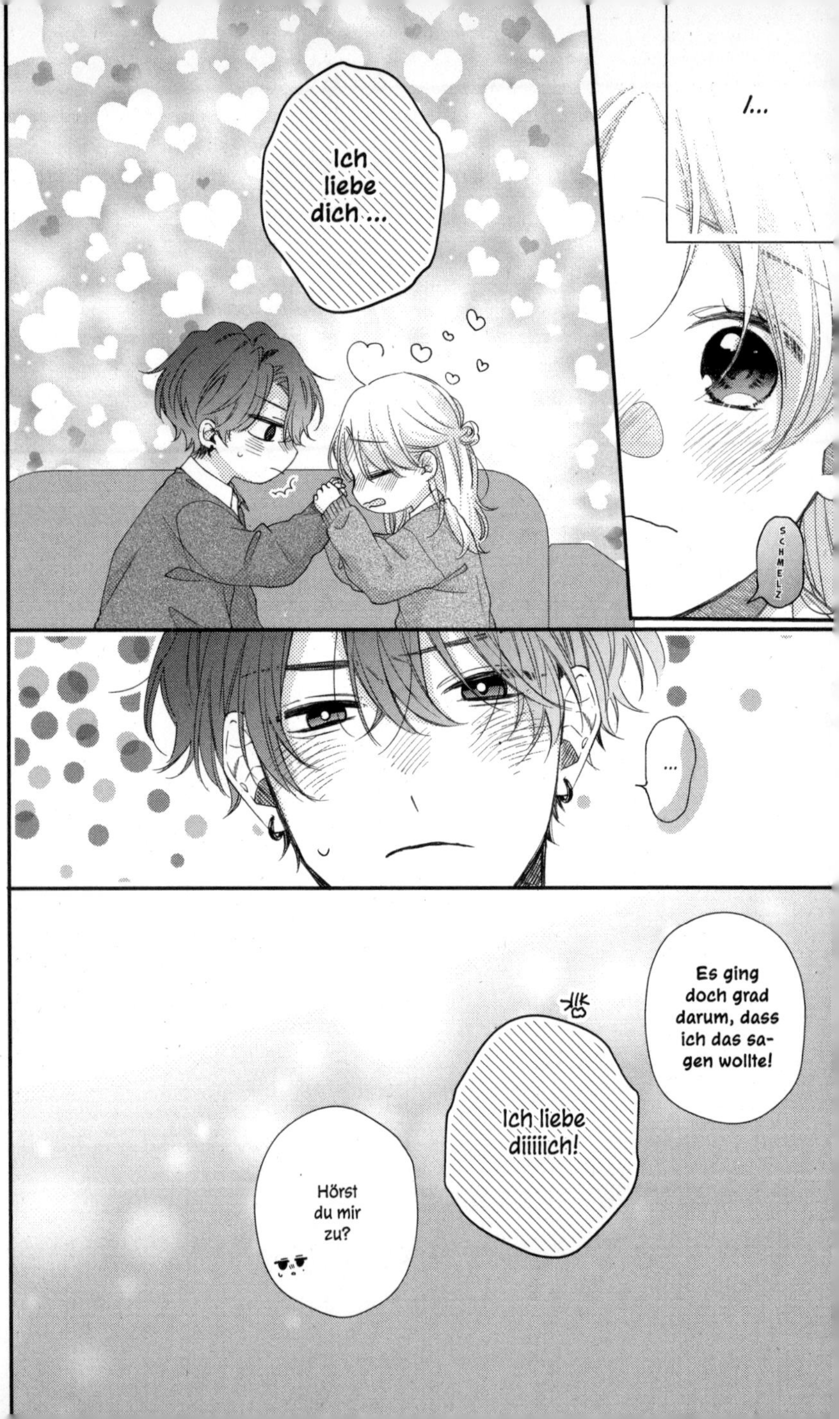
/...
Ich liebe dich ...
SCHMELZ
...
Es ging doch grad darum, dass ich das sagen wollte!
Ich liebe diiiiich!
Hörst du mir zu?

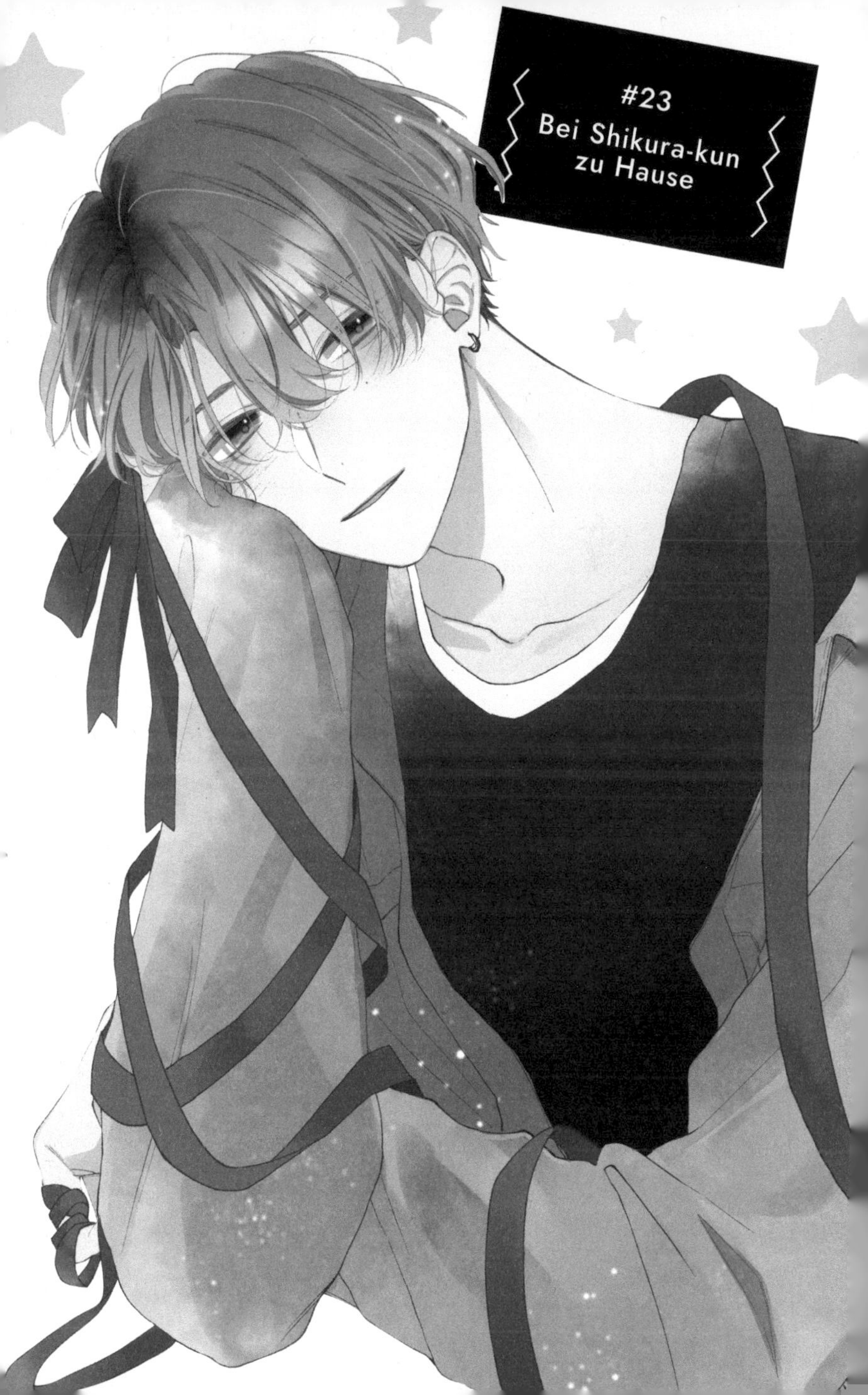
#23
Bei Shikura-kun zu Hause

You're my Cutie!

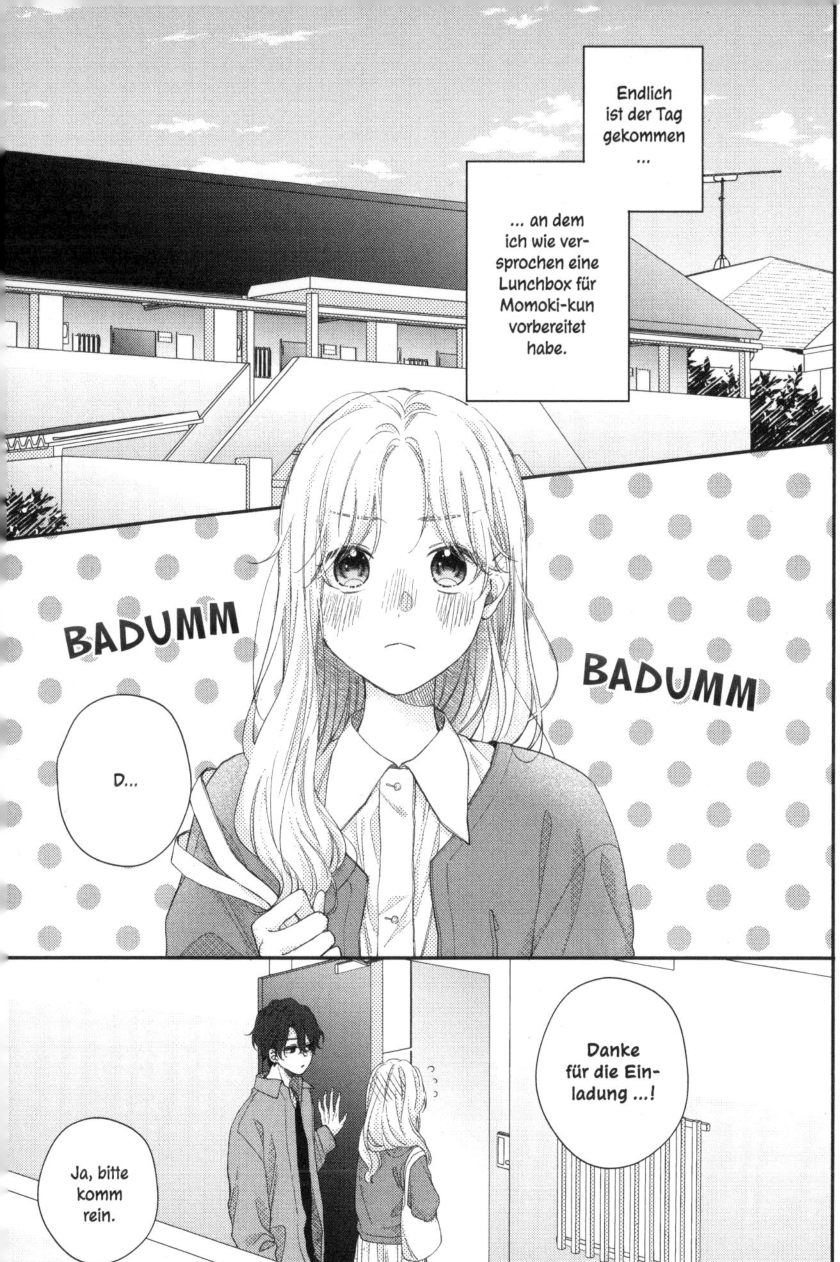

Endlich ist der Tag gekommen ...
... an dem ich wie versprochen eine Lunchbox für Momoki-kun vorbereitet habe.
BADUMM
BADUMM
D...
Danke für die Einladung ...!
Ja, bitte komm rein.

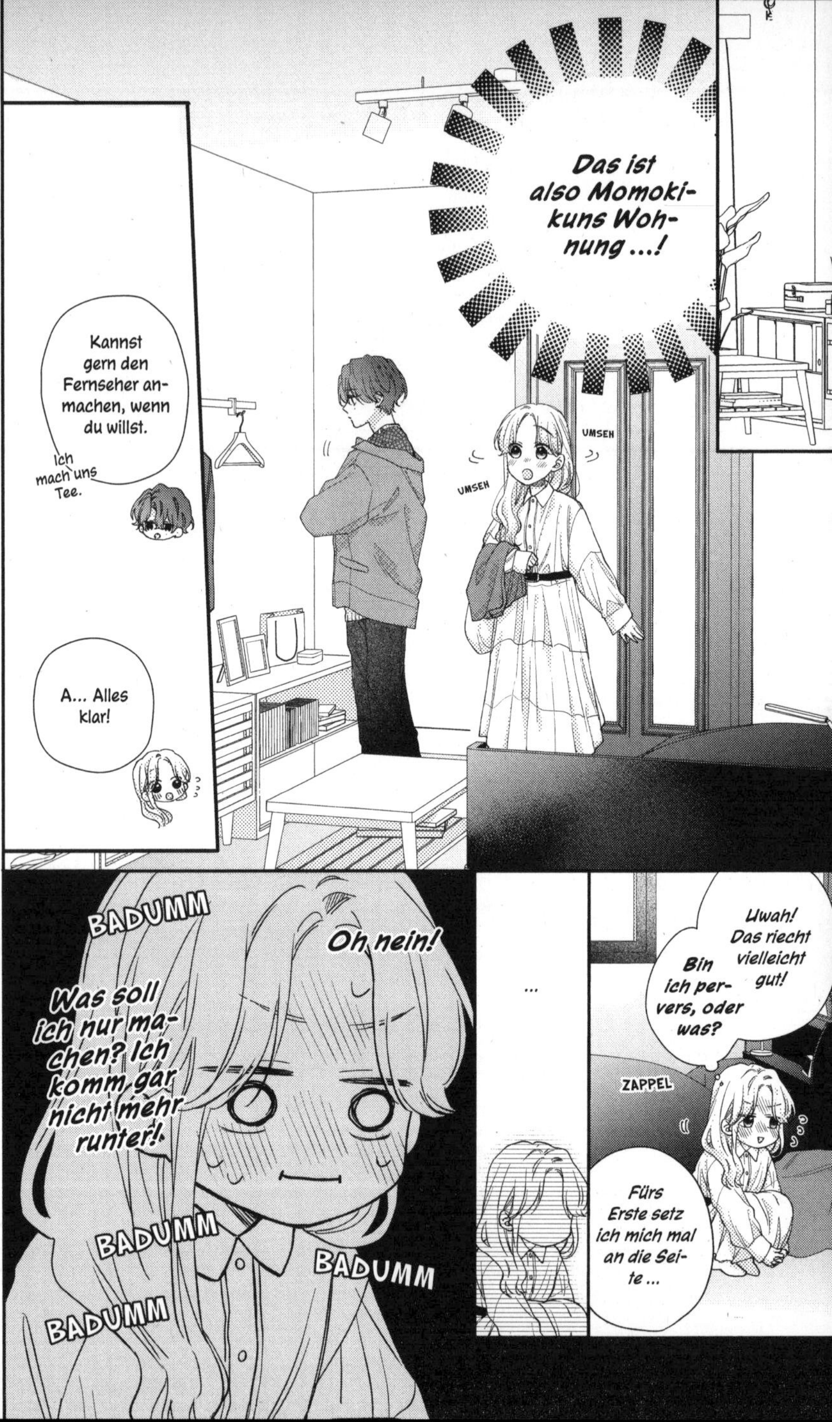
Das ist also Momoki-kuns Woh-nung ...!
UMSEH
UMSEH
Kannst gern den Fernseher an-machen, wenn du willst.
Ich mach uns Tee.
A... Alles klar!
Uwah! Das riecht vielleicht gut!
Bin ich per-vers, oder was?
ZAPPEL
Fürs Erste setz ich mich mal an die Sei-te ...
...
BADUMM
Oh nein!
Was soll ich nur ma-chen? Ich komm gar nicht mehr runter!
BADUMM
BADUMM
BADUMM

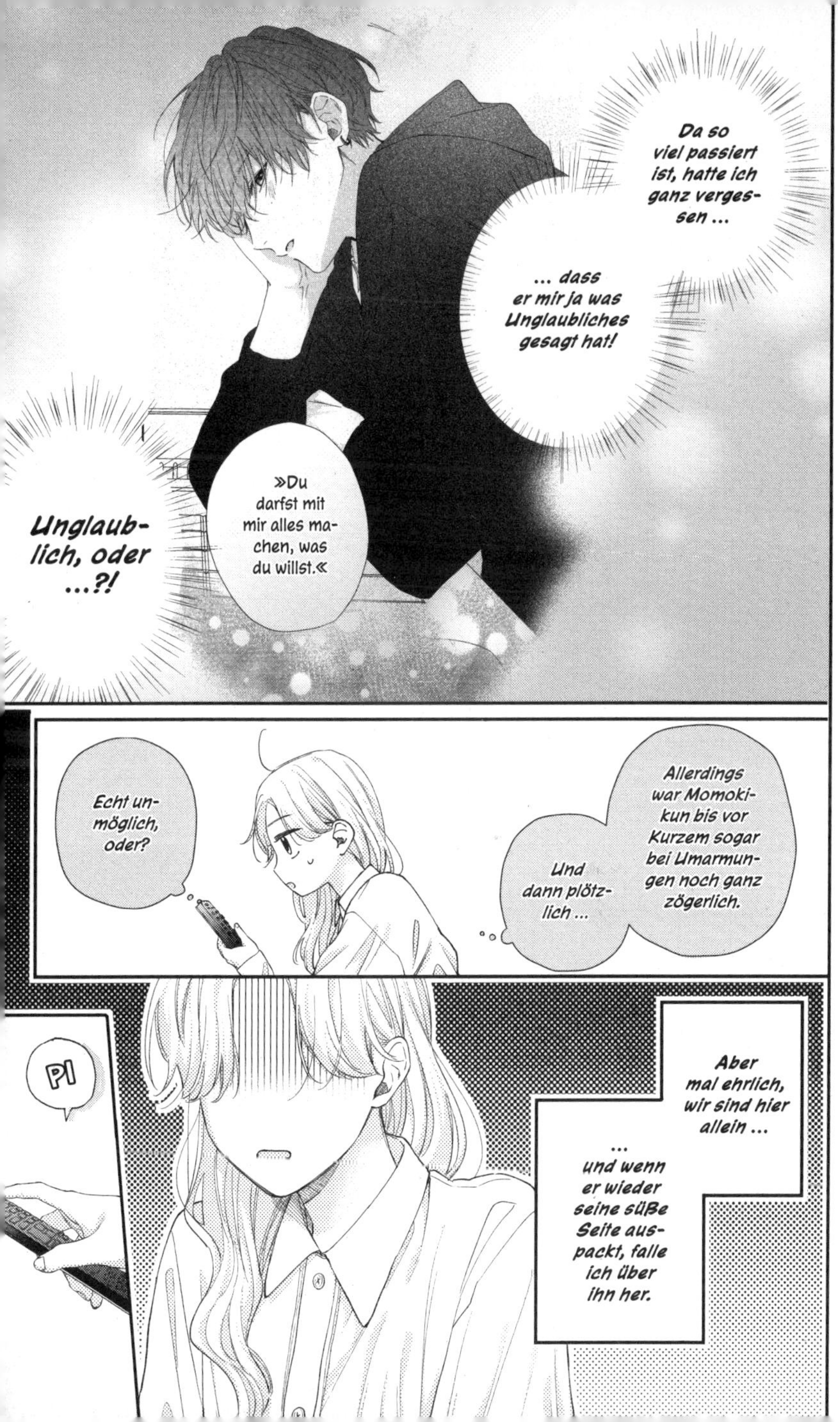
Da so viel passiert ist, hatte ich ganz vergessen …
… dass er mir ja was Unglaubliches gesagt hat!
»Du darfst mit mir alles machen, was du willst.«
Unglaublich, oder …?!
Allerdings war Momoki-kun bis vor Kurzem sogar bei Umarmungen noch ganz zögerlich.
Und dann plötzlich …
Echt unmöglich, oder?
Aber mal ehrlich, wir sind hier allein …
… und wenn er wieder seine süße Seite auspackt, falle ich über ihn her.
PI

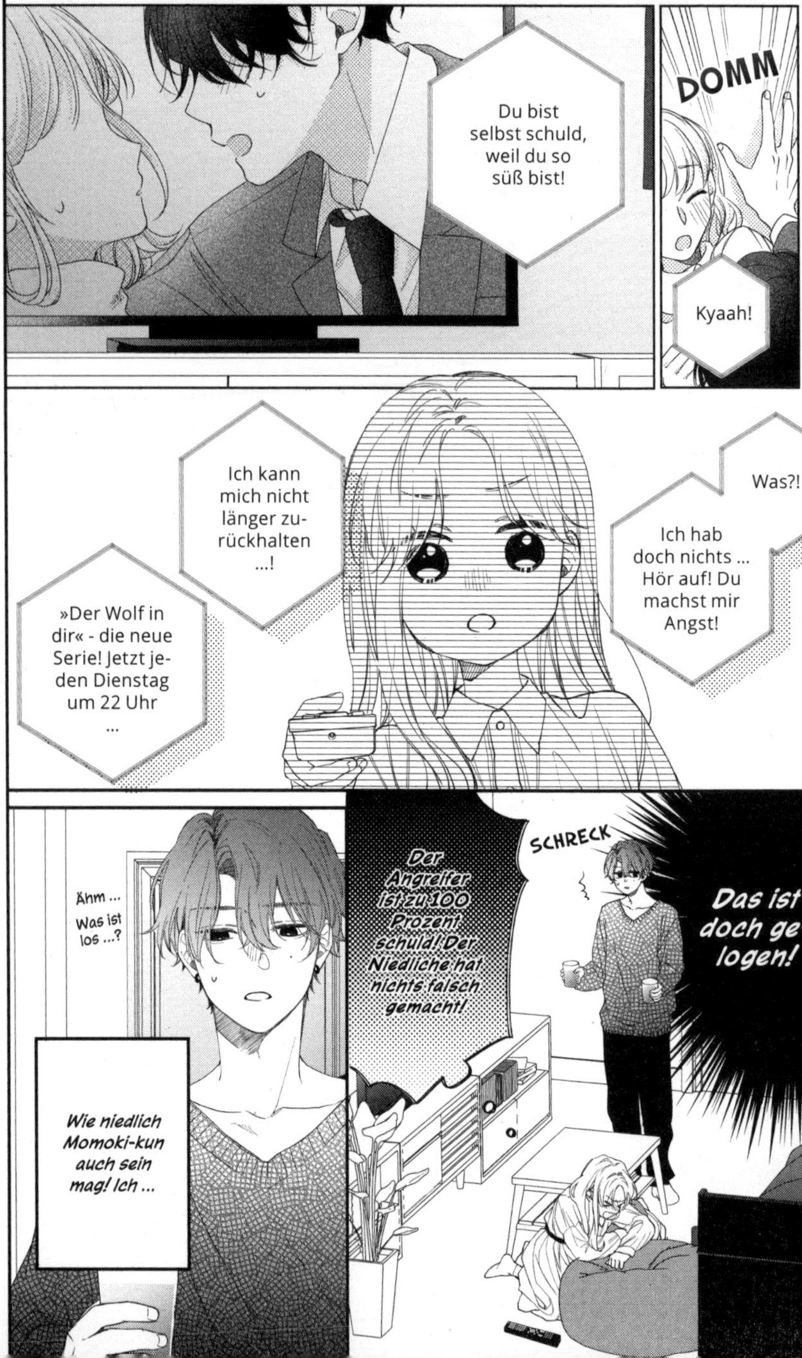
DOMM
Kyaah!
Du bist selbst schuld, weil du so süß bist!
Was?!
Ich hab doch nichts … Hör auf! Du machst mir Angst!
Ich kann mich nicht länger zurückhalten …!
»Der Wolf in dir« - die neue Serie! Jetzt jeden Dienstag um 22 Uhr …
Das ist doch gelogen!
SCHRECK
Der Angreifer ist zu 100 Prozent schuld! Der Niedliche hat nichts falsch gemacht!
Ähm … Was ist los …?
Wie niedlich Momoki-kun auch sein mag! Ich …

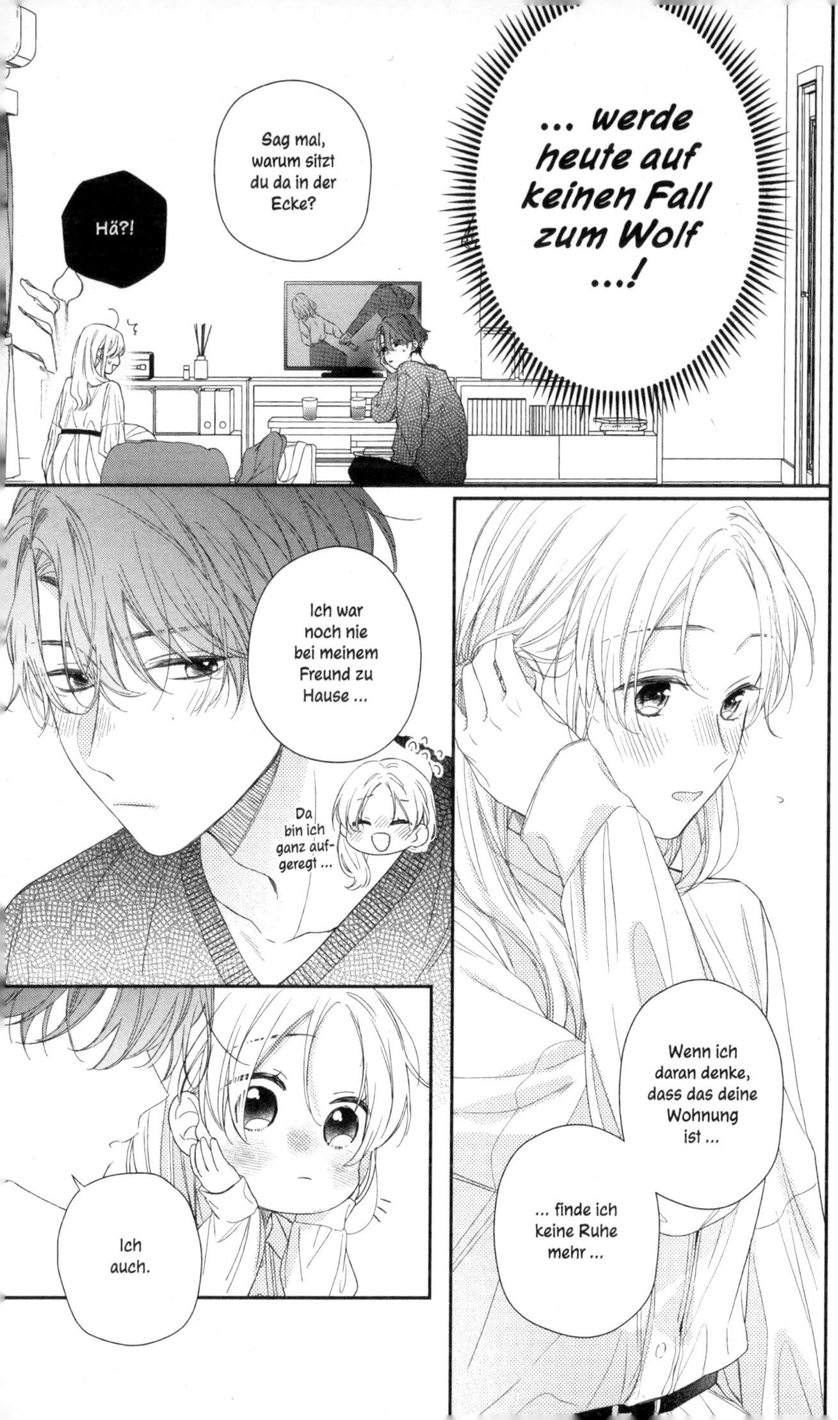
... werde heute auf keinen Fall zum Wolf ...!
Sag mal, warum sitzt du da in der Ecke?
Hä?!
Ich war noch nie bei meinem Freund zu Hause ...
Da bin ich ganz aufgeregt ...
Wenn ich daran denke, dass das deine Wohnung ist ...
... finde ich keine Ruhe mehr ...
Ich auch.

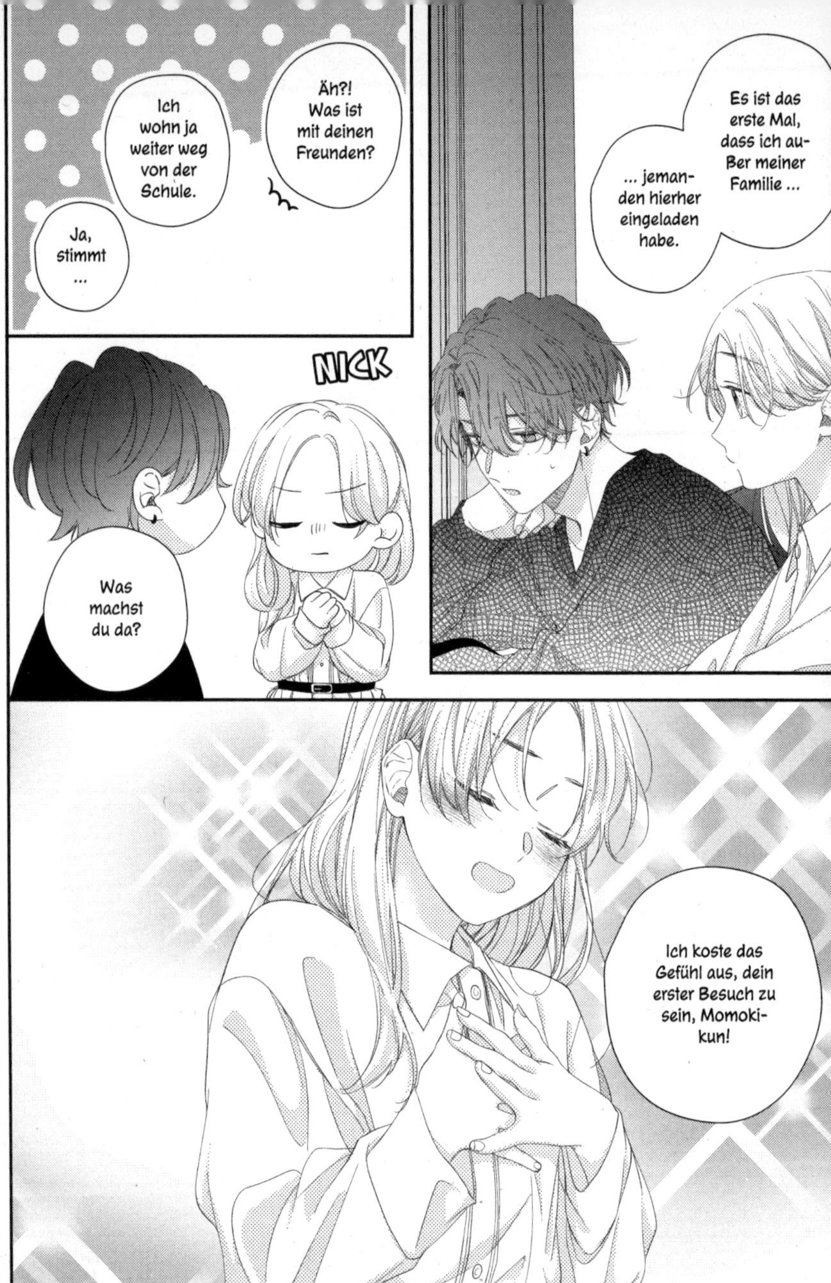
Es ist das erste Mal, dass ich außer meiner Familie ...
... jemanden hierher eingeladen habe.
Äh?! Was ist mit deinen Freunden?
Ich wohn ja weiter weg von der Schule.
Ja, stimmt ...
NICK
Was machst du da?
Ich koste das Gefühl aus, dein erster Besuch zu sein, Momoki-kun!

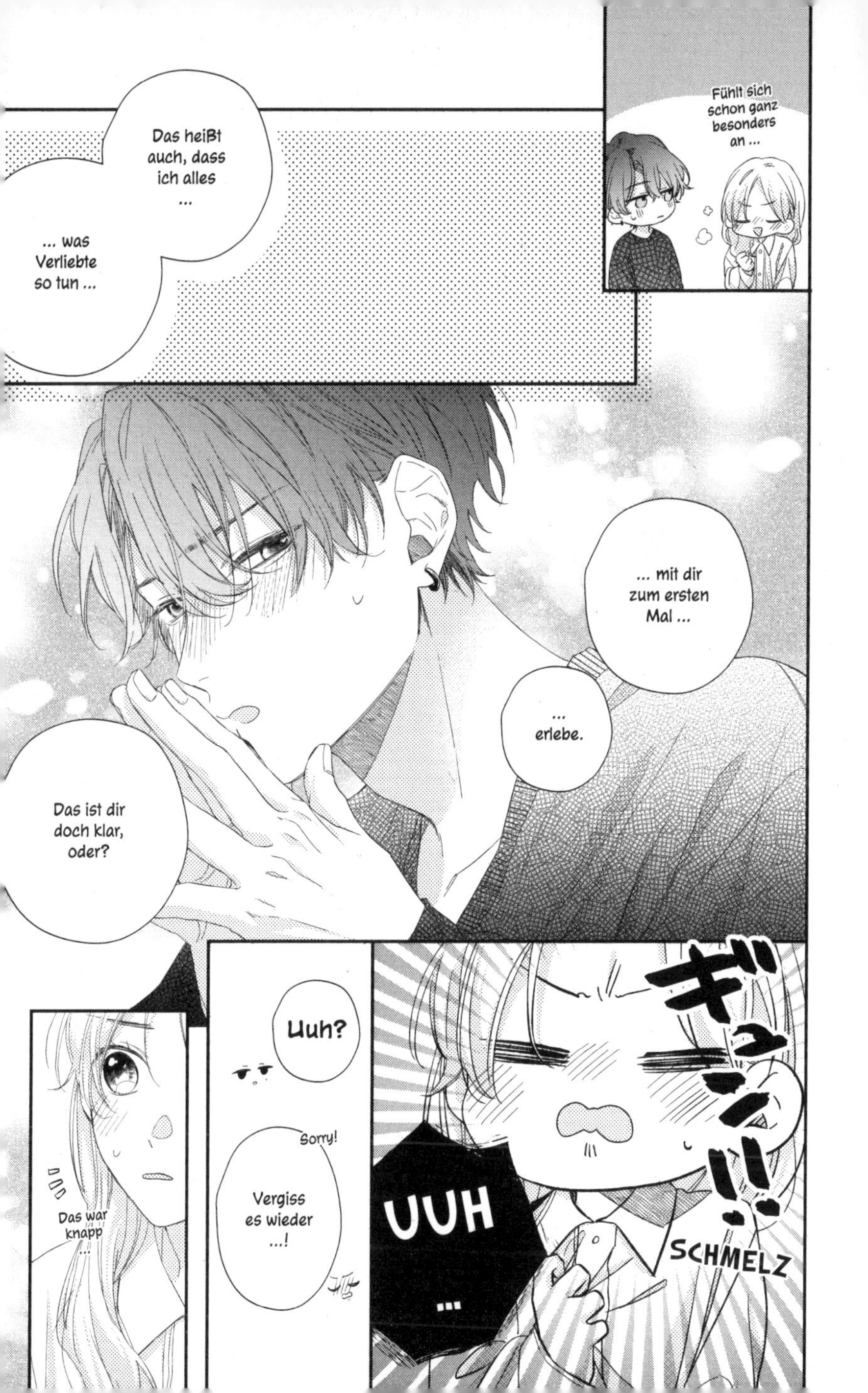
Fühlt sich schon ganz besonders an ...
Das heißt auch, dass ich alles ...
... was Verliebte so tun ...
... mit dir zum ersten Mal ...
... erlebe.
Das ist dir doch klar, oder?
SCHMELZ
UUH ...
Uuh?
Sorry!
Vergiss es wieder ...!
Das war knapp ...

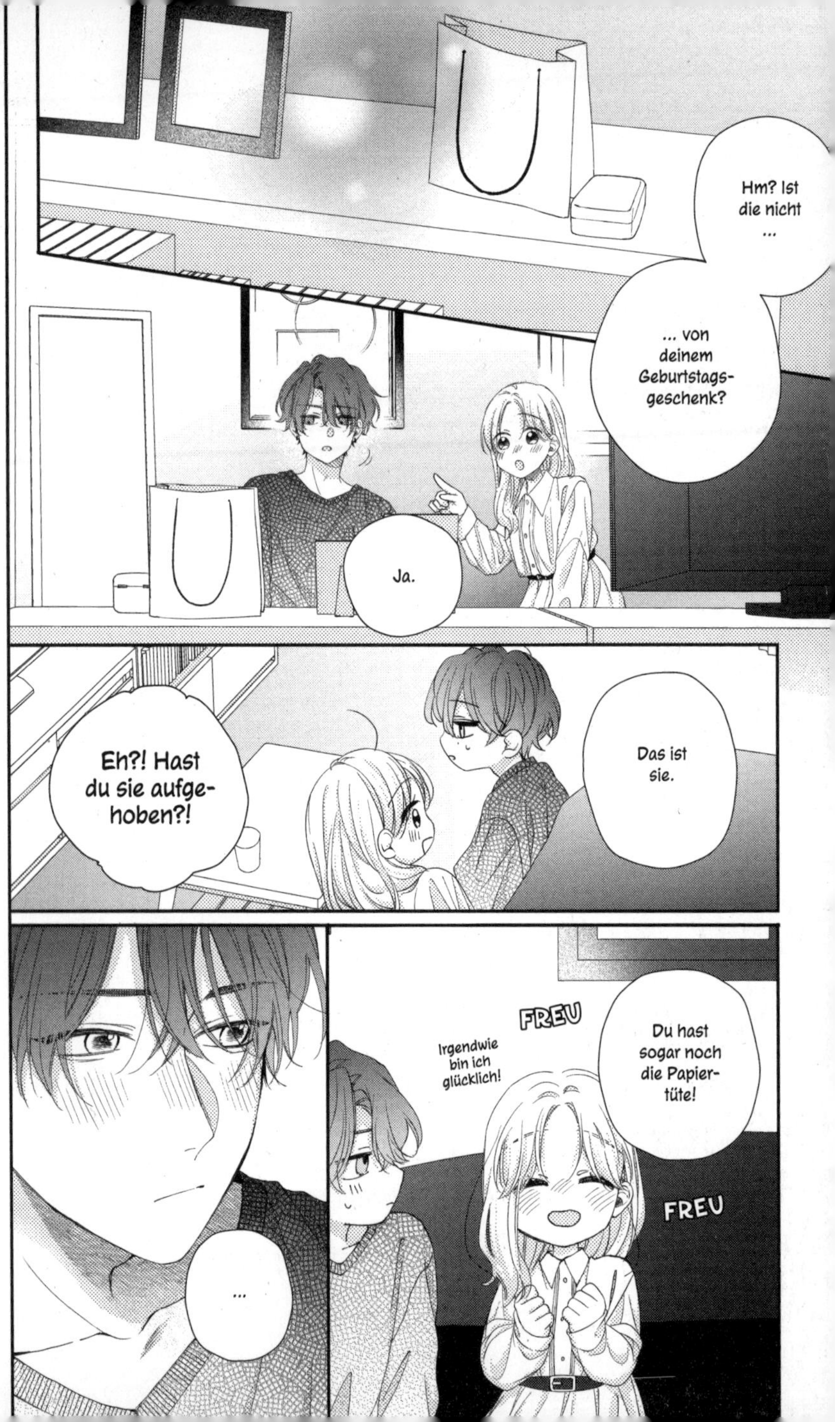
Hm? Ist die nicht ...
... von deinem Geburtstags-geschenk?
Ja.
Das ist sie.
Eh?! Hast du sie aufge-hoben?!
Du hast sogar noch die Papier-tüte!
FREU
Irgendwie bin ich glücklich!
FREU
...

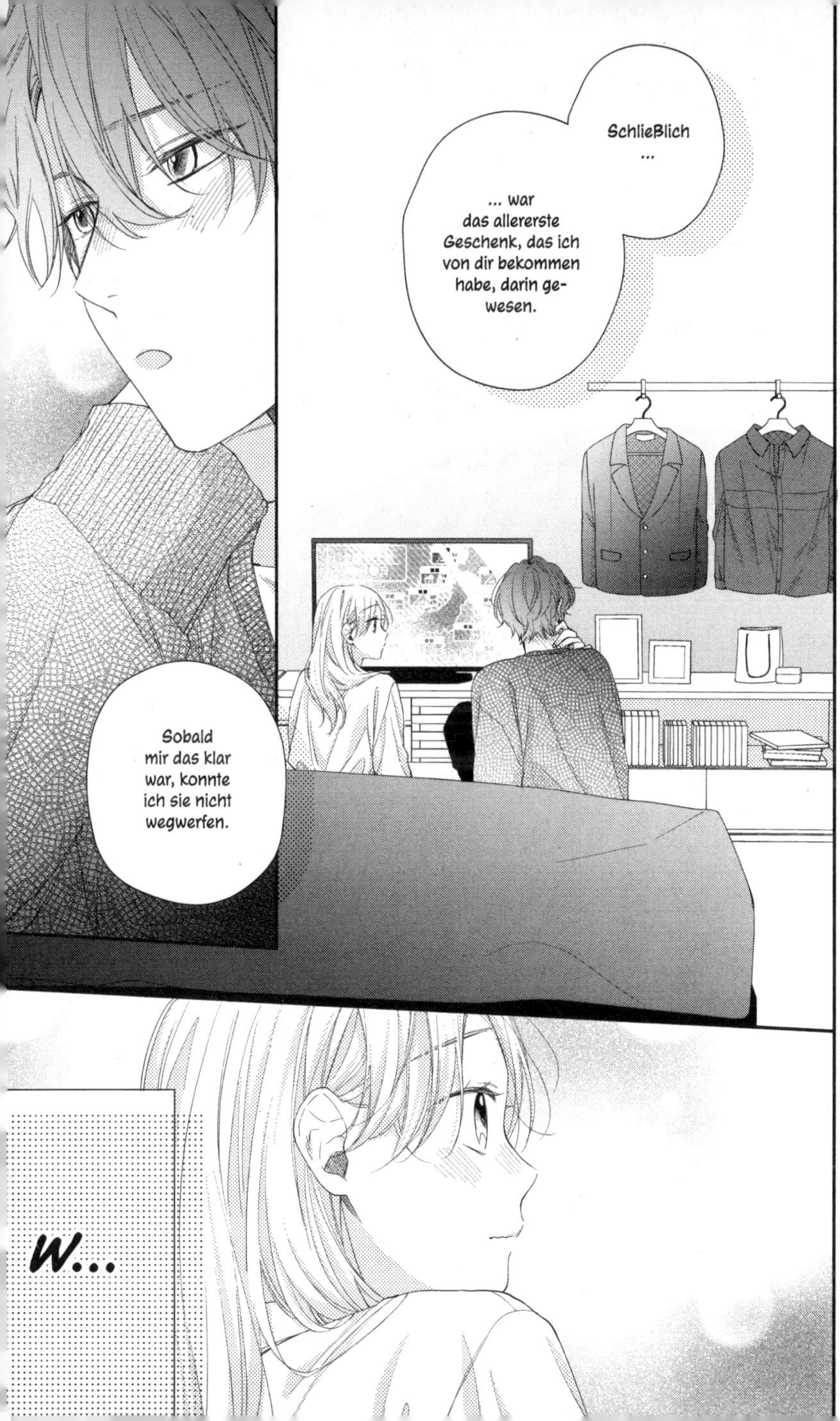
Schließlich ...
... war das allererste Geschenk, das ich von dir bekommen habe, darin gewesen.
Sobald mir das klar war, konnte ich sie nicht wegwerfen.
W...

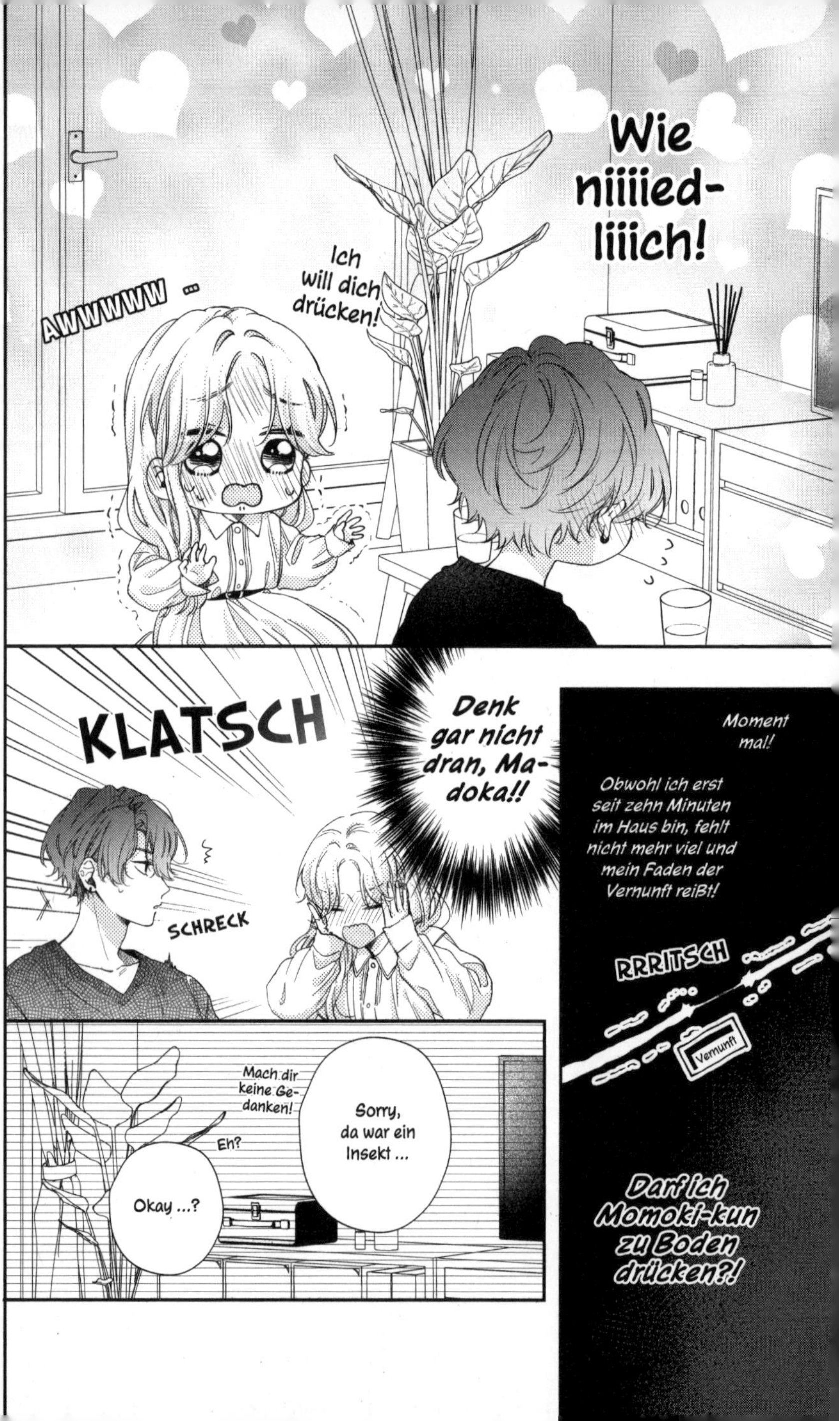

Wie niiiied-liiich!
Ich will dich drücken!
AWWWWW ...
Moment mal!
Obwohl ich erst seit zehn Minuten im Haus bin, fehlt nicht mehr viel und mein Faden der Vernunft reißt!
RRRITSCH
Vernunft
Darf ich Momoki-kun zu Boden drücken?!
Denk gar nicht dran, Madoka!!
KLATSCH
SCHRECK
Sorry, da war ein Insekt ...
Mach dir keine Gedanken!
Eh?
Okay ...?

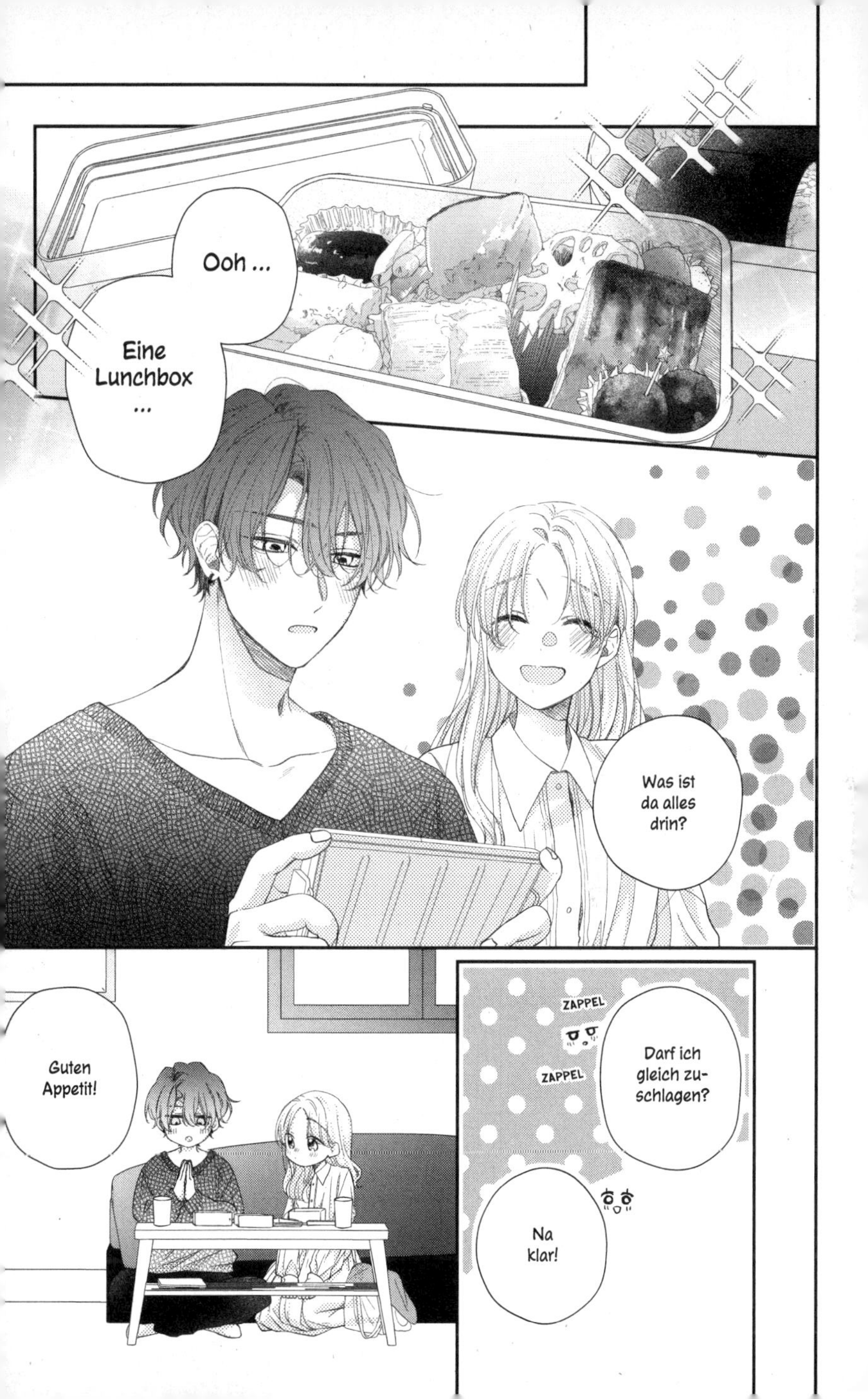

Ooh ...
Eine Lunchbox ...
Was ist da alles drin?
ZAPPEL
ZAPPEL
Darf ich gleich zuschlagen?
Na klar!
Guten Appetit!

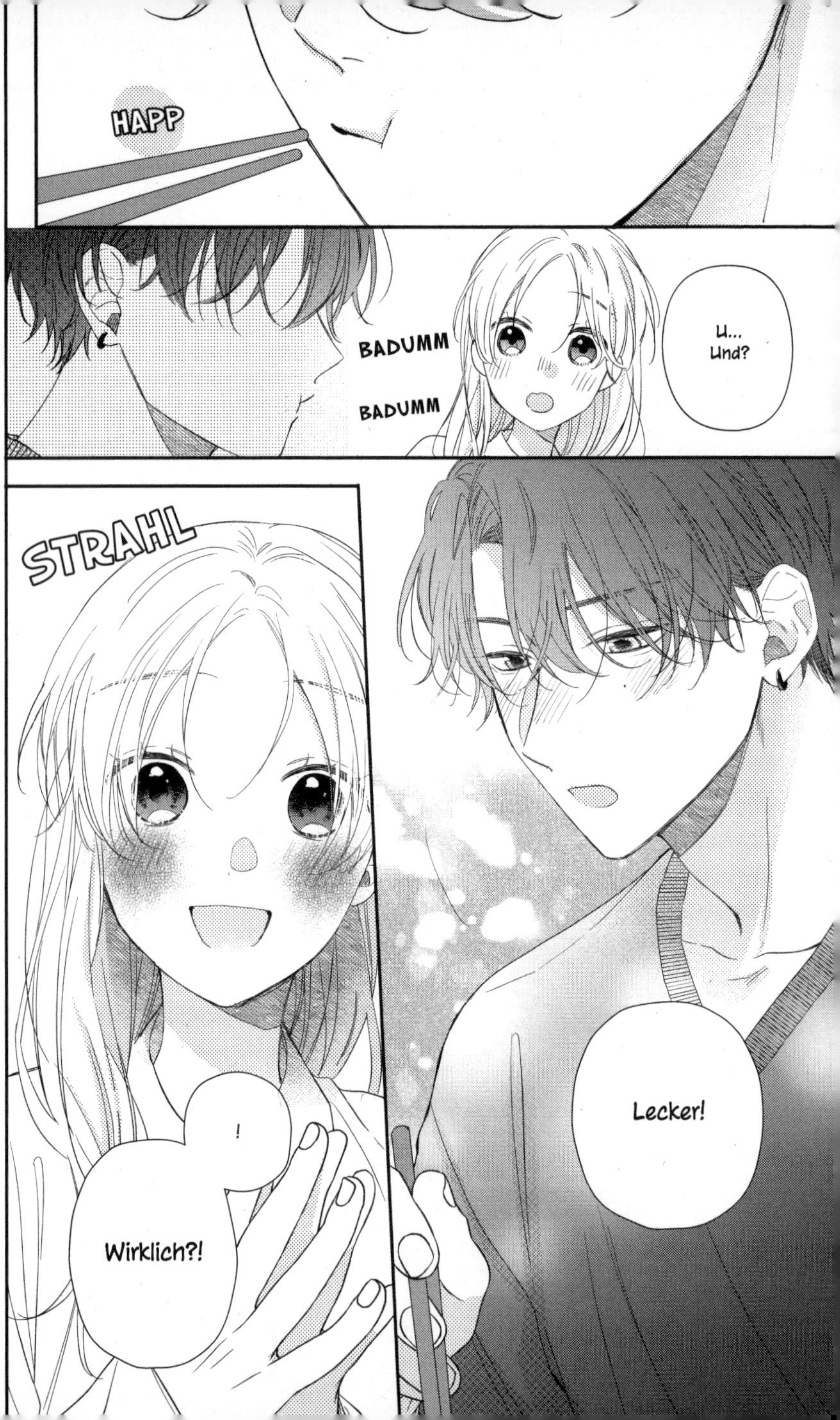
HAPP
U...
Und?
BADUMM
BADUMM
Lecker!
STRAHL
!
Wirklich?!

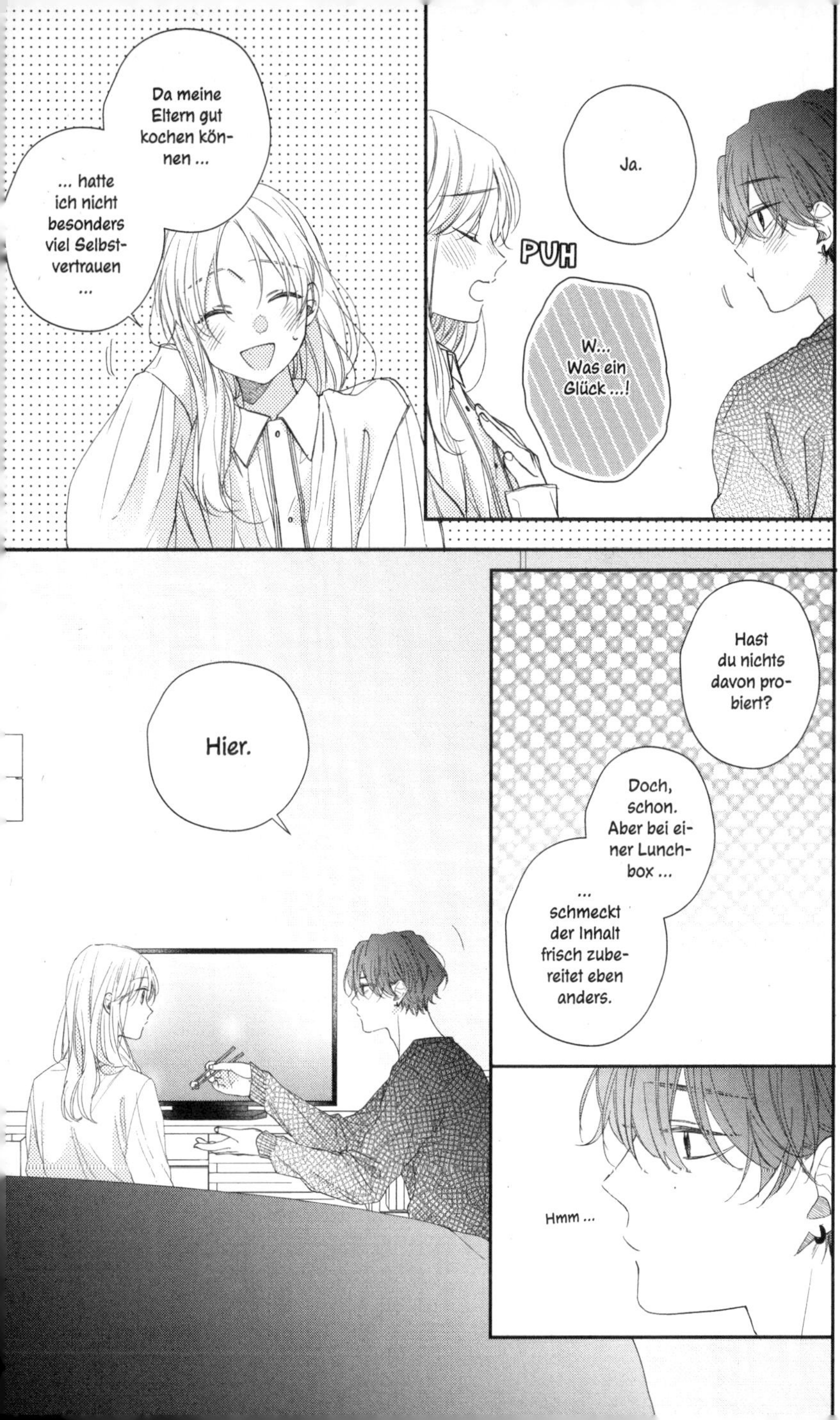
Ja.
PUH
W... Was ein Glück ...!
Da meine Eltern gut kochen können ...
... hatte ich nicht besonders viel Selbstvertrauen ...
Hast du nichts davon probiert?
Doch, schon. Aber bei einer Lunchbox ...
... schmeckt der Inhalt frisch zubereitet eben anders.
Hier.
Hmm ...

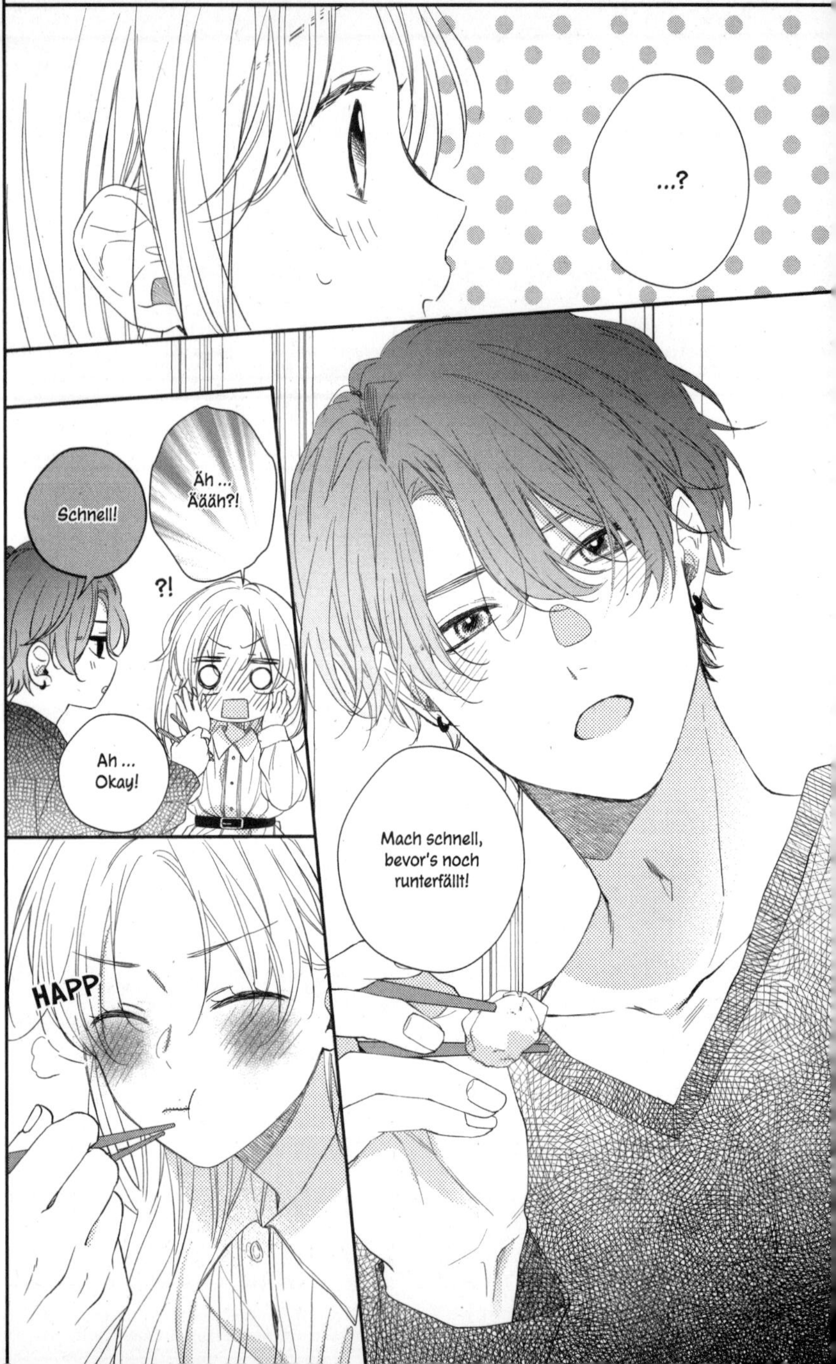
...?
Mach schnell,
bevor's noch
runterfällt!
Äh ...
Äääh?!
?!
Schnell!
Ah ...
Okay!
HAPP

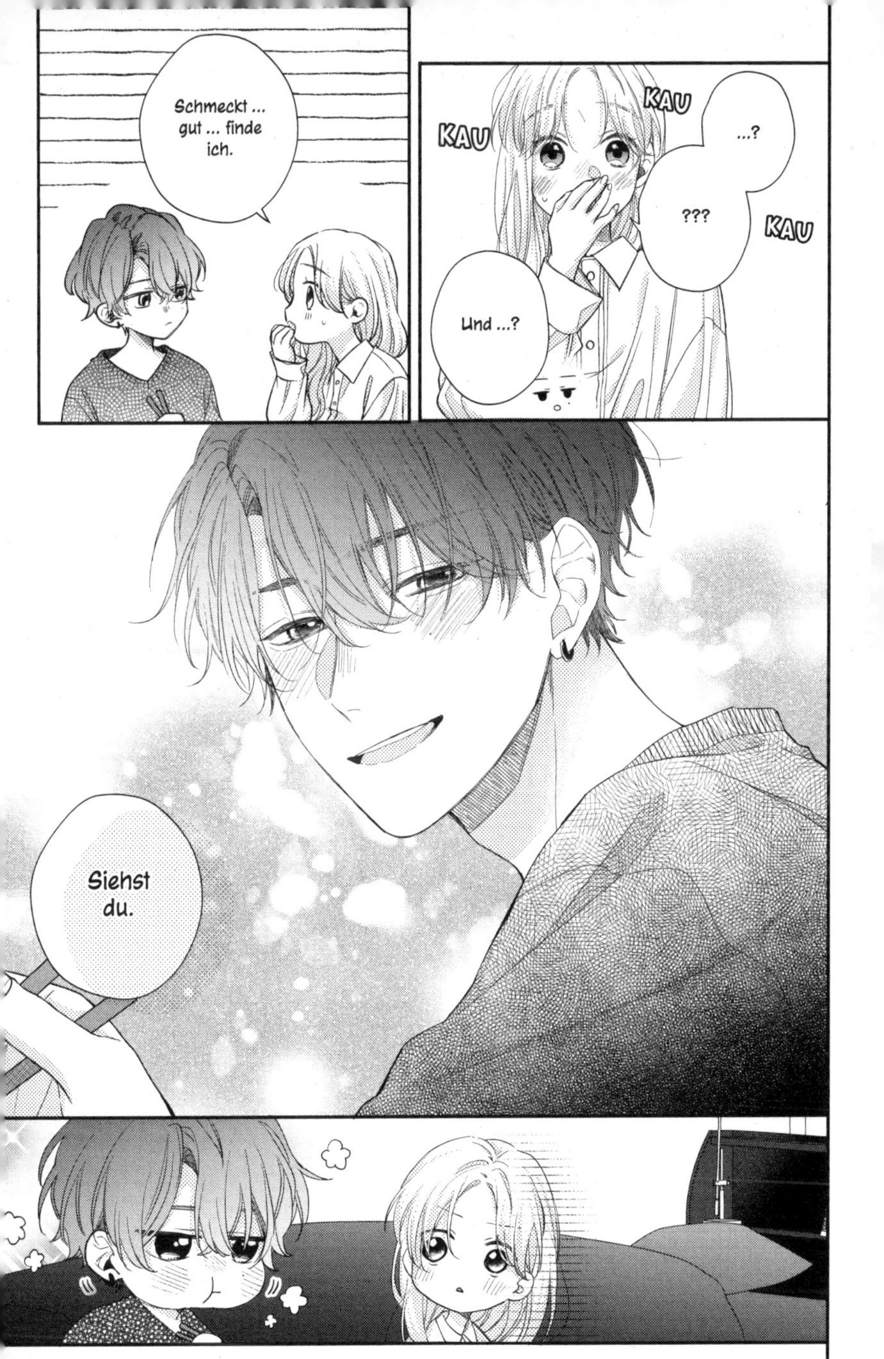
KAU
KAU
...?
???
KAU
Und ...?
Schmeckt ... gut ... finde ich.
Siehst du.

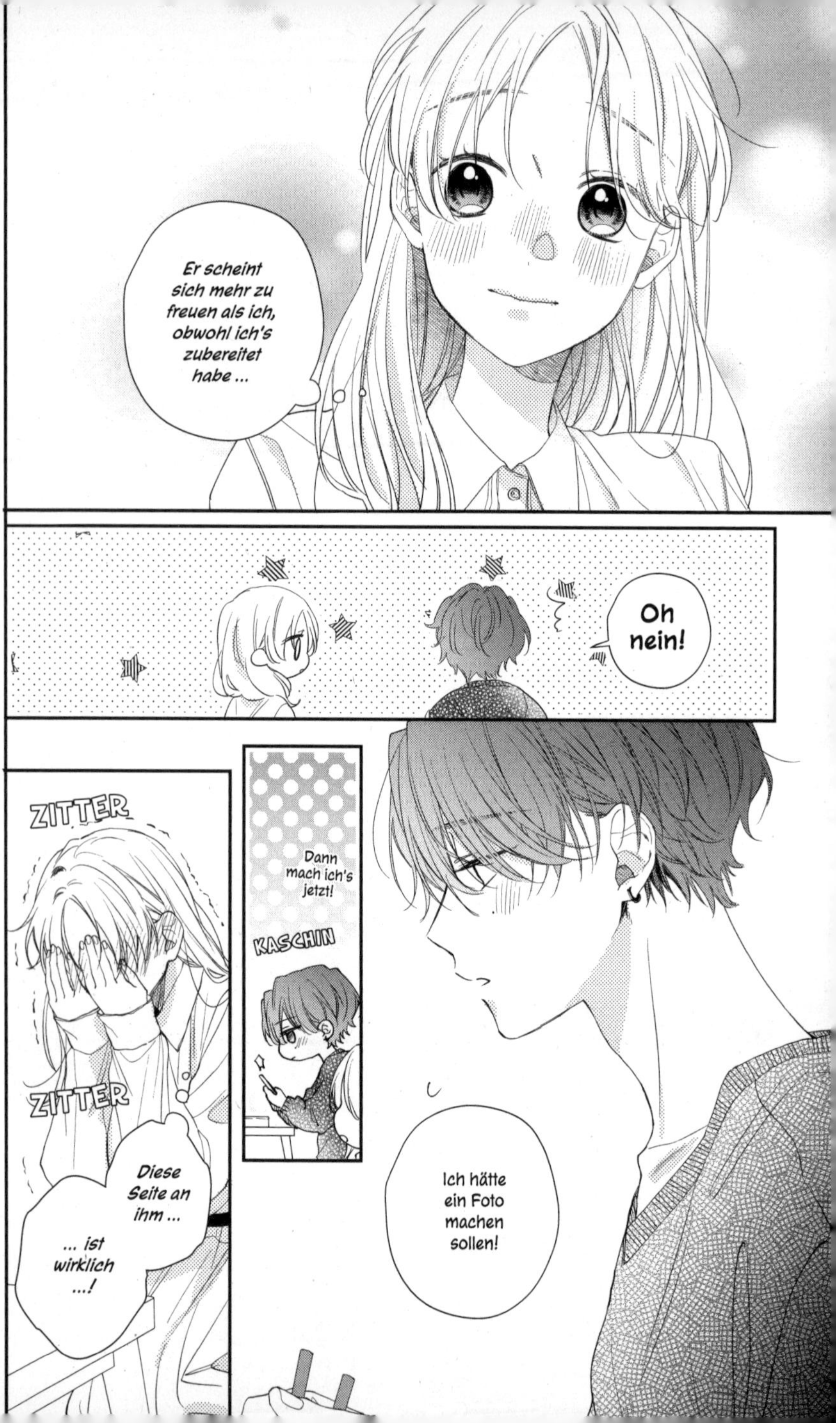
Er scheint sich mehr zu freuen als ich, obwohl ich's zubereitet habe ...
Oh nein!
Ich hätte ein Foto machen sollen!
Dann mach ich's jetzt!
KASCHIN
ZITTER
ZITTER
Diese Seite an ihm ...
... ist wirklich ...!

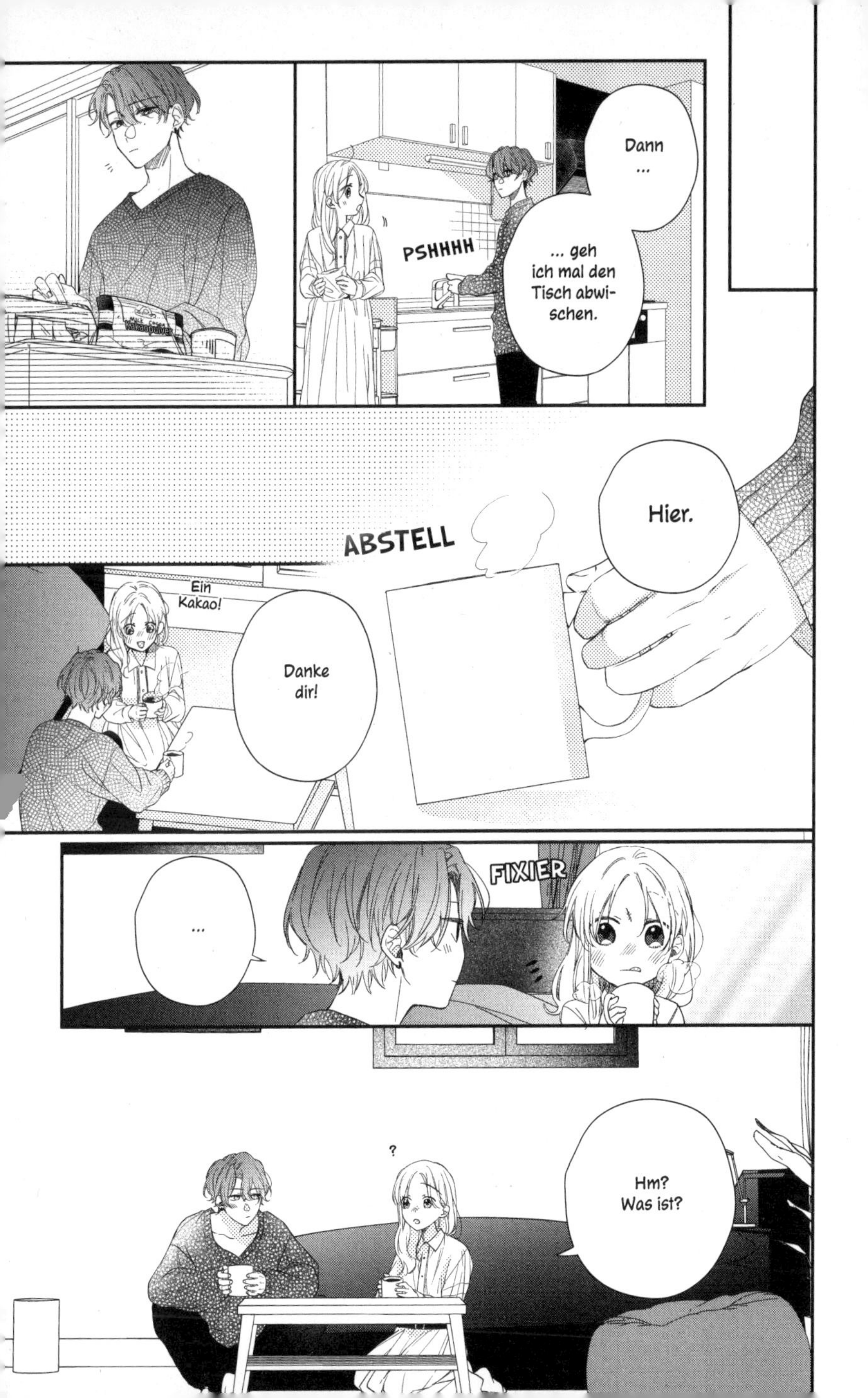
Dann ...
... geh ich mal den Tisch abwischen.
PSHHHH
Hier.
ABSTELL
Danke dir!
Ein Kakao!
FIXIER
...
Hm? Was ist?
?

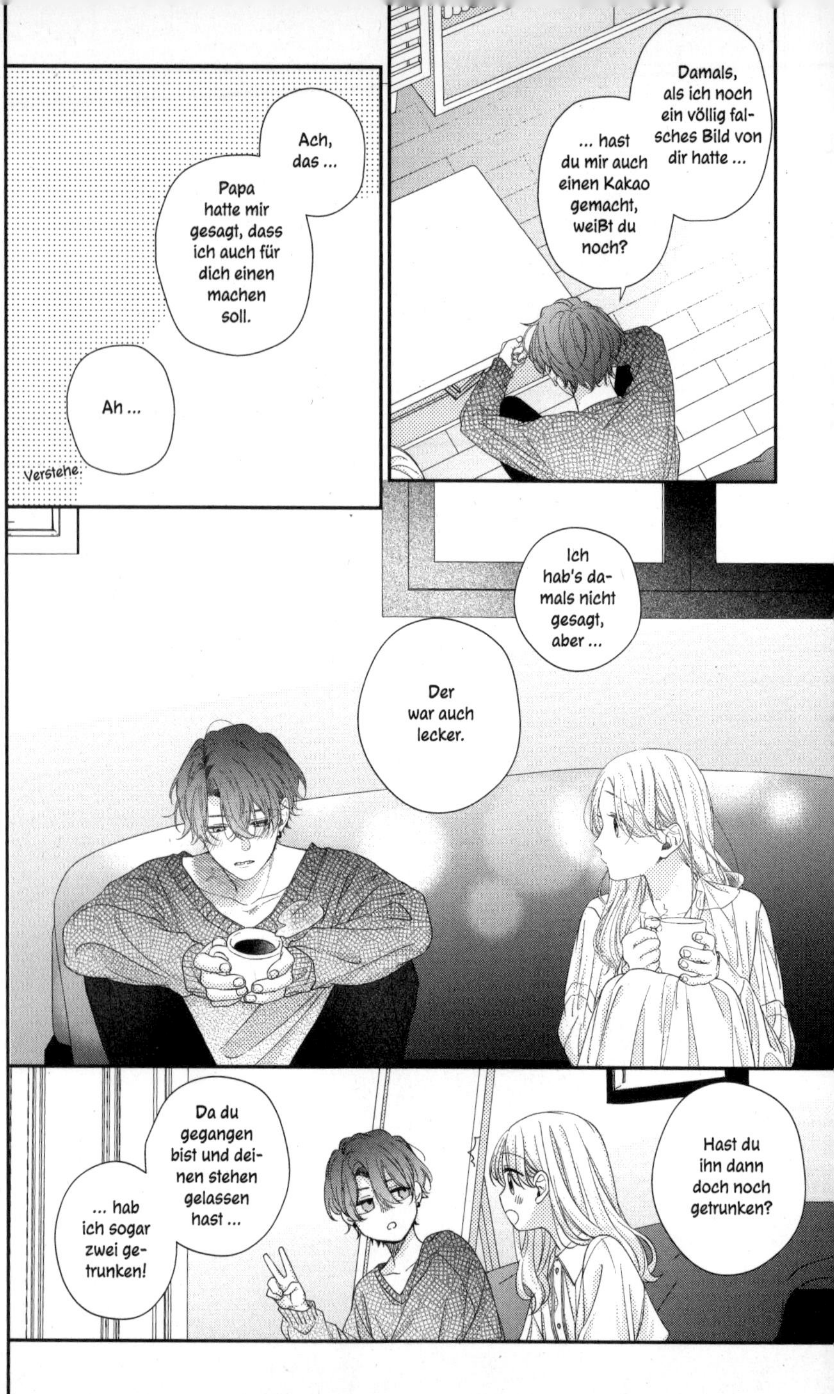
Damals, als ich noch ein völlig fal-sches Bild von dir hatte ...
... hast du mir auch einen Kakao gemacht, weißt du noch?
Ach, das ...
Papa hatte mir gesagt, dass ich auch für dich einen machen soll.
Ah ...
Verstehe.
Ich hab's da-mals nicht gesagt, aber ...
Der war auch lecker.
Hast du ihn dann doch noch getrunken?
Da du gegangen bist und dei-nen stehen gelassen hast ...
... hab ich sogar zwei ge-trunken!

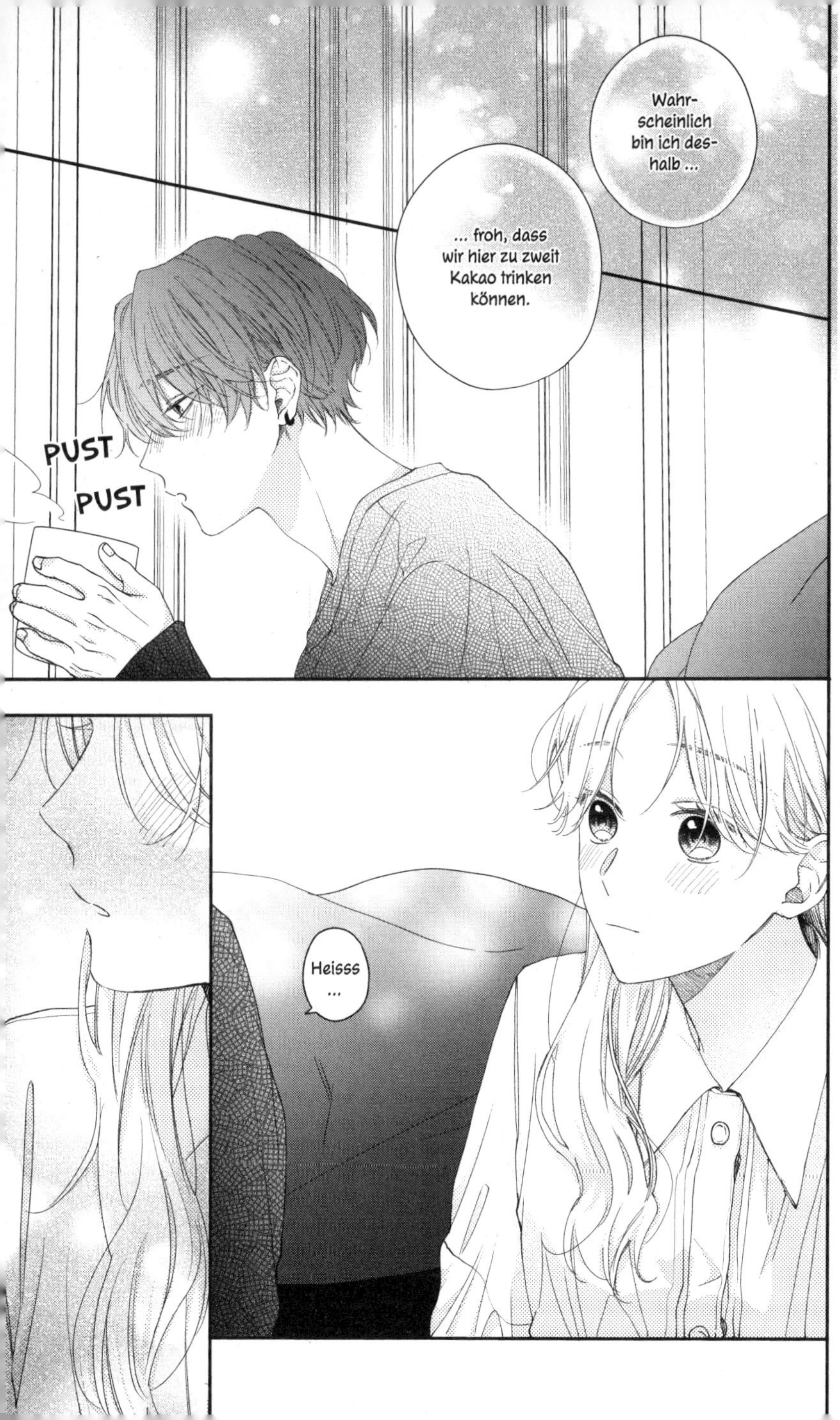
Wahr-
scheinlich
bin ich des-
halb ...
... froh, dass
wir hier zu zweit
Kakao trinken
können.
PUST
PUST
Heisss
...

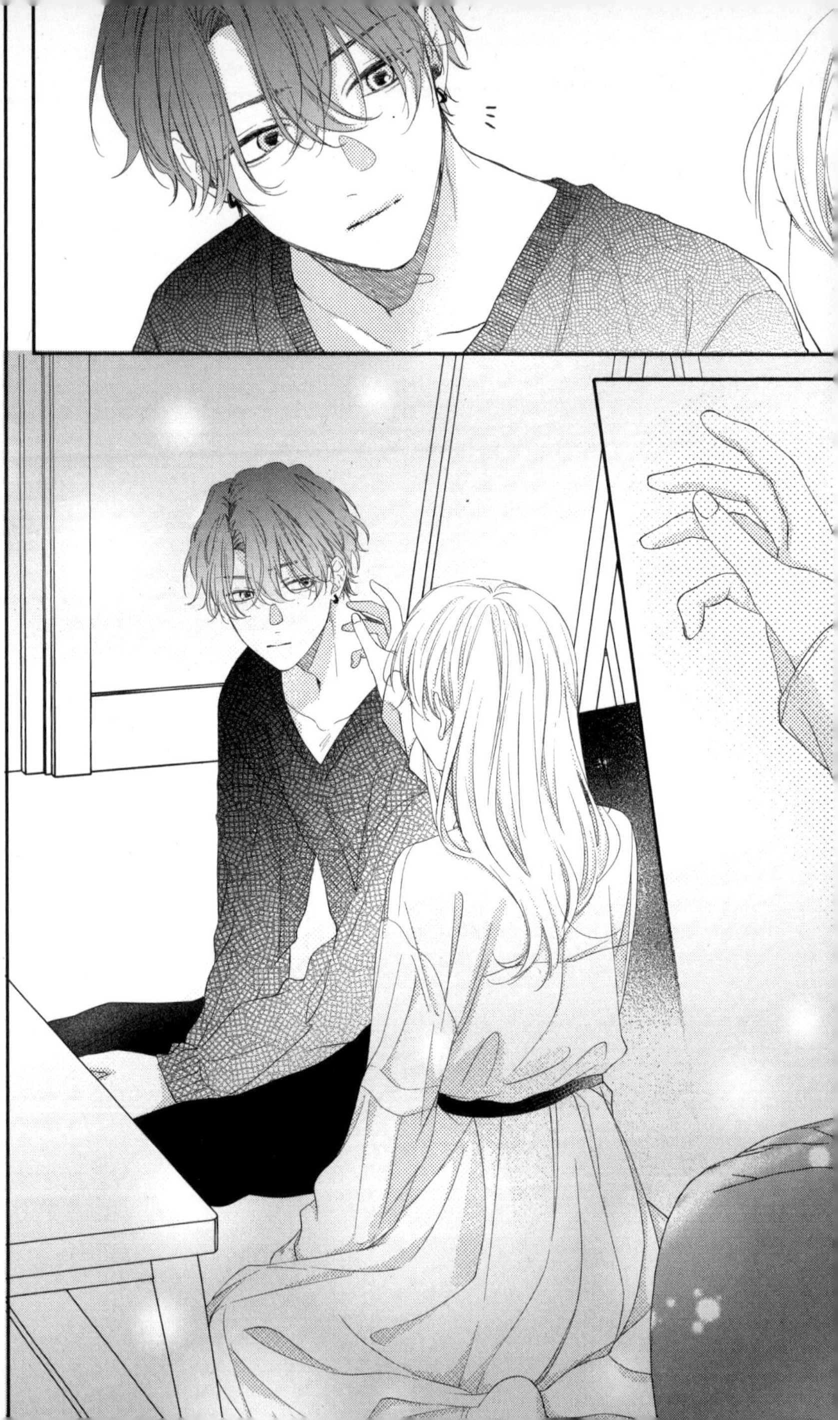

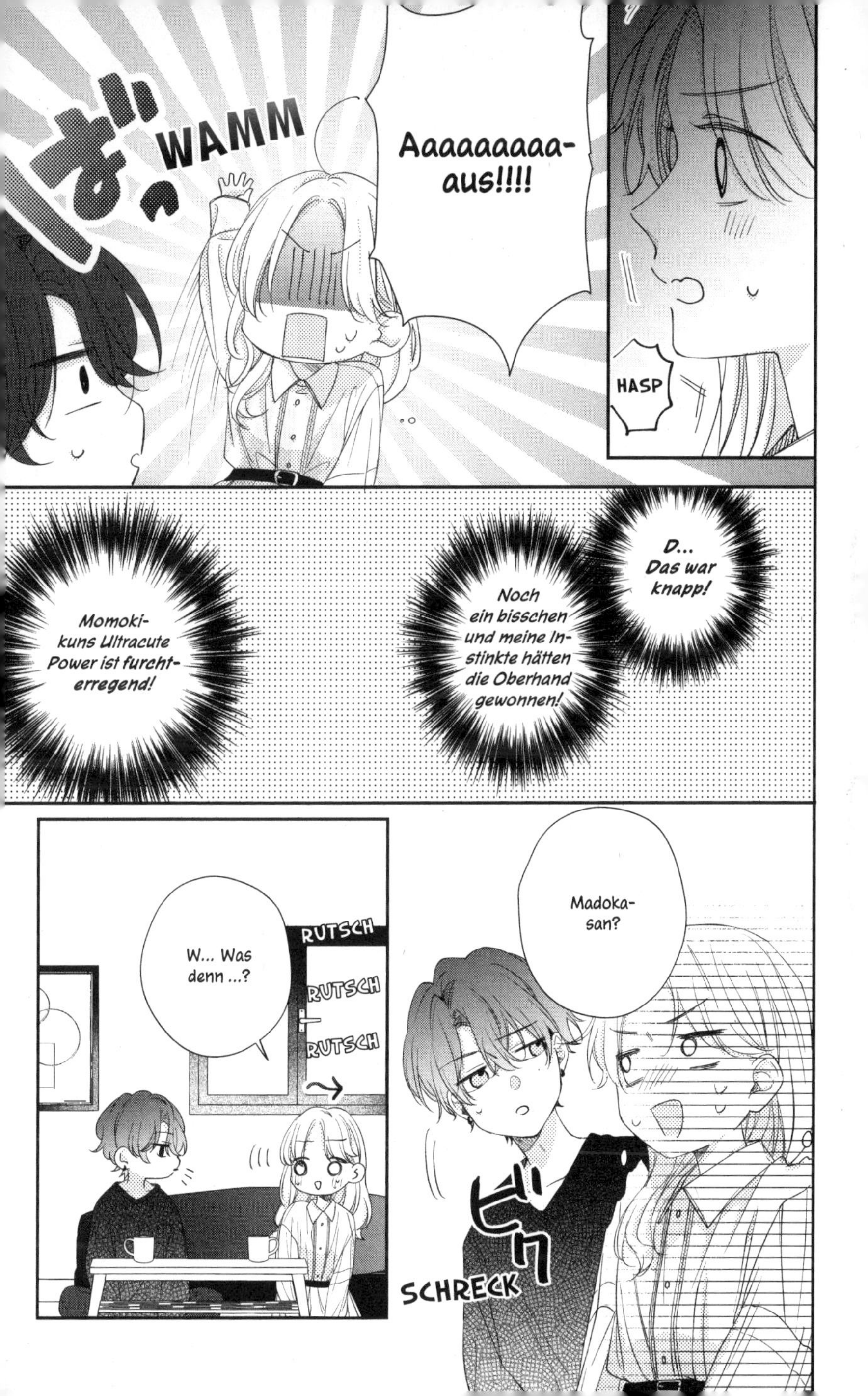
HASP
Aaaaaaaaa-
aus!!!!
WAMM
D...
Das war
knapp!
Noch
ein bisschen
und meine Instinkte hätten
die Oberhand
gewonnen!
Momoki-
kuns Ultracute
Power ist furchterregend!
Madoka-
san?
SCHRECK
RUTSCH
RUTSCH
RUTSCH
W... Was
denn ...?

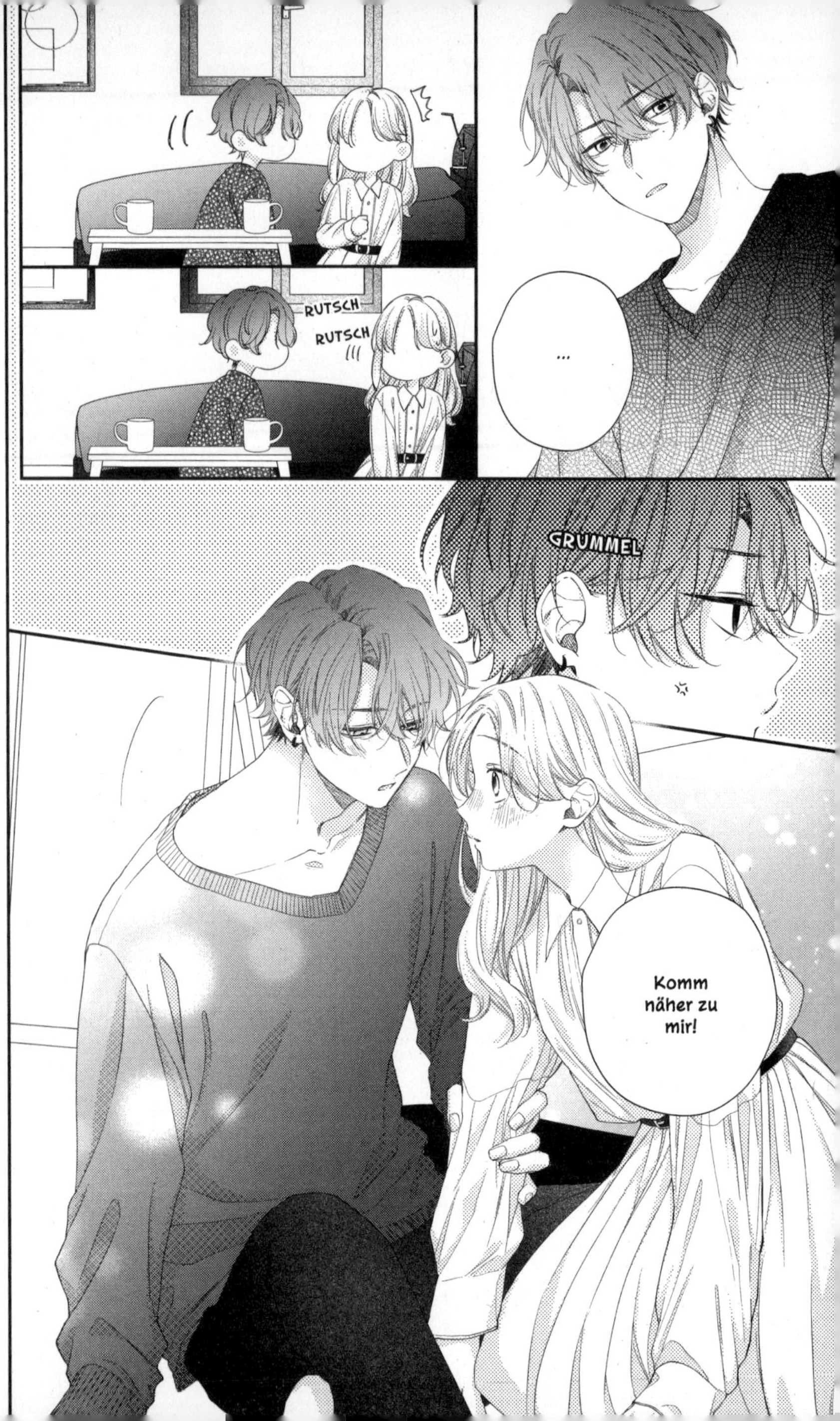

...
RUTSCH
RUTSCH
GRUMMEL
Komm näher zu mir!

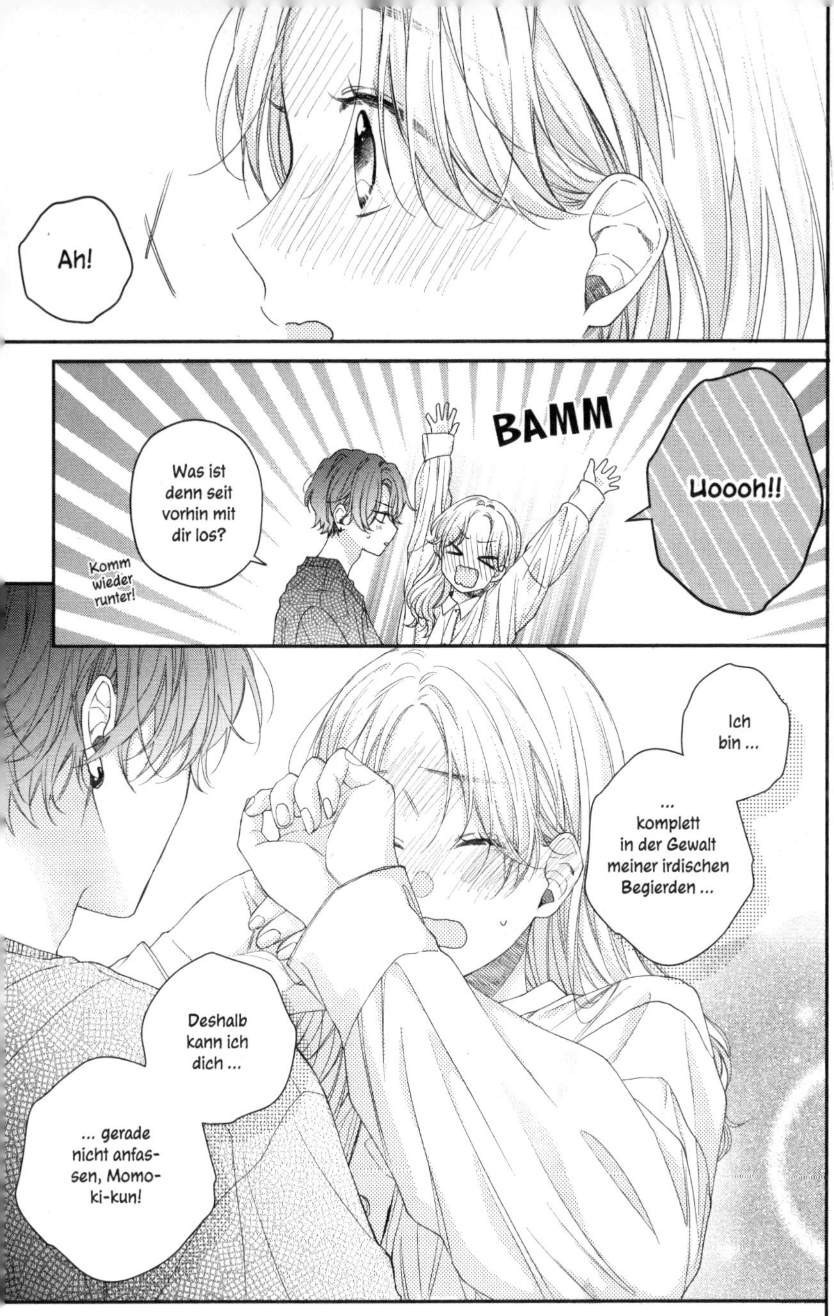
Ah!
Uoooh!!
BAMM
Was ist denn seit vorhin mit dir los?
Komm wieder runter!
Ich bin ...
... komplett in der Gewalt meiner irdischen Begierden ...
Deshalb kann ich dich ...
... gerade nicht anfassen, Momoki-kun!

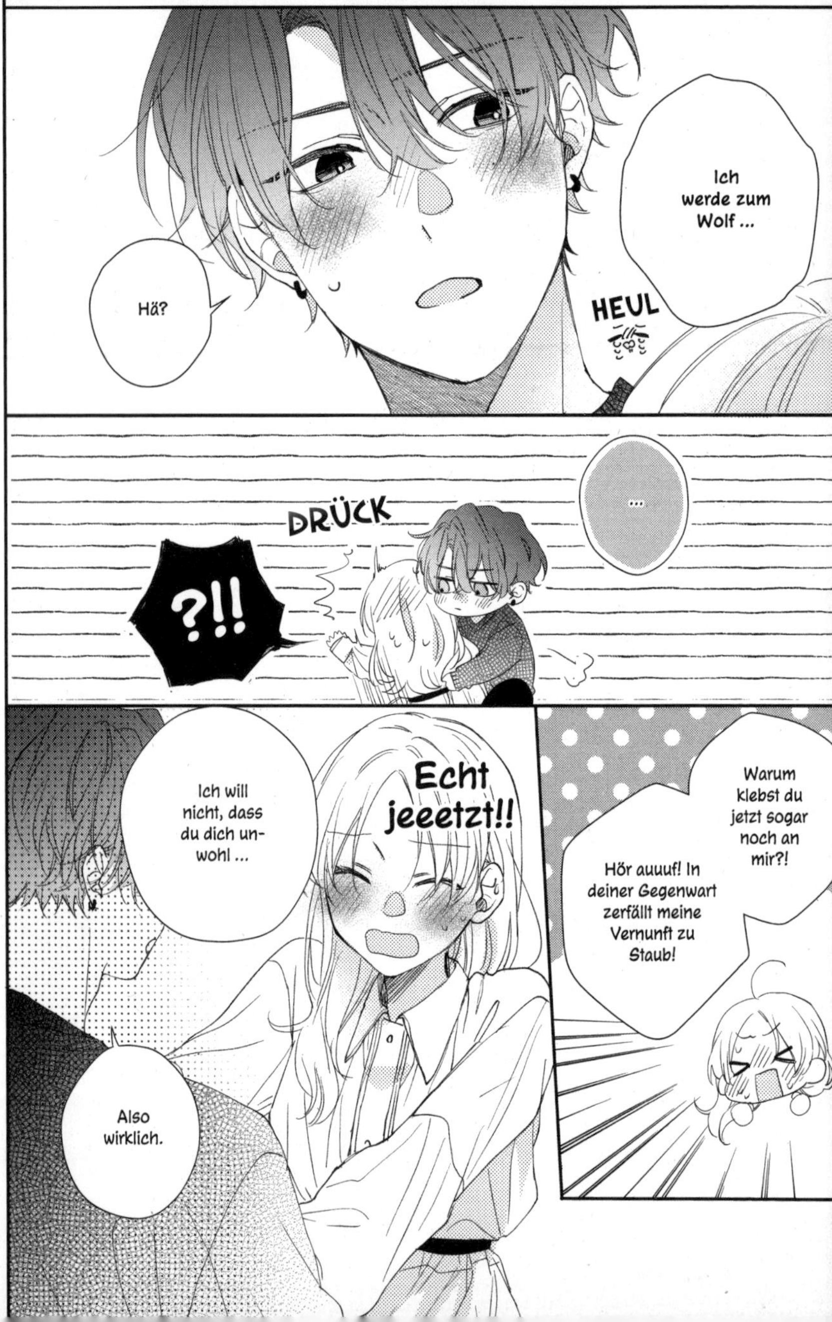
Ich werde zum Wolf ...
HEUL
Hä?
...
DRÜCK
?!!
Warum klebst du jetzt sogar noch an mir?!
Hör auuuf! In deiner Gegenwart zerfällt meine Vernunft zu Staub!
Echt jeeetzt!!
Ich will nicht, dass du dich un-wohl ...
Also wirklich.

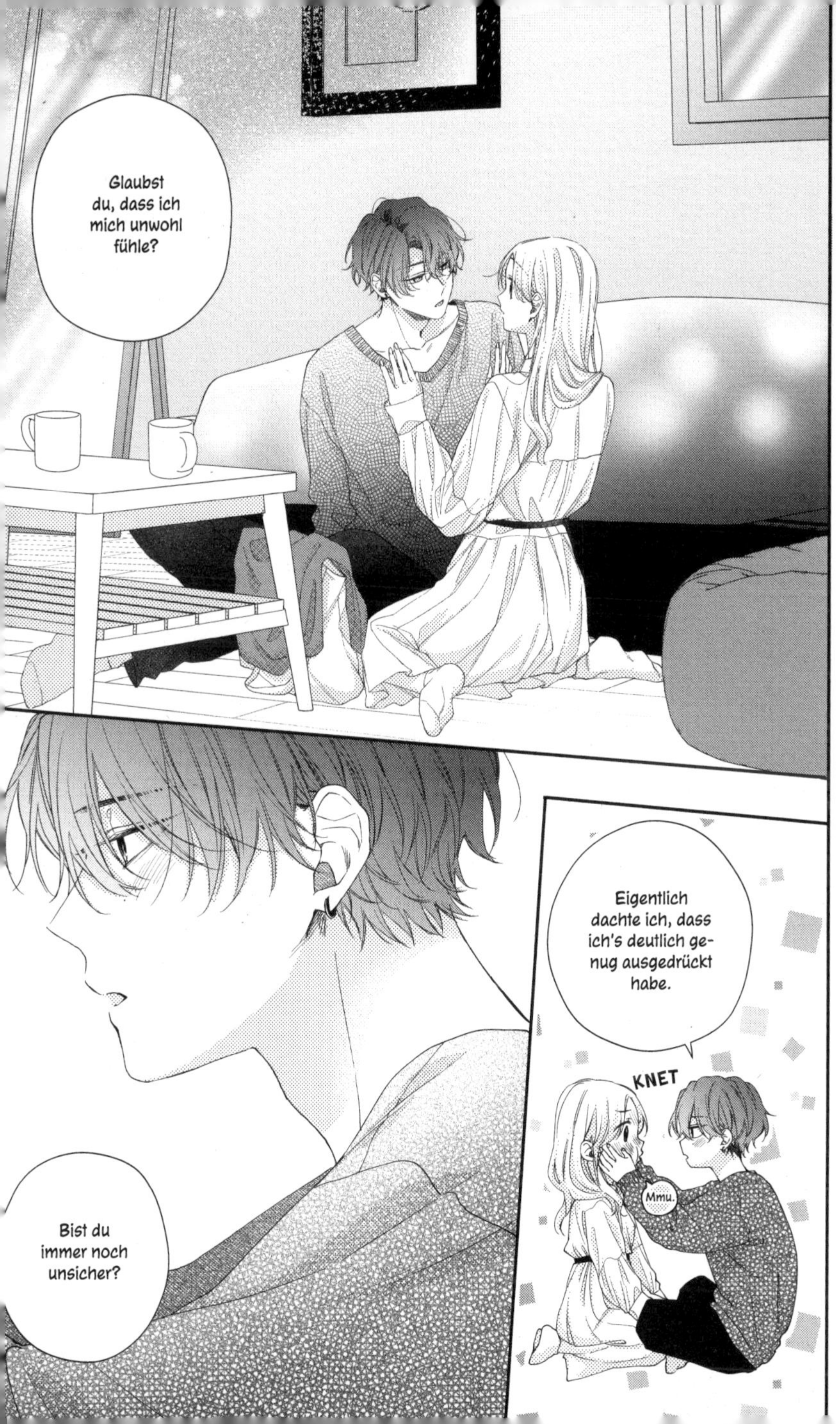
Glaubst du, dass ich mich unwohl fühle?
Eigentlich dachte ich, dass ich's deutlich genug ausgedrückt habe.
KNET
Mmu.
Bist du immer noch unsicher?

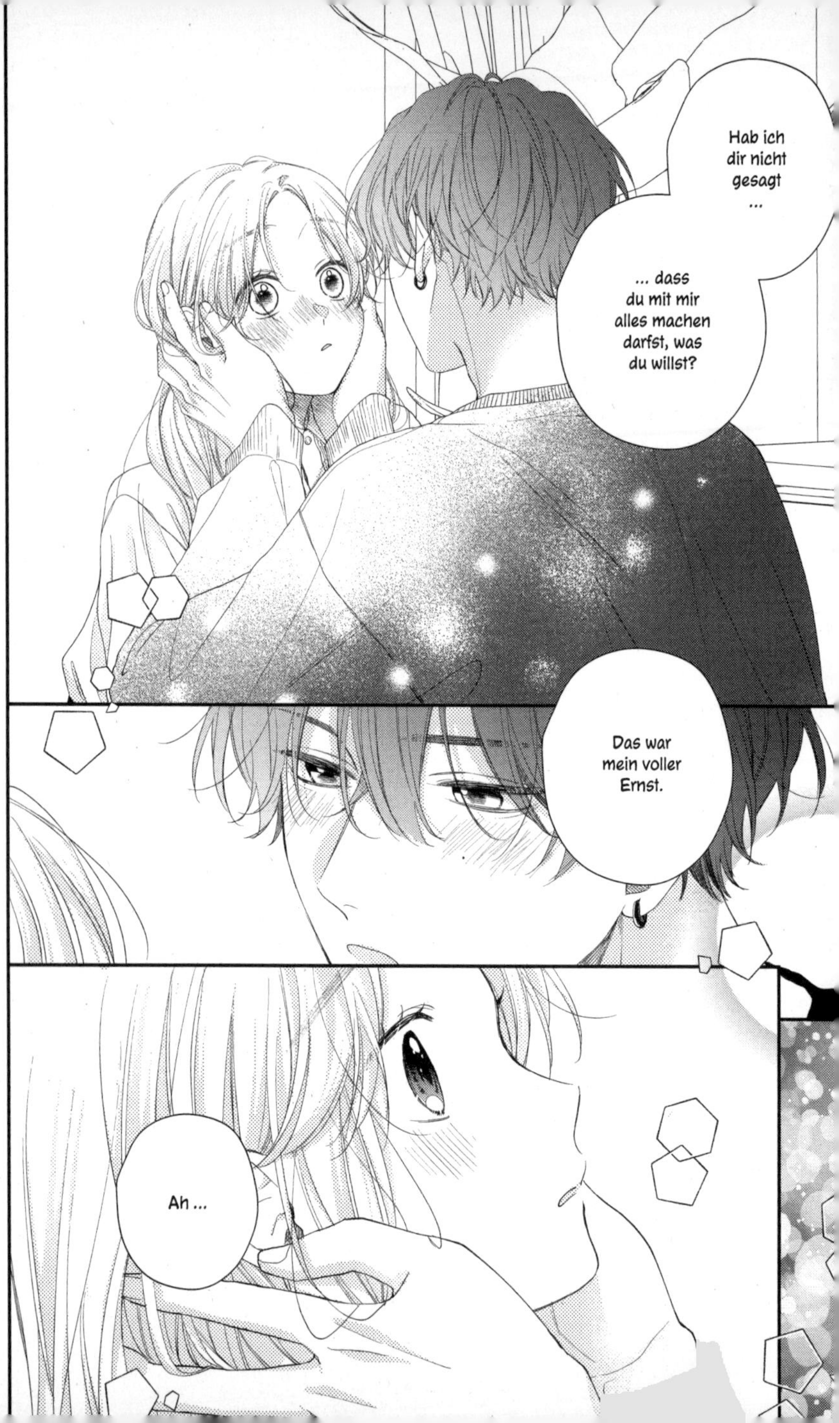
Hab ich dir nicht gesagt ...
... dass du mit mir alles machen darfst, was du willst?
Das war mein voller Ernst.
Ah ...

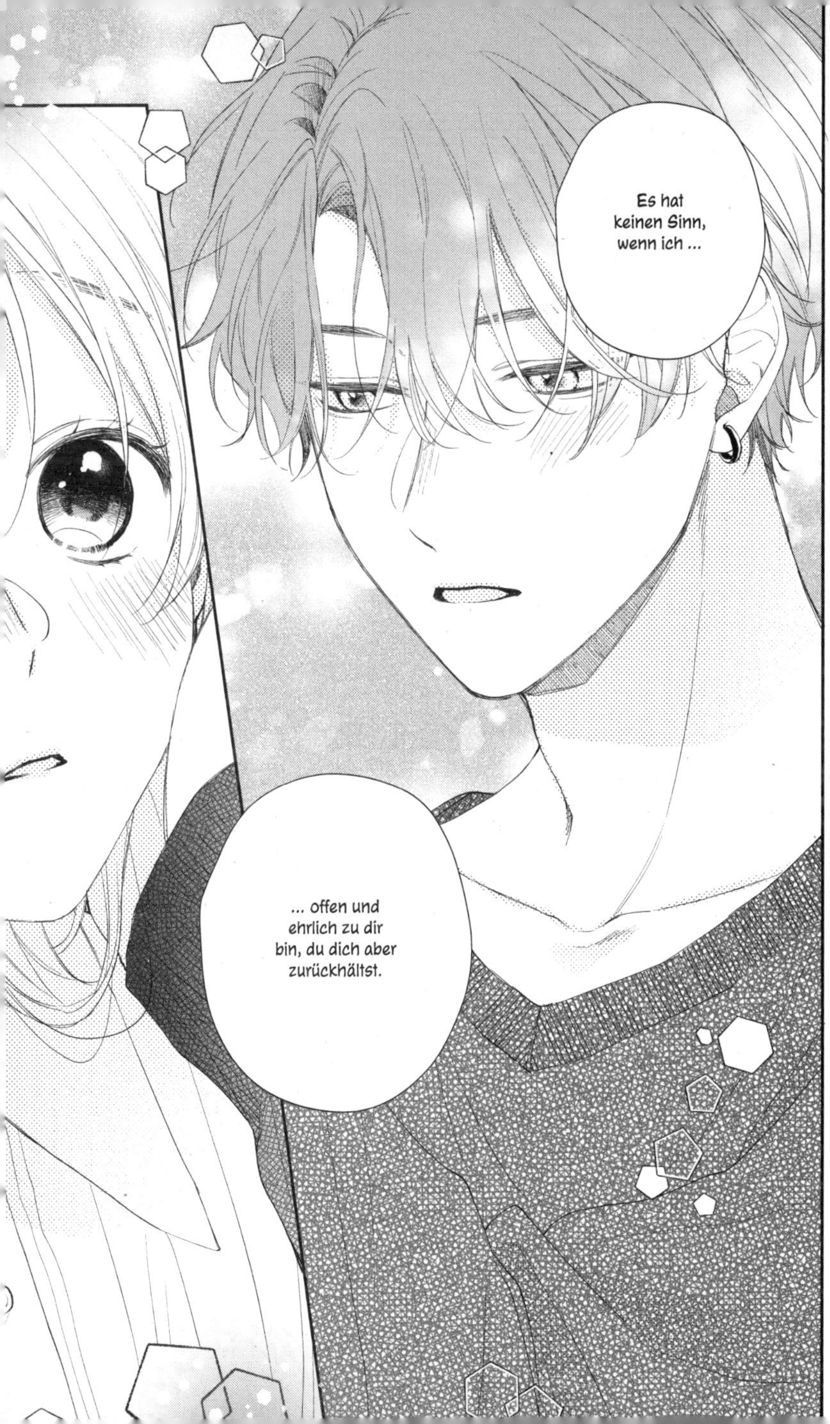
Es hat
keinen Sinn,
wenn ich ...
... offen und
ehrlich zu dir
bin, du dich aber
zurückhältst.

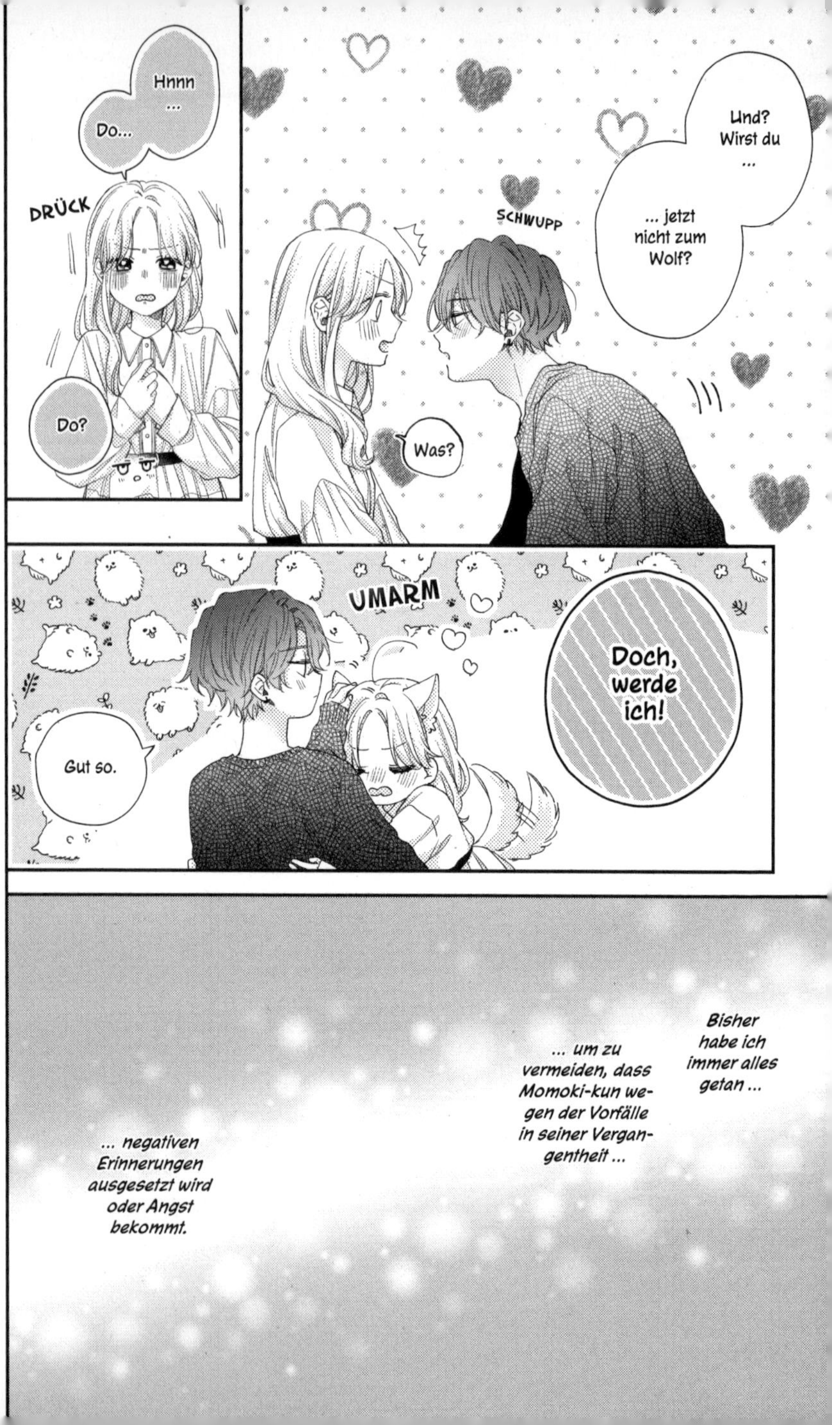
Und? Wirst du …
… jetzt nicht zum Wolf?
SCHWUPP
Was?
Hnnn … Do…
DRÜCK
Do?
Doch, werde ich!
UMARM
Gut so.
Bisher habe ich immer alles getan …
… um zu vermeiden, dass Momoki-kun wegen der Vorfälle in seiner Vergangenheit …
… negativen Erinnerungen ausgesetzt wird oder Angst bekommt.

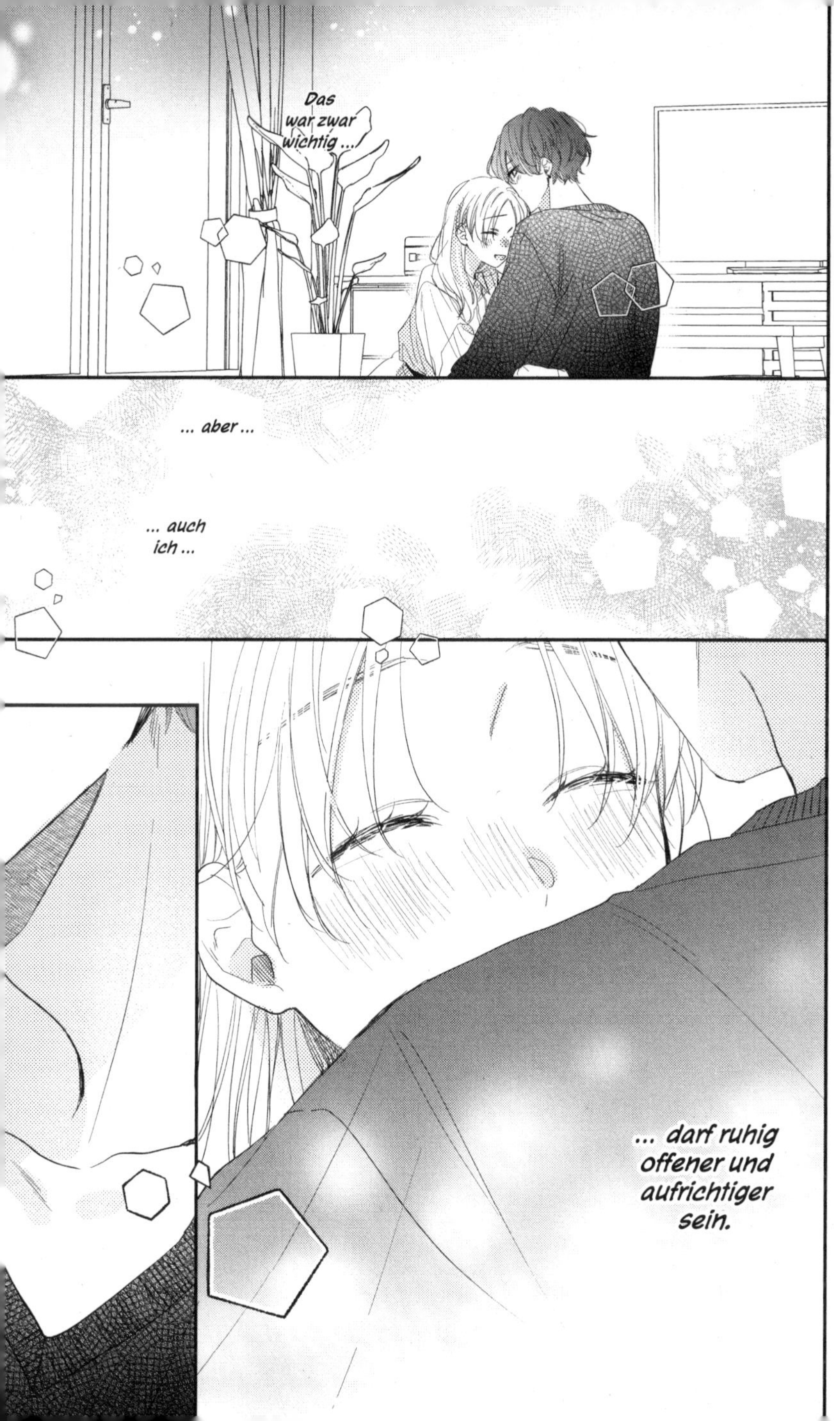
Das
war zwar
wichtig ...
... aber ...
... auch
ich ...
... darf ruhig
offener und
aufrichtiger
sein.

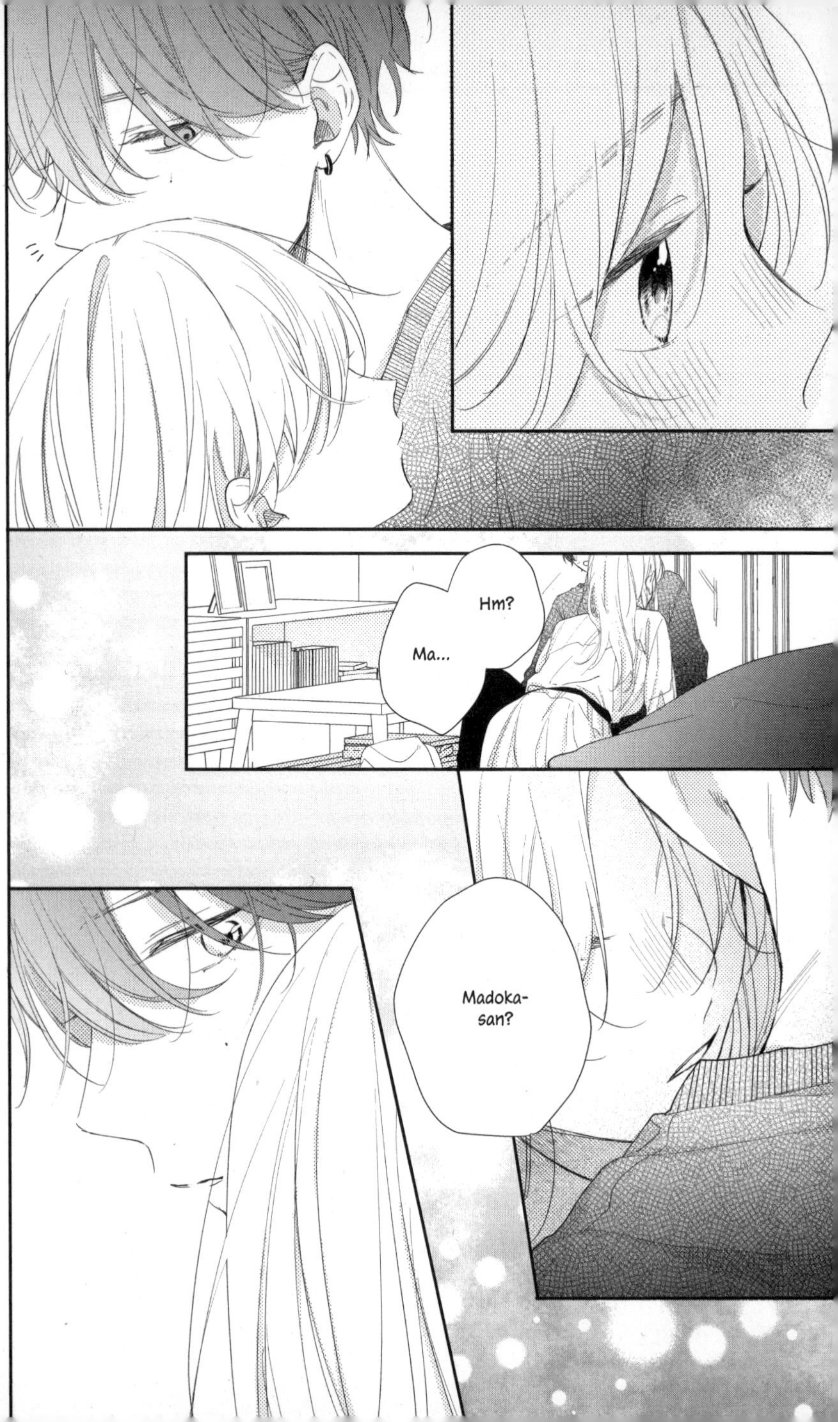
Hm?
Ma...
Madoka-san?

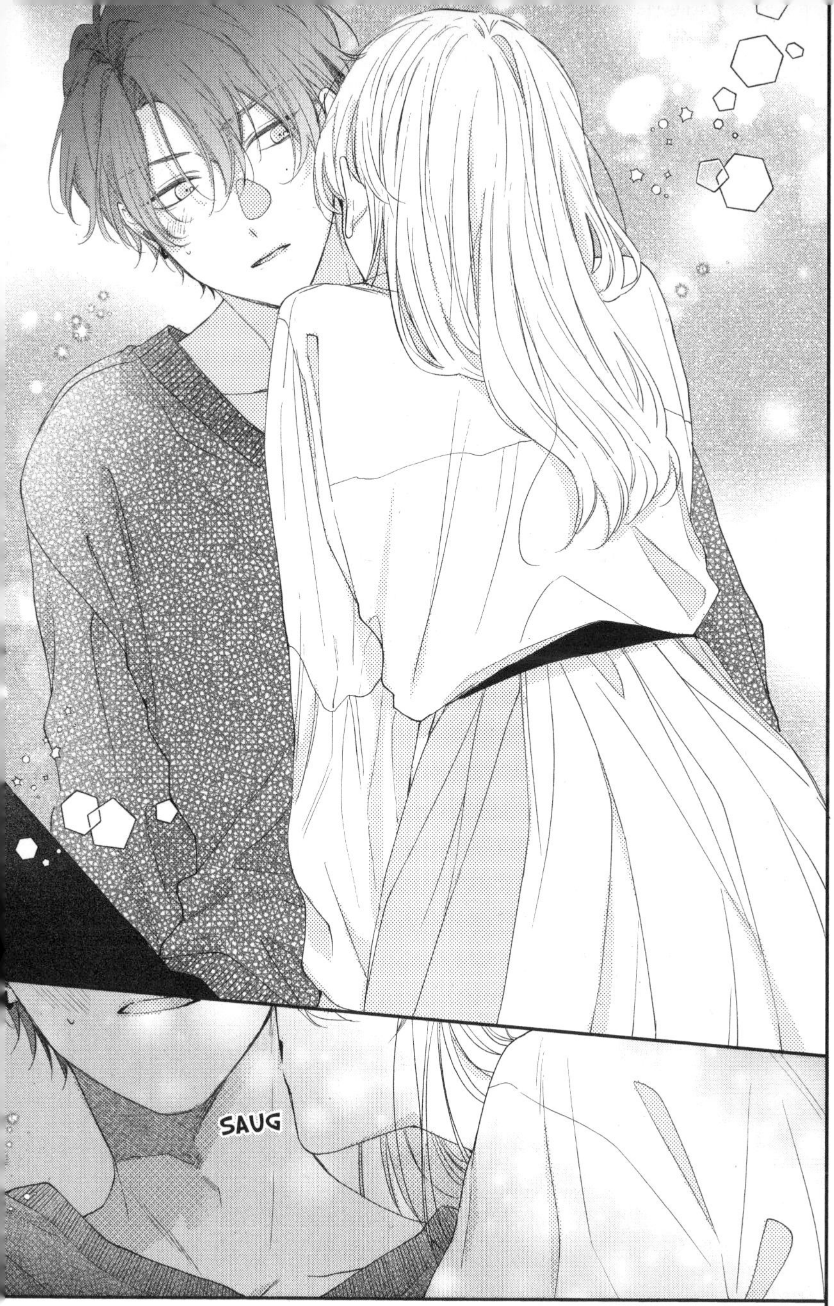
SAUG

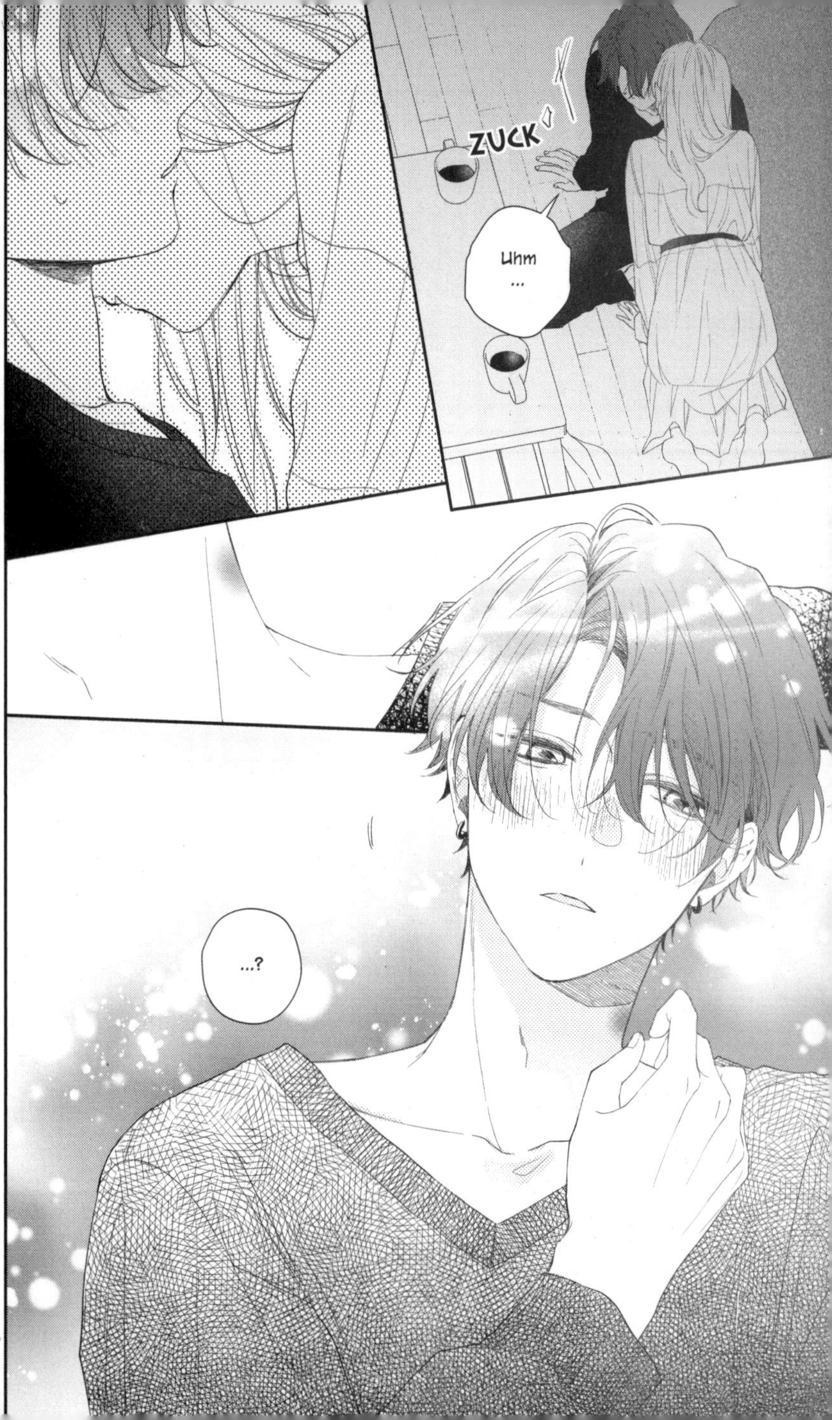
ZUCK
Uhm
...
...?

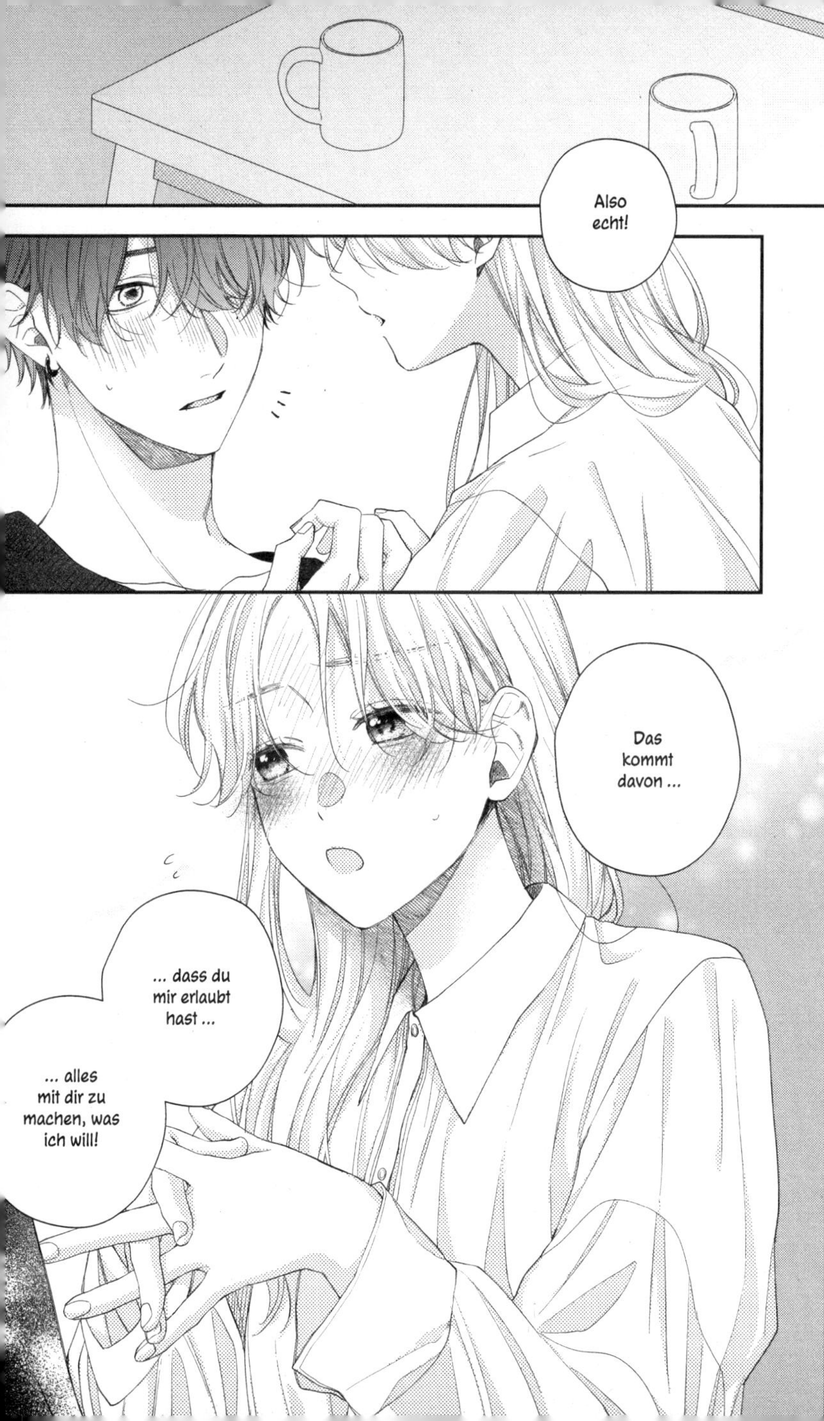
Also echt!
Das kommt davon ...
... dass du mir erlaubt hast ...
... alles mit dir zu machen, was ich will!

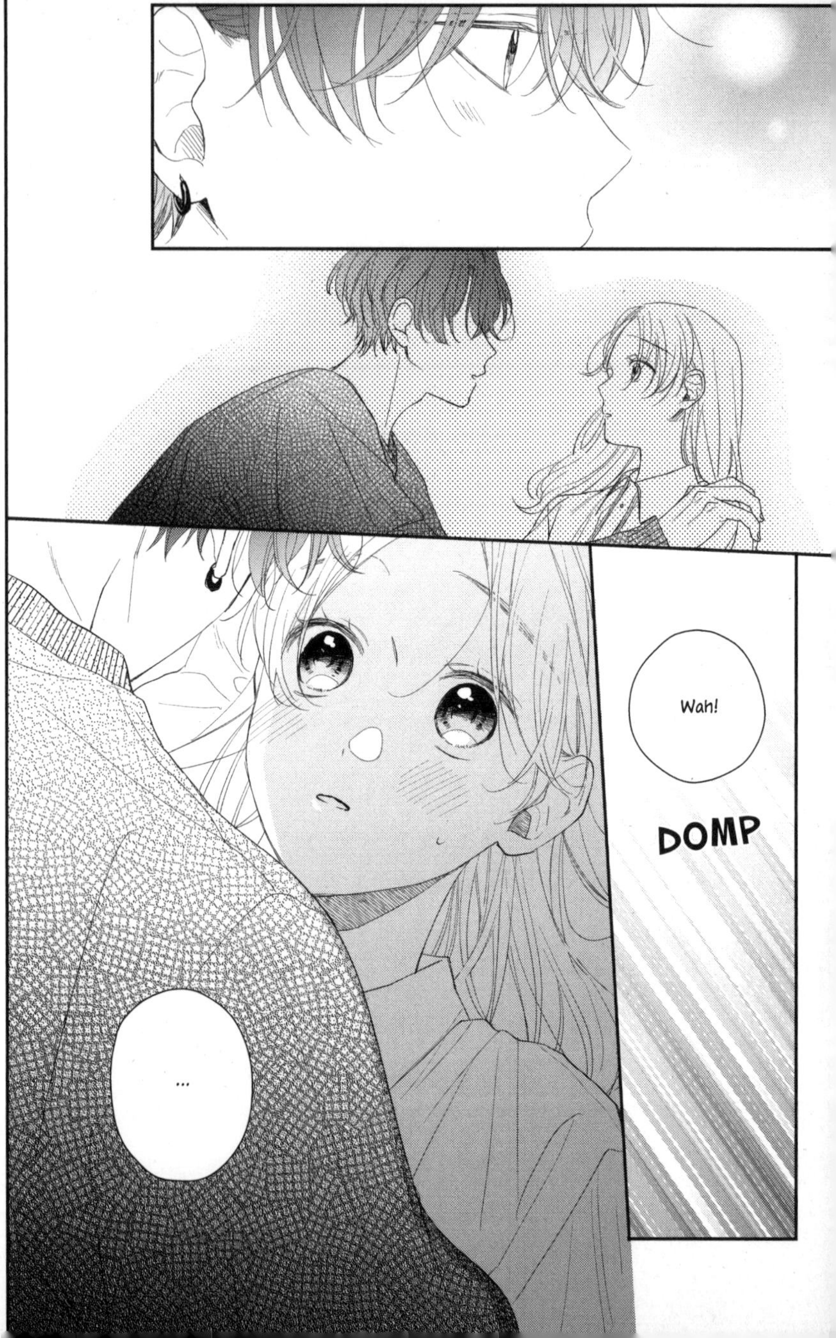
Wah!
DOMP
...

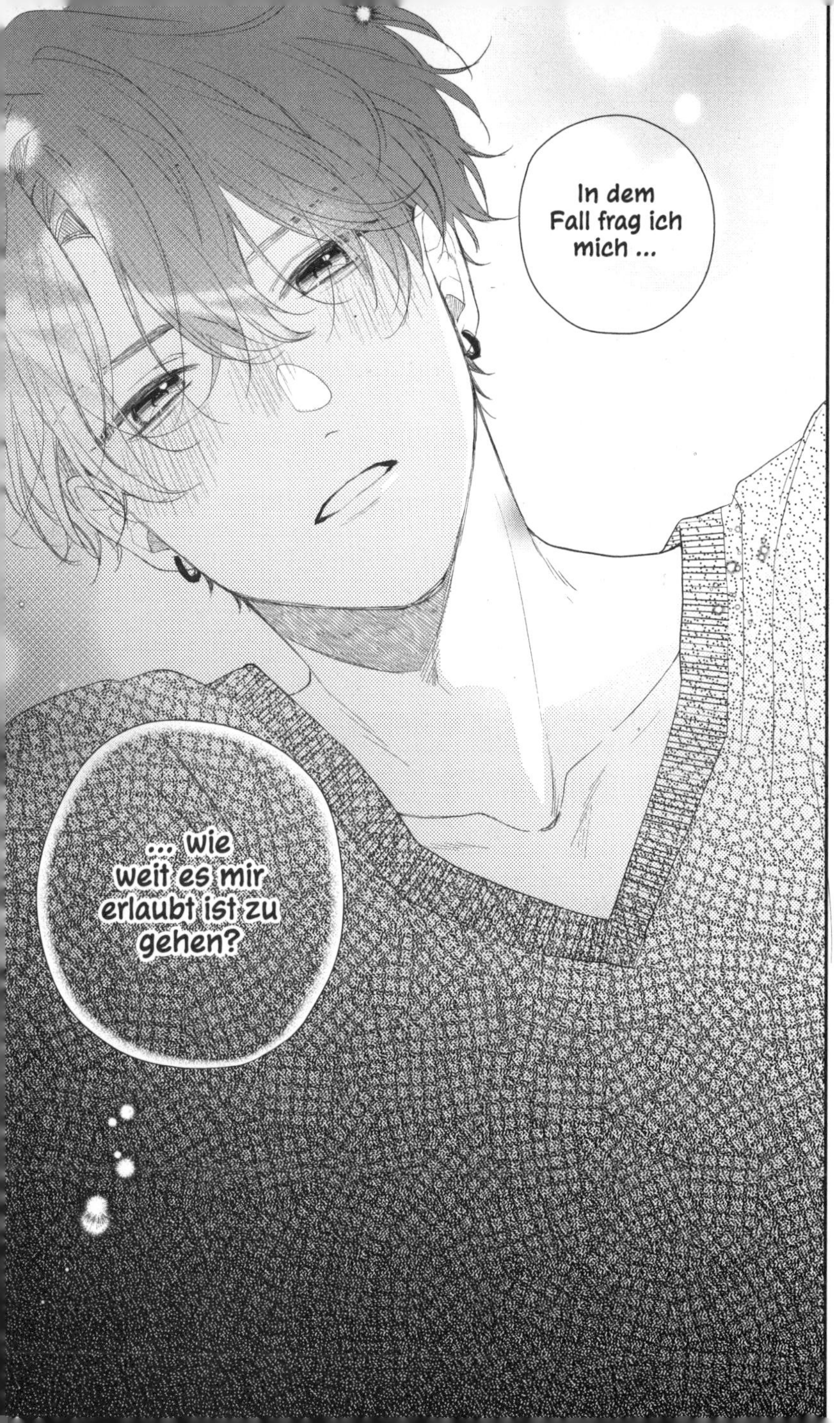
In dem Fall frag ich mich ...
... wie weit es mir erlaubt ist zu gehen?

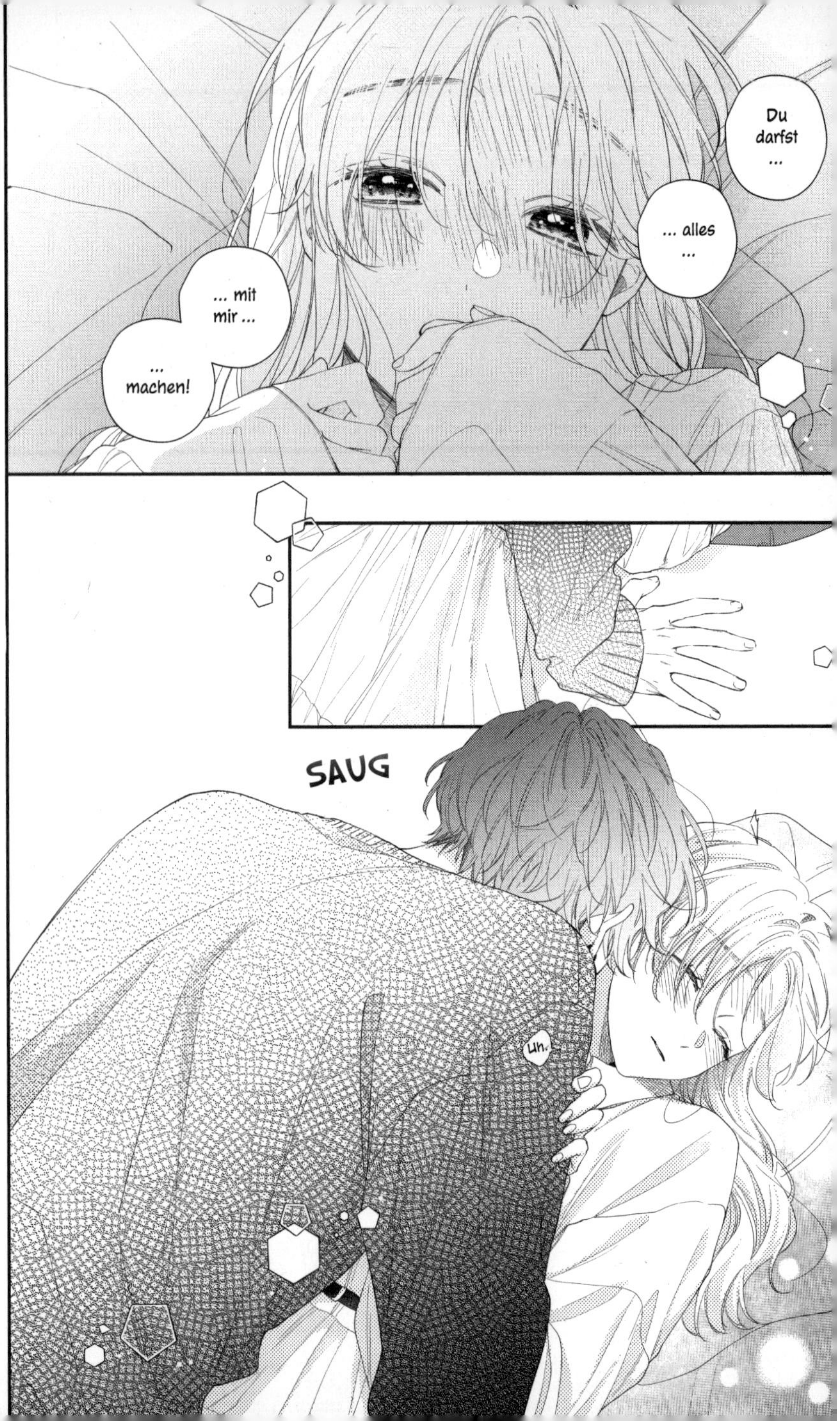
Du darfst ...
... alles ...
... mit mir ...
... machen!
SAUG
Uh.

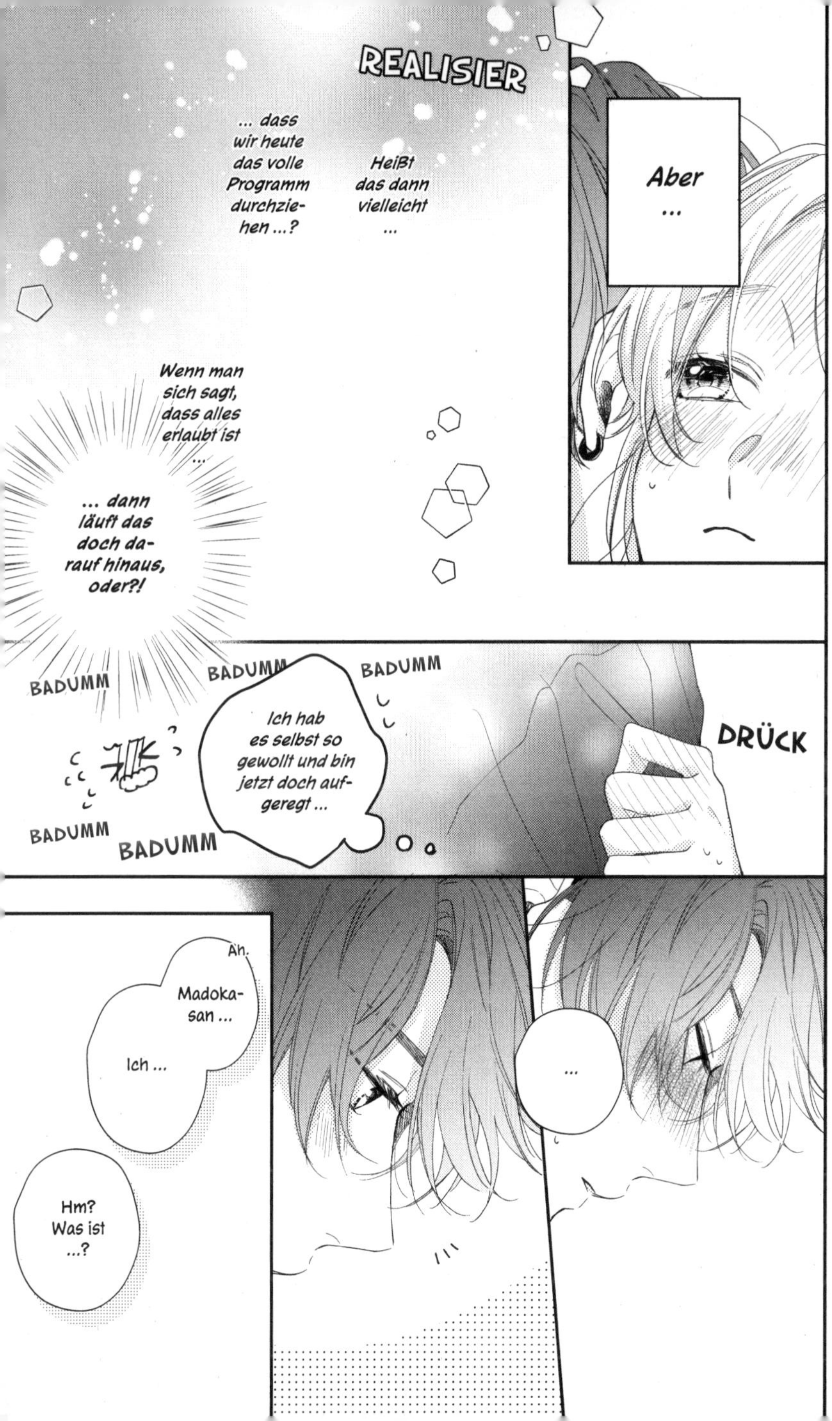
Aber ...
REALISIER
Heißt das dann vielleicht ...
... dass wir heute das volle Programm durchziehen ...?
Wenn man sich sagt, dass alles erlaubt ist ...
... dann läuft das doch darauf hinaus, oder?!
DRÜCK
BADUMM
Ich hab es selbst so gewollt und bin jetzt doch aufgeregt ...
BADUMM
BADUMM
BADUMM
BADUMM
...
Äh. Madoka-san ...
Ich ...
Hm? Was ist ...?

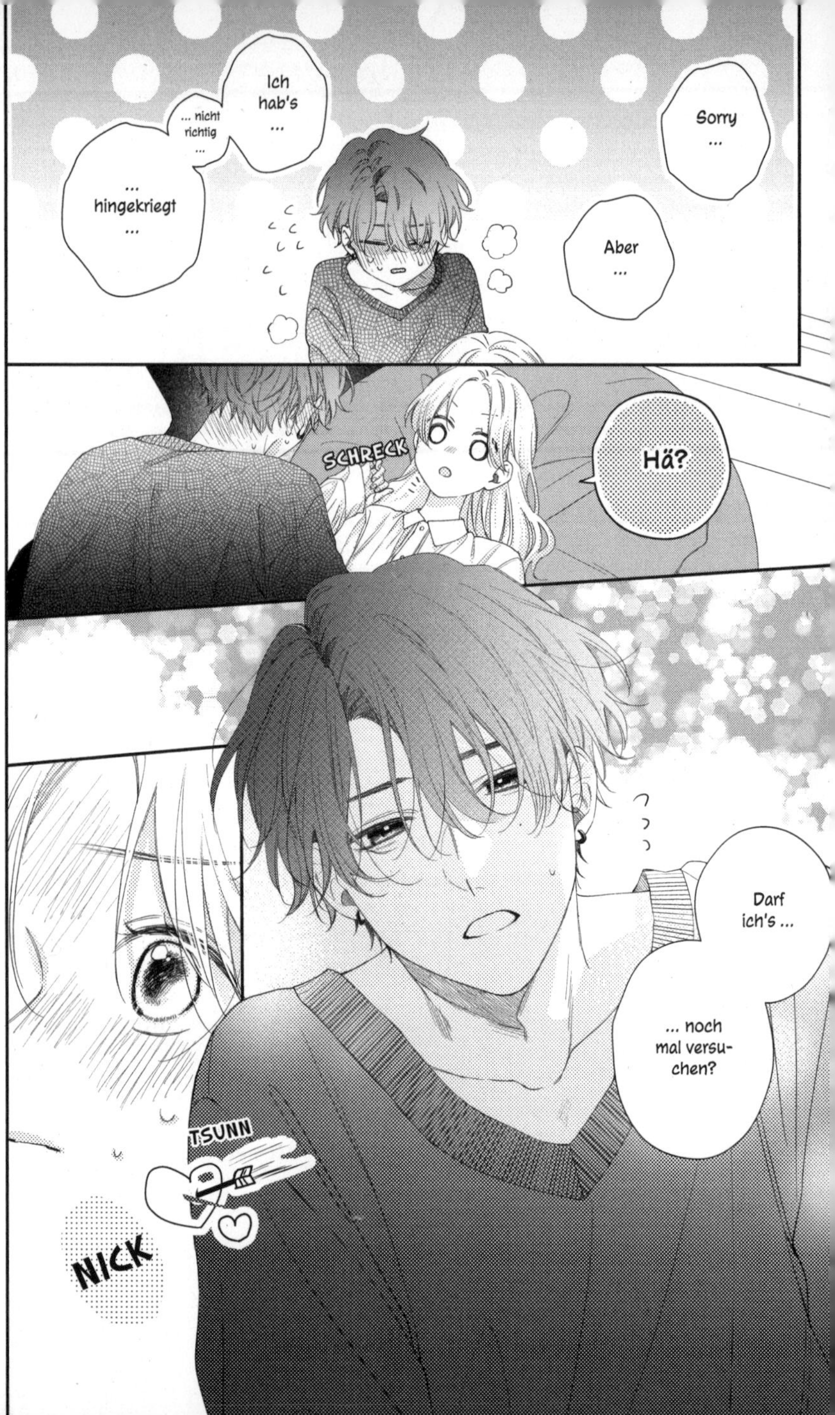
Sorry ...
Aber ...
Ich hab's ...
... nicht richtig ...
... hingekriegt ...
Hä?
SCHRECK
Darf ich's ...
... noch mal versu-chen?
TSUNN
NICK

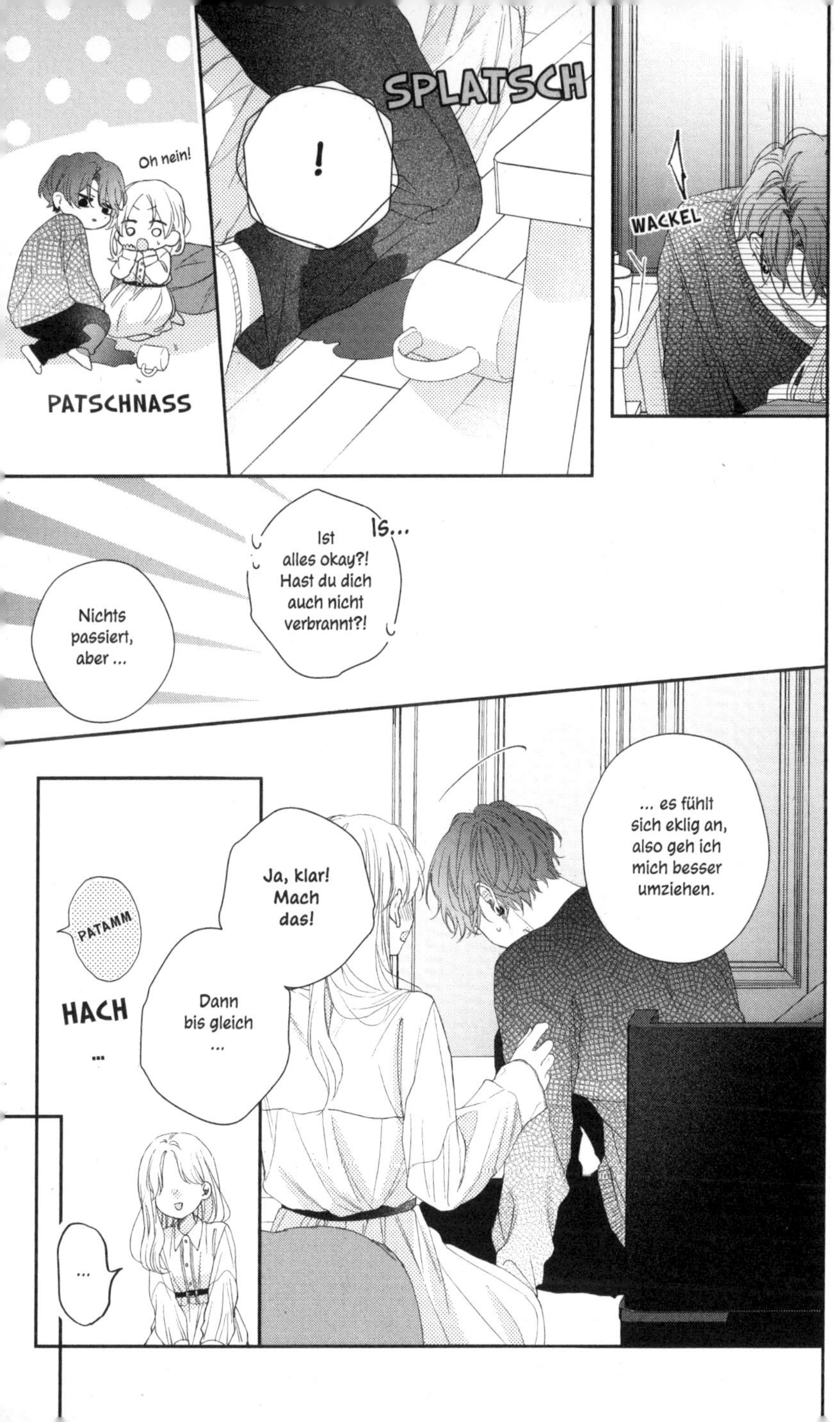
WACKEL
SPLATSCH
!
Oh nein!
PATSCHNASS
Is…
Ist alles okay?! Hast du dich auch nicht verbrannt?!
Nichts passiert, aber …
… es fühlt sich eklig an, also geh ich mich besser umziehen.
Ja, klar! Mach das!
Dann bis gleich …
PATAMM
HACH …
…

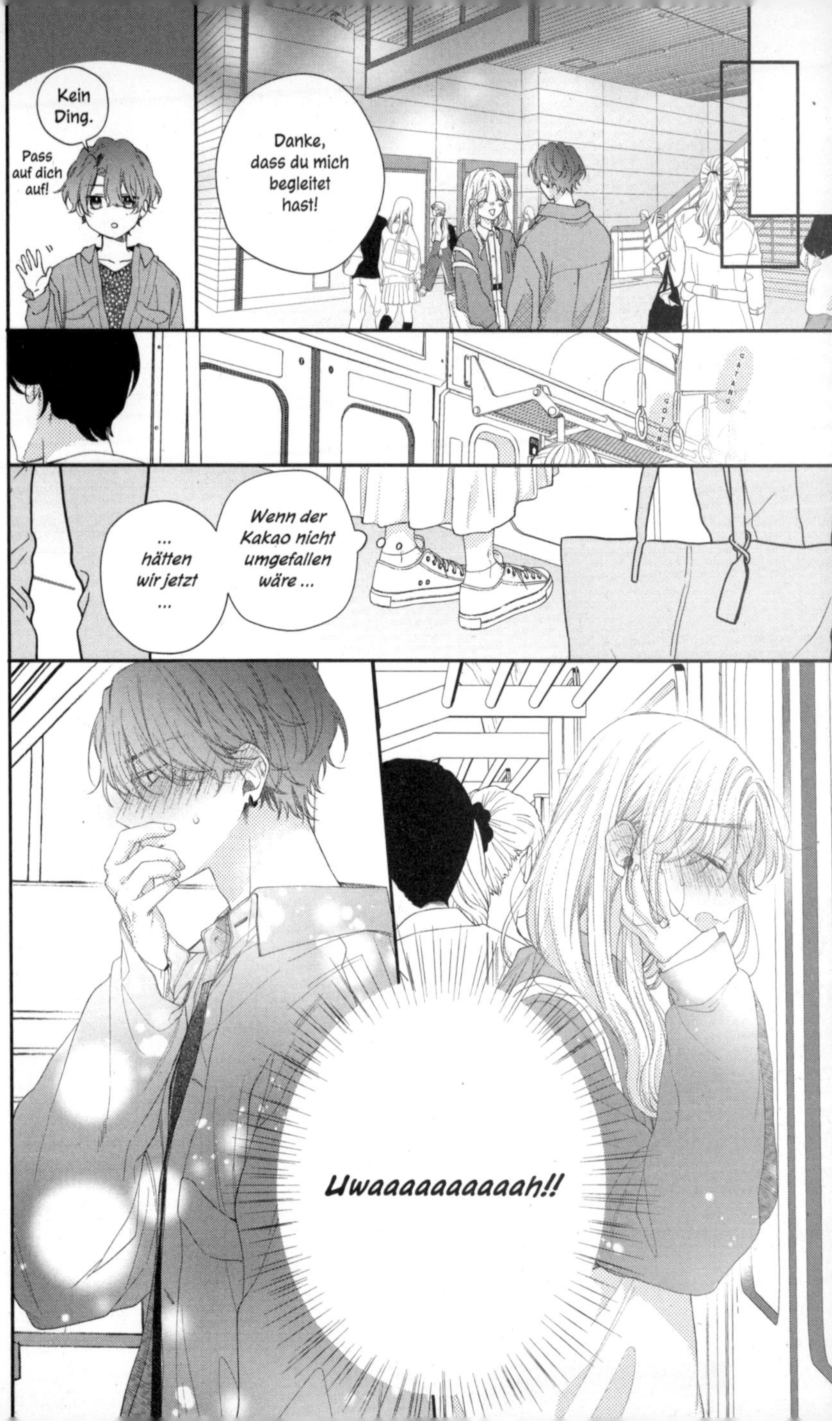
Danke, dass du mich begleitet hast!
Kein Ding.
Pass auf dich auf!
GATANG
GOTONG
Wenn der Kakao nicht umgefallen wäre ...
... hätten wir jetzt ...
Uwaaaaaaaaaah!!

You're my Cutie!

You're my Cutie!

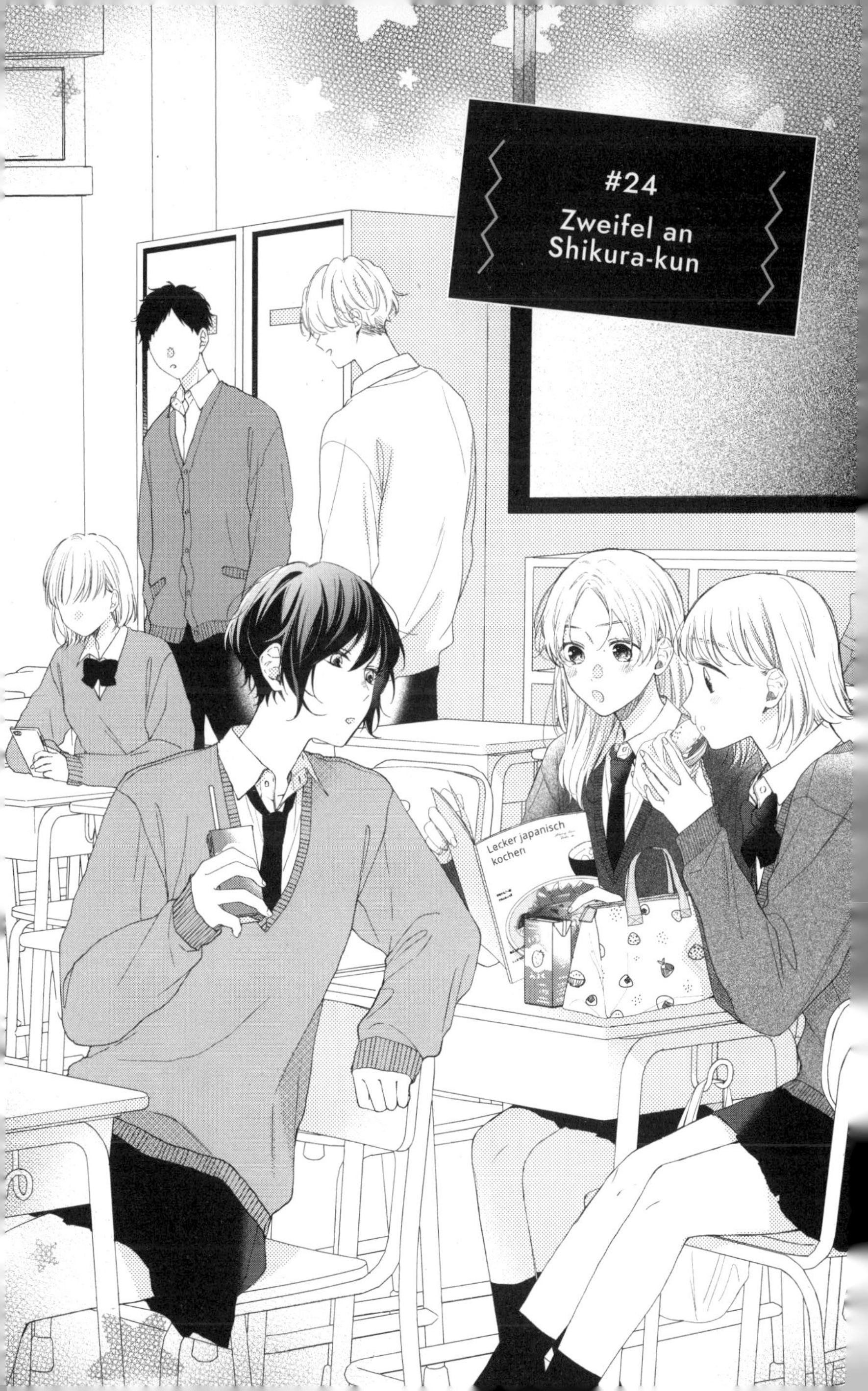
#24
Zweifel an Shikura-kun
Lecker japanisch kochen

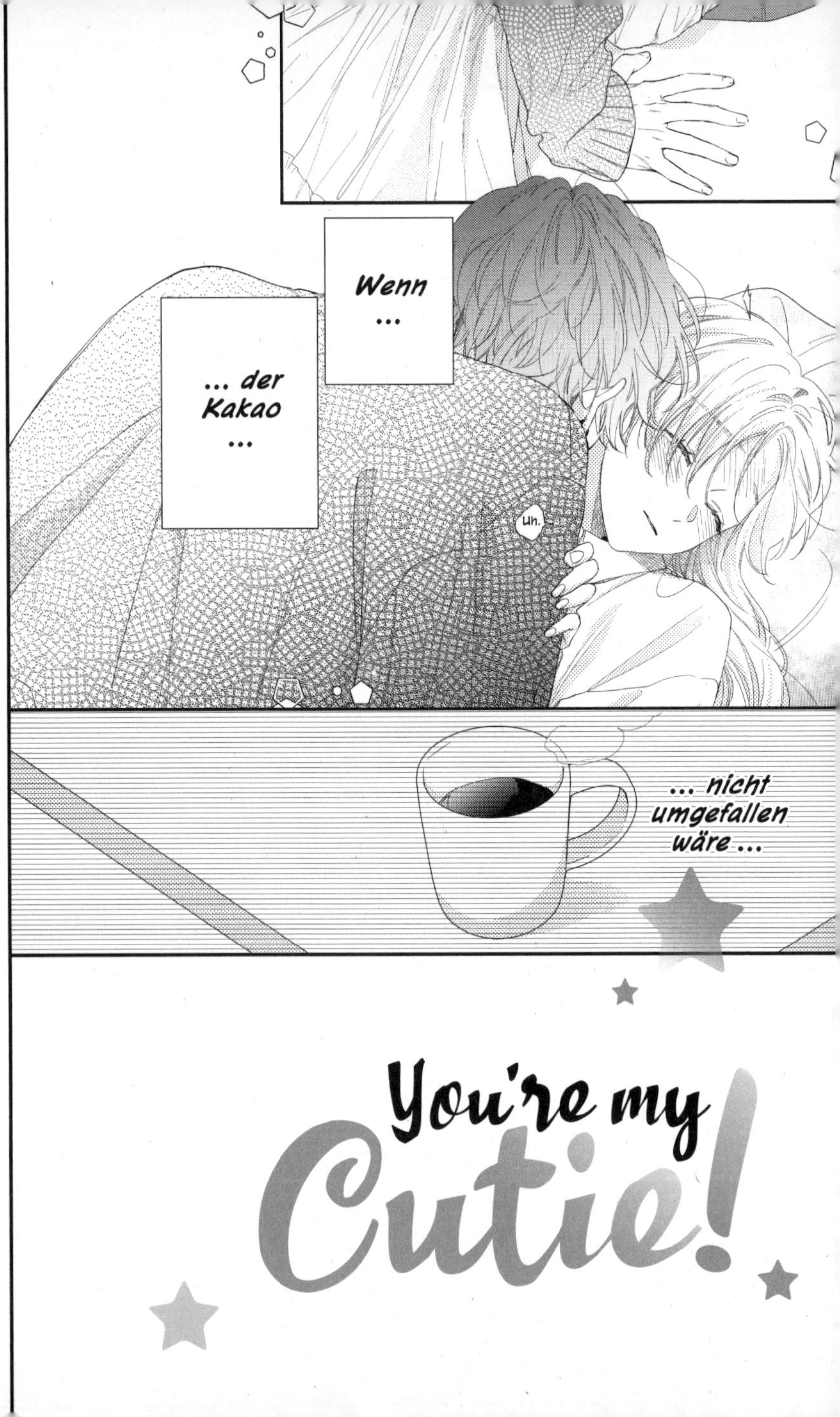
Wenn ...
... der Kakao ...
Uh.
... nicht umgefallen wäre ...
You're my Cutie!

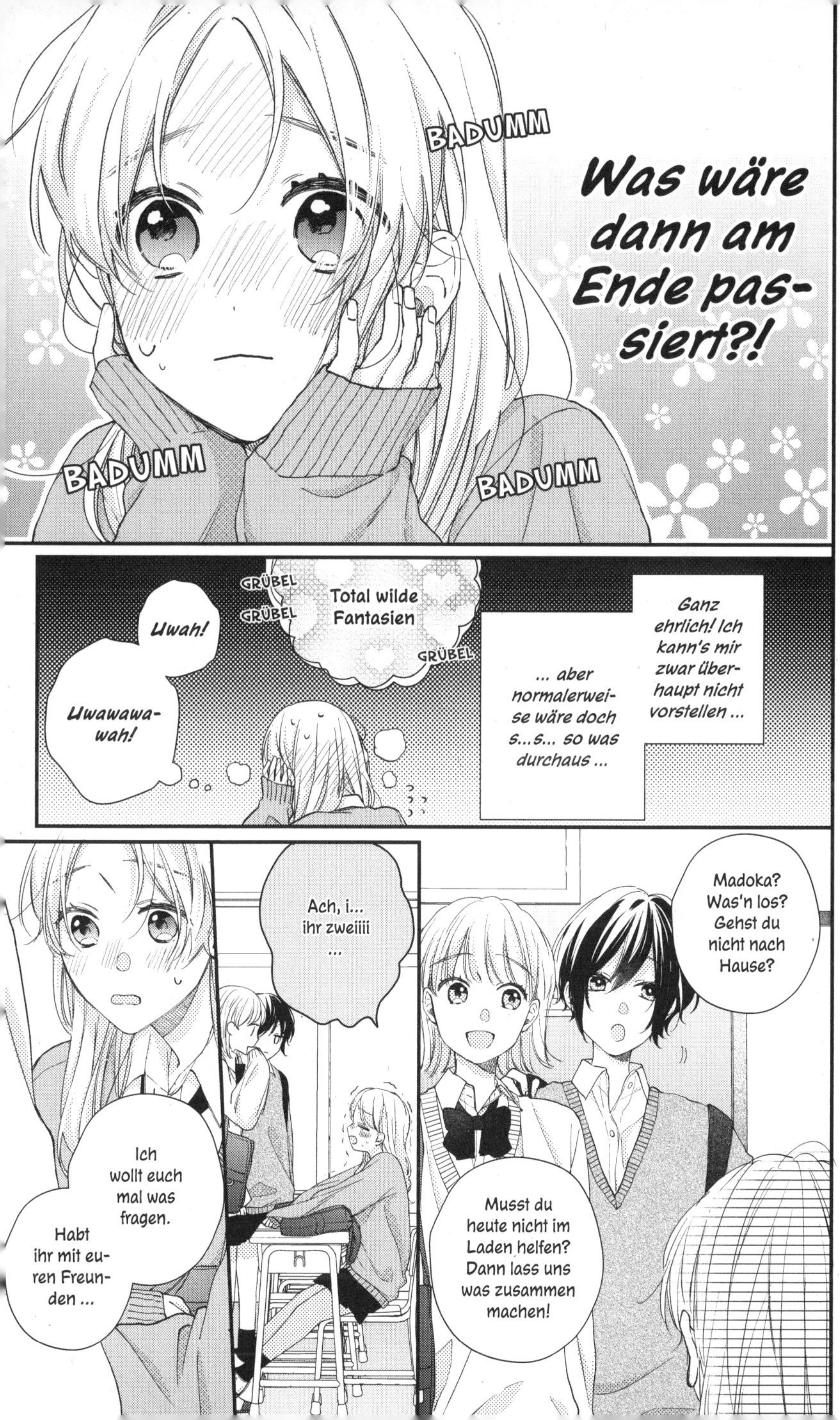
BADUMM
Was wäre dann am Ende passiert?!
BADUMM
BADUMM
Ganz ehrlich! Ich kann's mir zwar überhaupt nicht vorstellen ...
... aber normalerweise wäre doch s...s... so was durchaus ...
GRÜBEL
GRÜBEL
GRÜBEL
Total wilde Fantasien
Uwah!
Uwawawawah!
Madoka? Was'n los? Gehst du nicht nach Hause?
Musst du heute nicht im Laden helfen? Dann lass uns was zusammen machen!
Ach, i... ihr zweiiii ...
Ich wollt euch mal was fragen.
Habt ihr mit euren Freunden ...

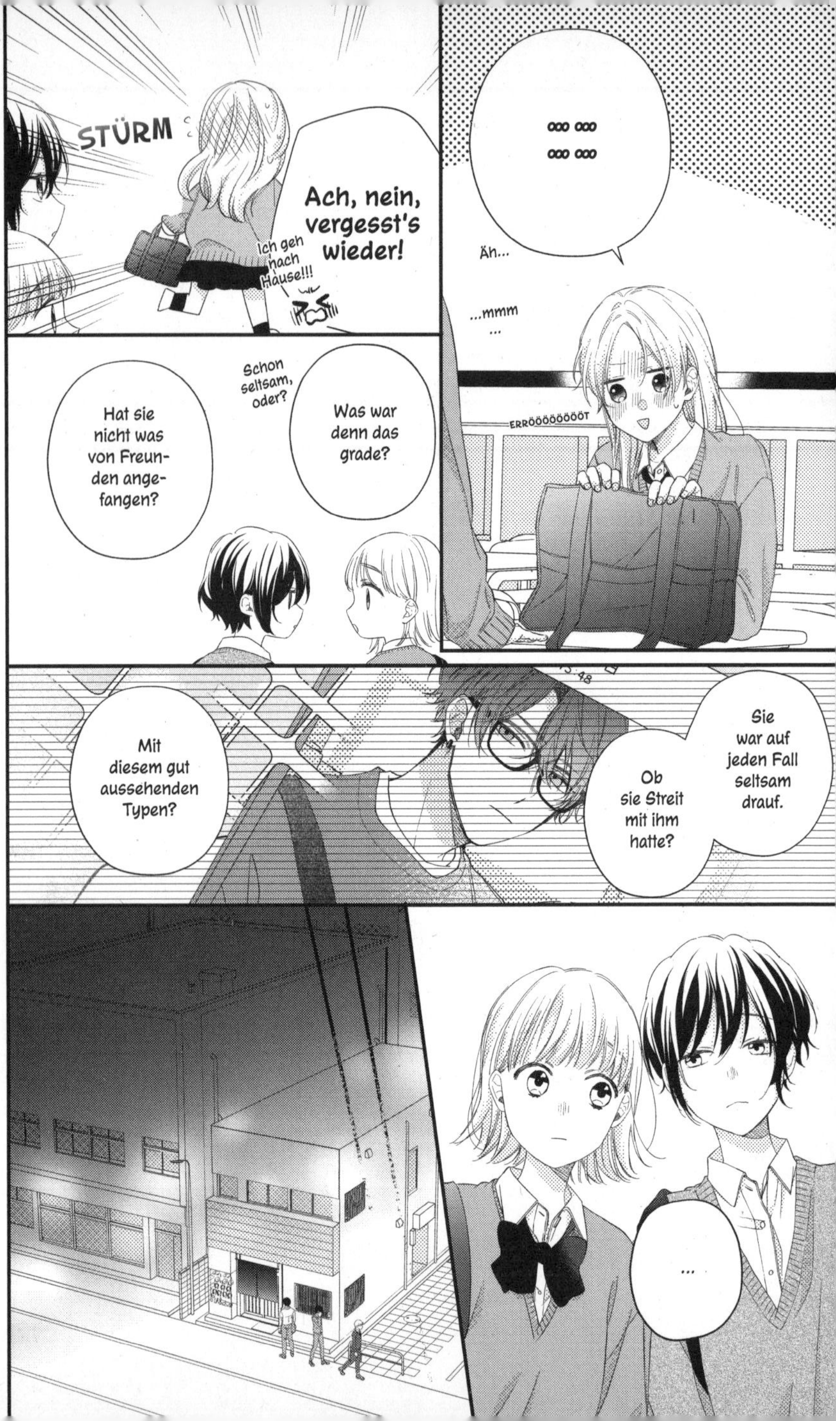

ooo ooo
ooo ooo
Äh...
...mmm
...
ERRÖÖÖÖÖÖÖT
Ach, nein, vergesst's wieder!
Ich geh nach Hause!!!
STÜRM
Was war denn das grade?
Schon seltsam, oder?
Hat sie nicht was von Freunden angefangen?
Sie war auf jeden Fall seltsam drauf.
Ob sie Streit mit ihm hatte?
Mit diesem gut aussehenden Typen?
...

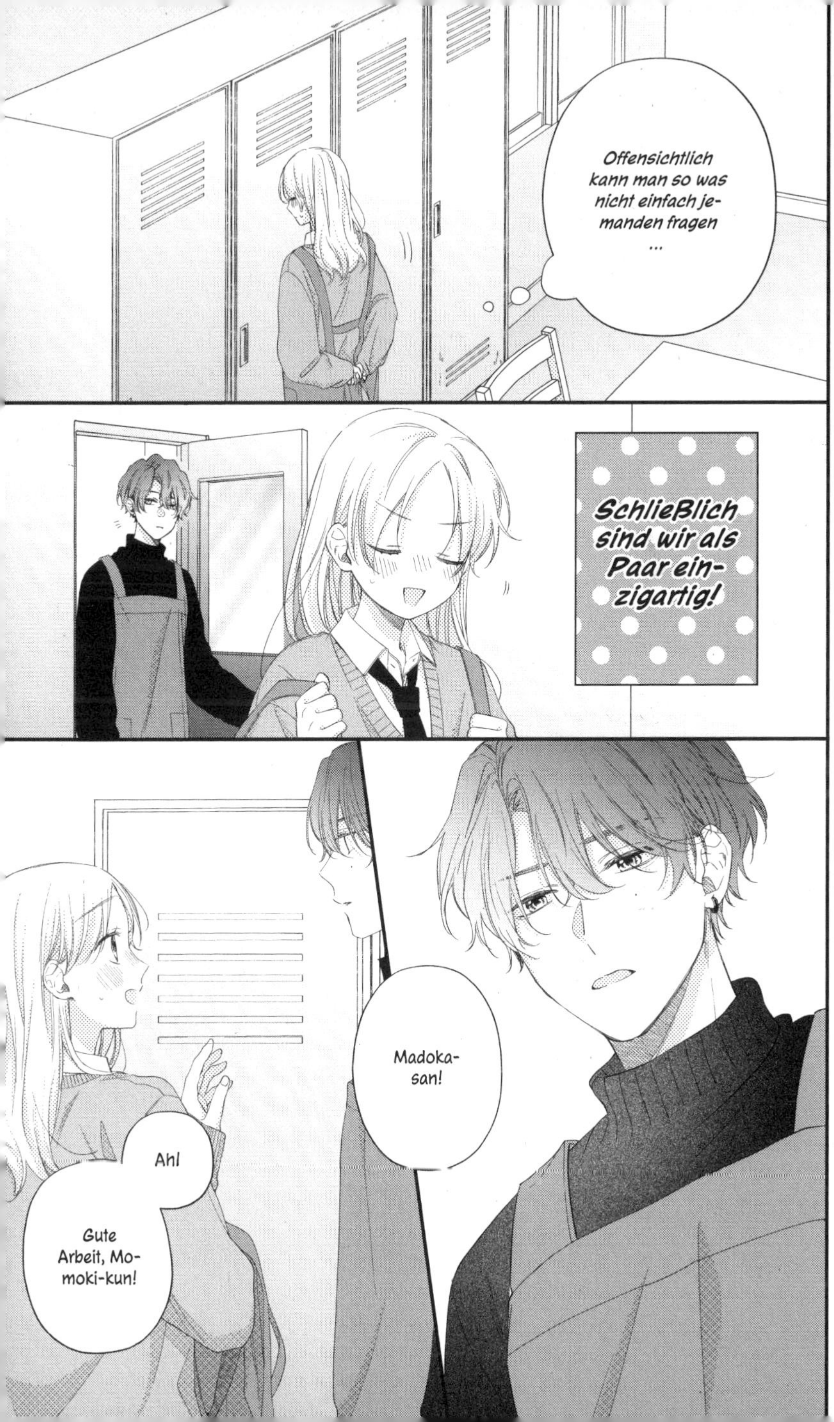

Offensichtlich kann man so was nicht einfach jemanden fragen ...
Schließlich sind wir als Paar einzigartig!
Madoka-san!
Ah!
Gute Arbeit, Momoki-kun!

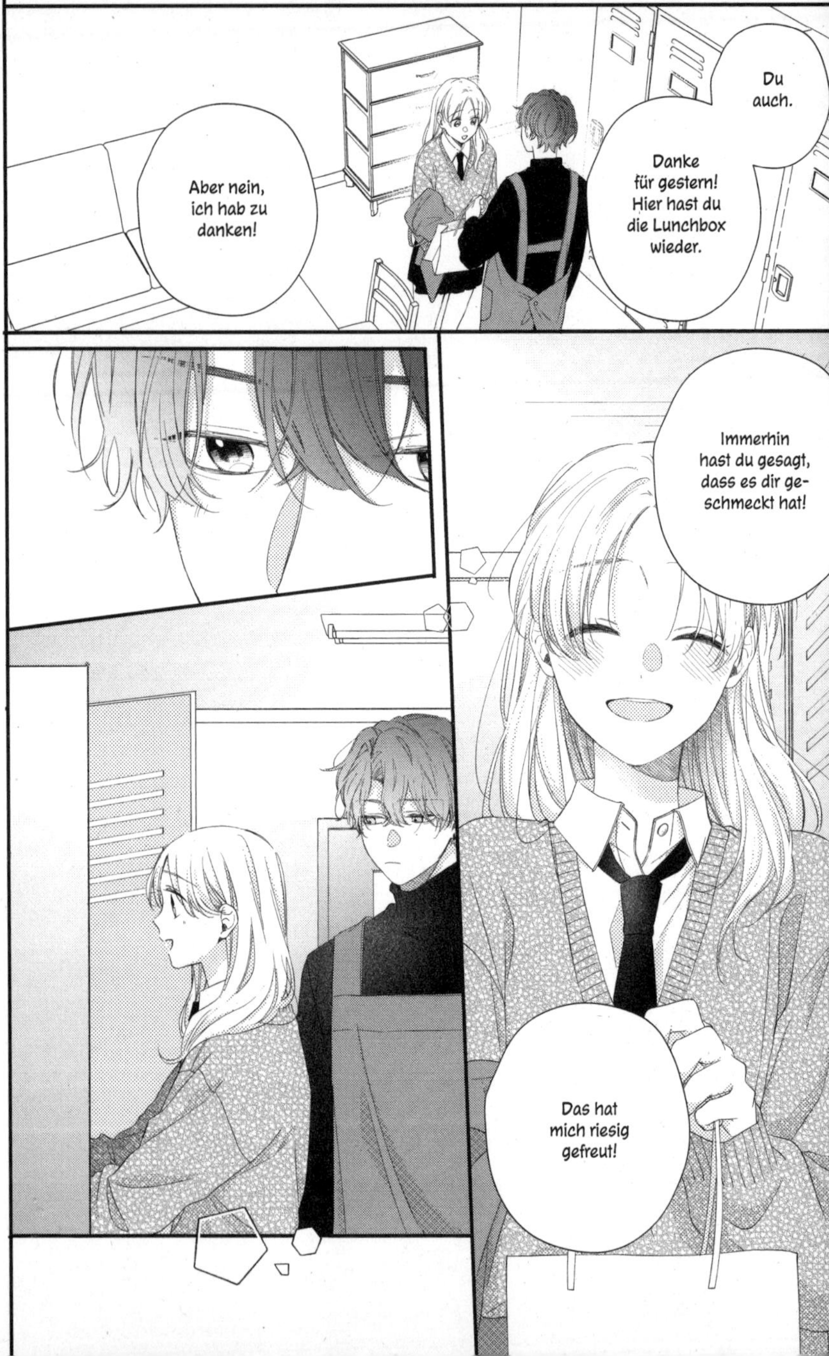
Du auch.
Danke für gestern! Hier hast du die Lunchbox wieder.
Aber nein, ich hab zu danken!
Immerhin hast du gesagt, dass es dir geschmeckt hat!
Das hat mich riesig gefreut!

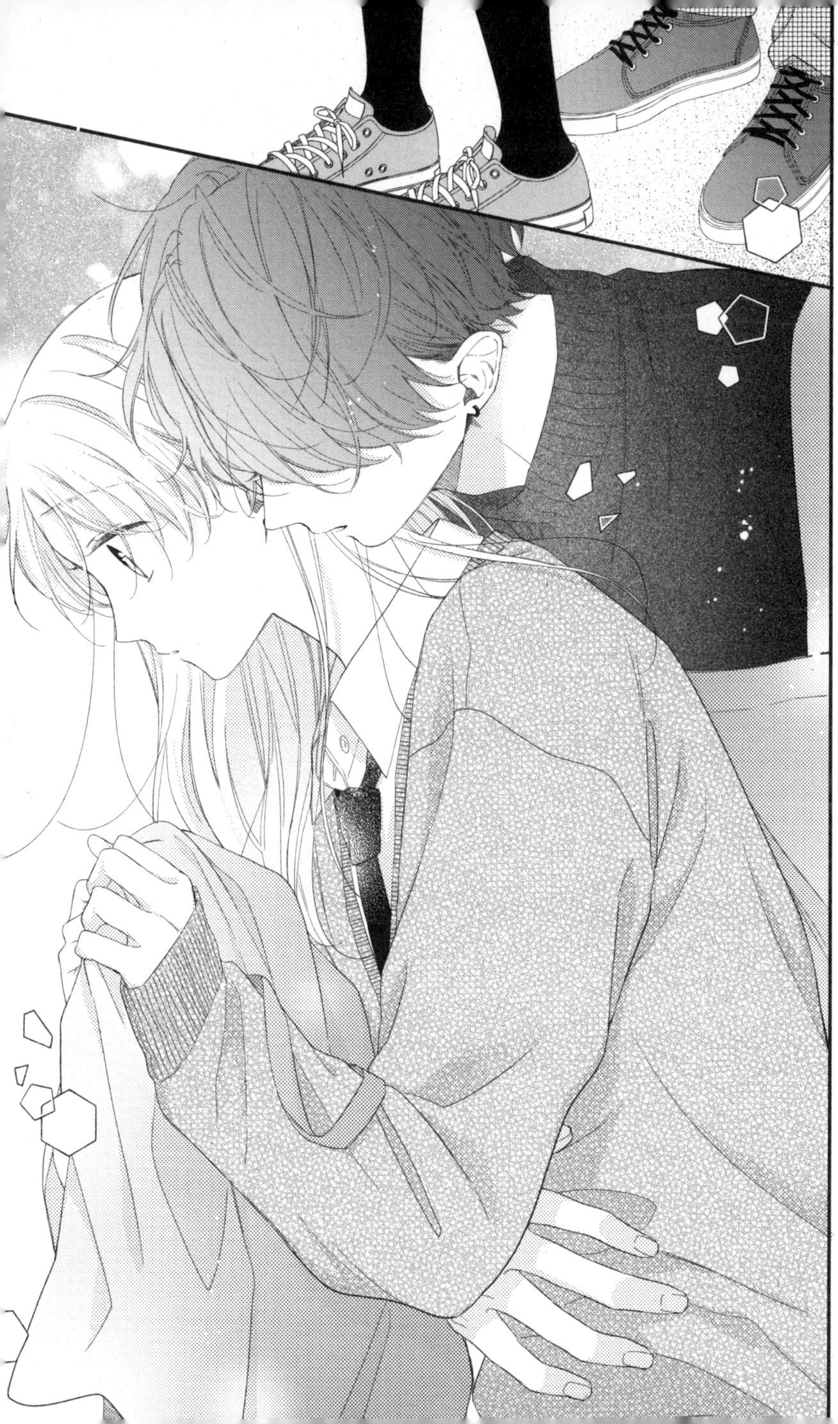

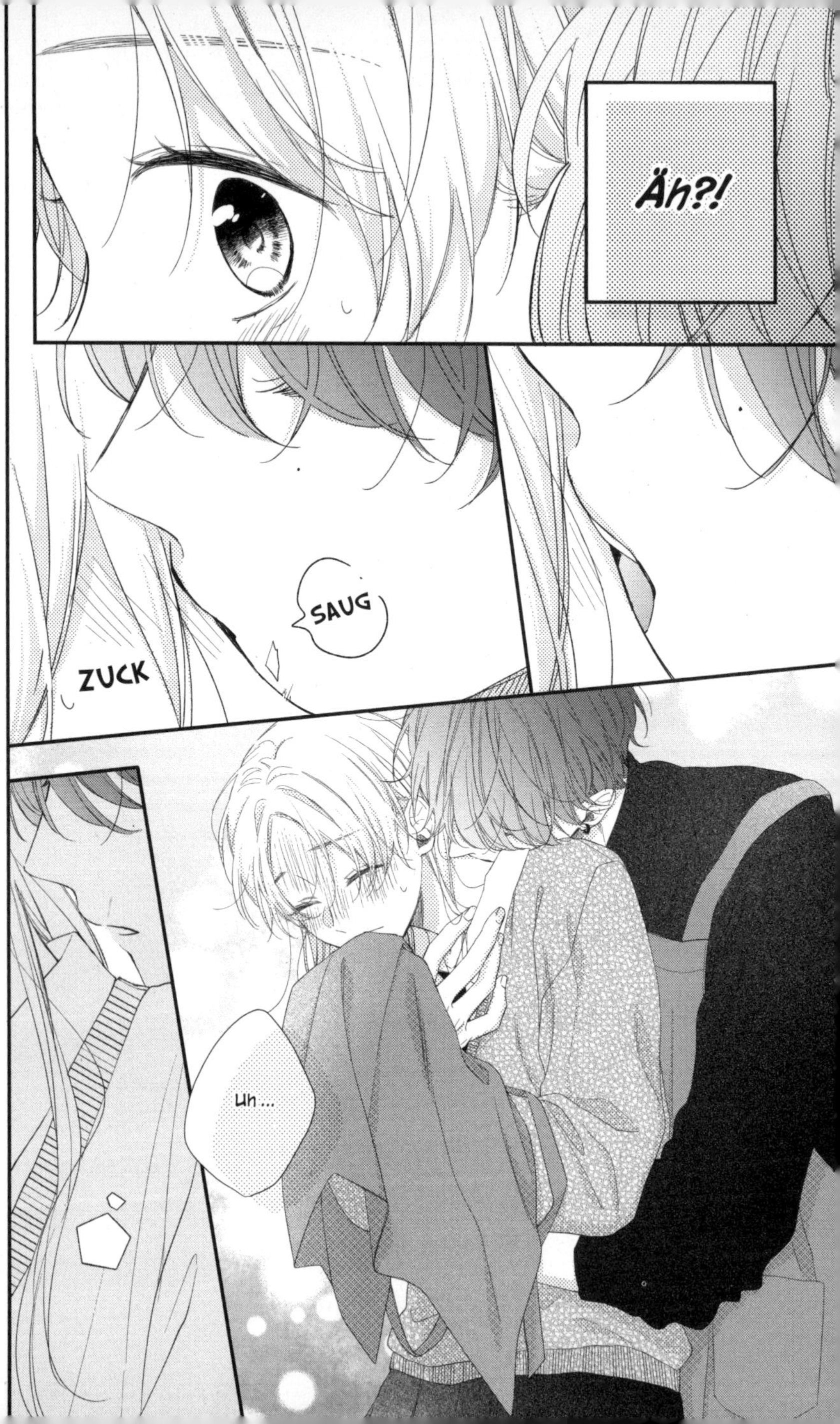
Äh?!
SAUG
ZUCK
Uh ...

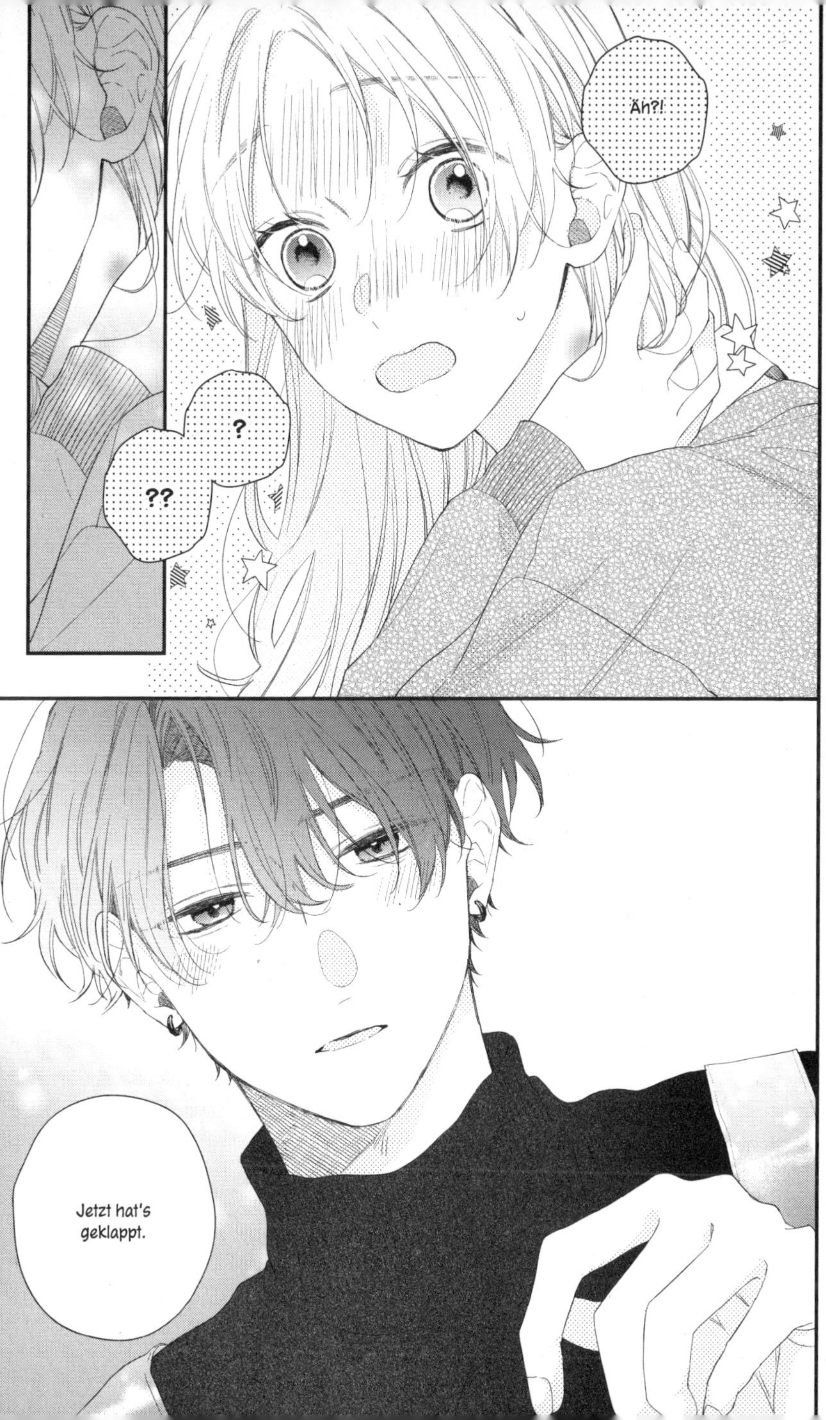
Äh?!
?
??
Jetzt hat's geklappt.

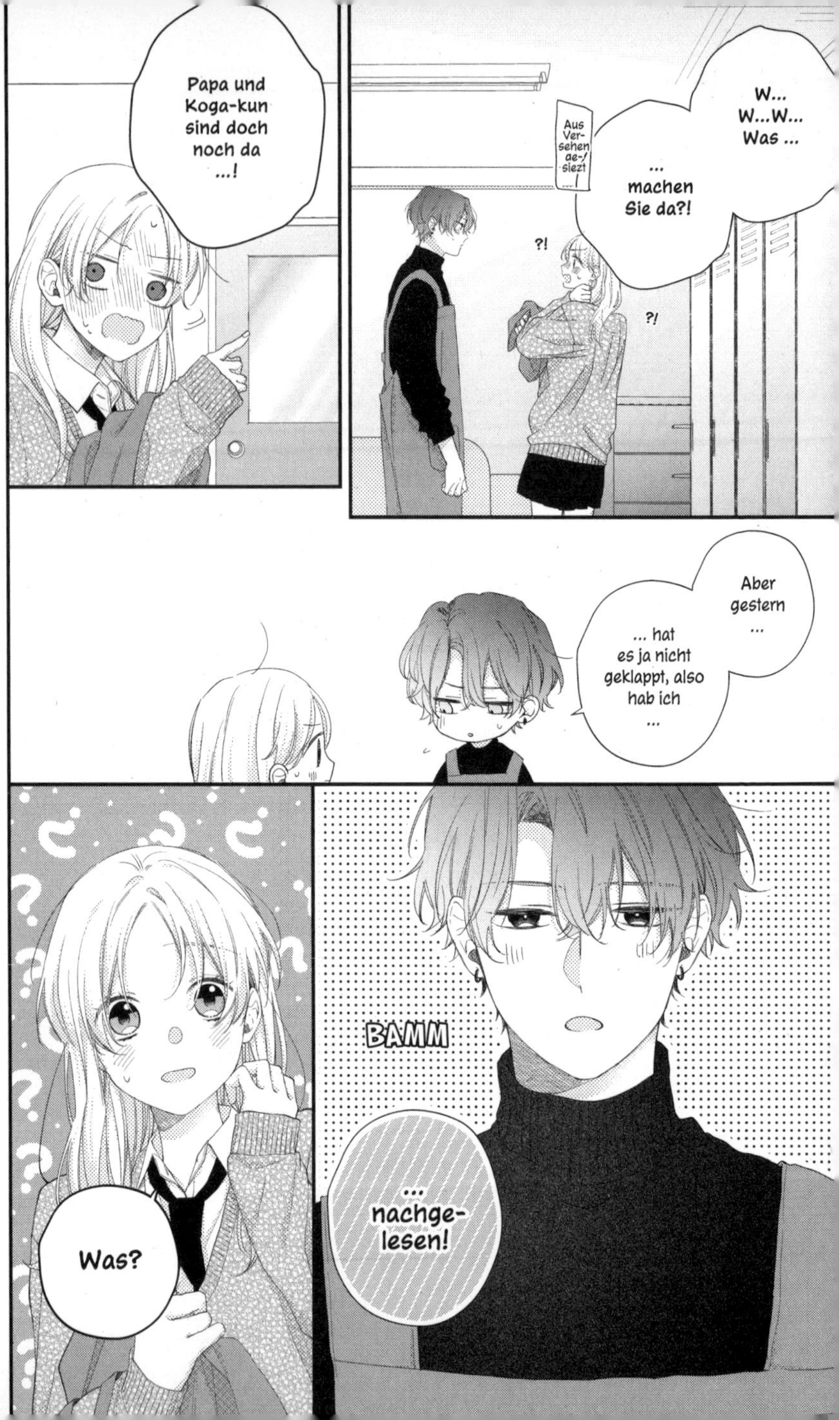
W... W...W... Was ...
... machen Sie da?!
Aus Versehen gesiezt!
?!
?!
Papa und Koga-kun sind doch noch da ...!
Aber gestern ...
... hat es ja nicht geklappt, also hab ich ...
BAMM
... nachgelesen!
Was?

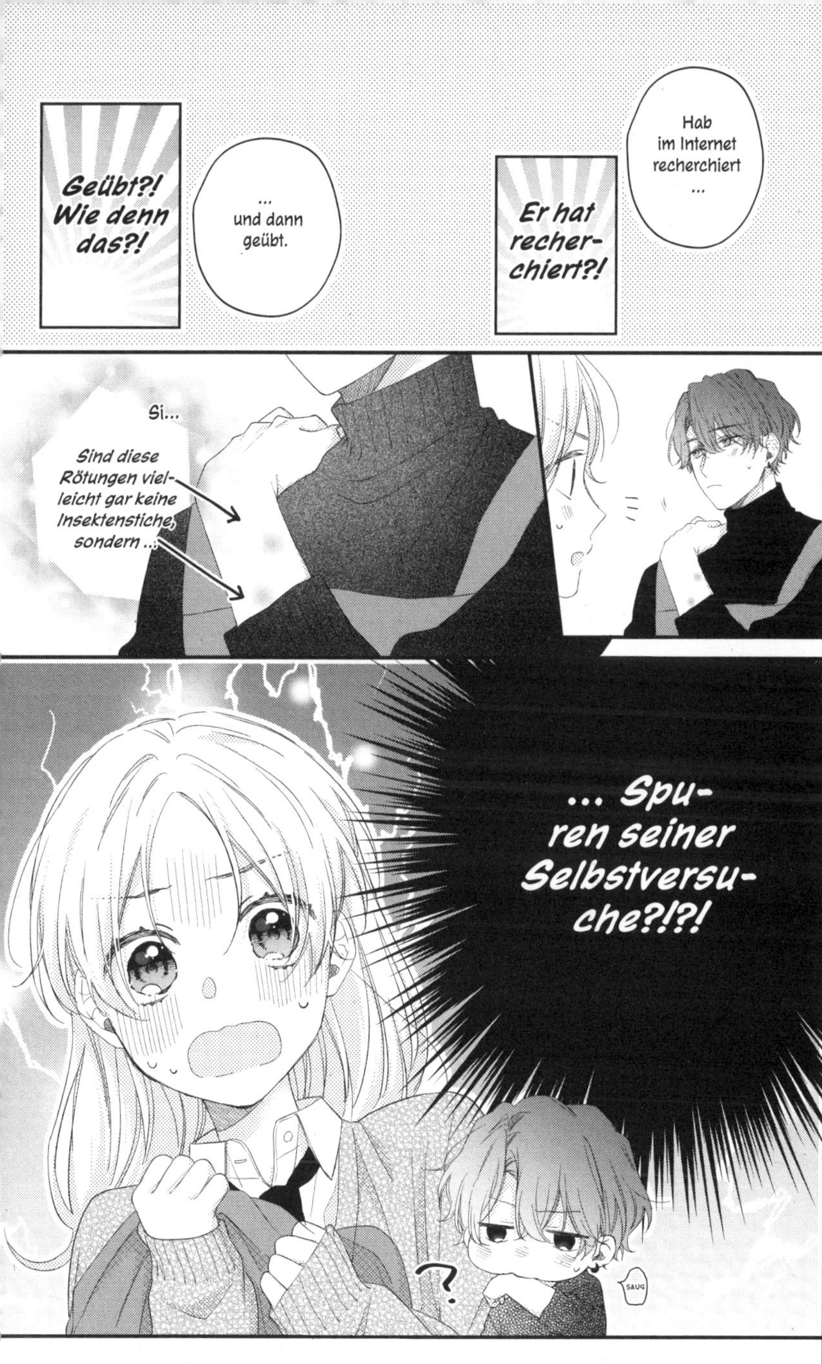
Hab im Internet recherchiert ...
Er hat recher-chiert?!
... und dann geübt.
Geübt?! Wie denn das?!
Si...
Sind diese Rötungen viel-leicht gar keine Insektenstiche, sondern ...
... Spu-ren seiner Selbstversu-che?!?!
?
SAUG

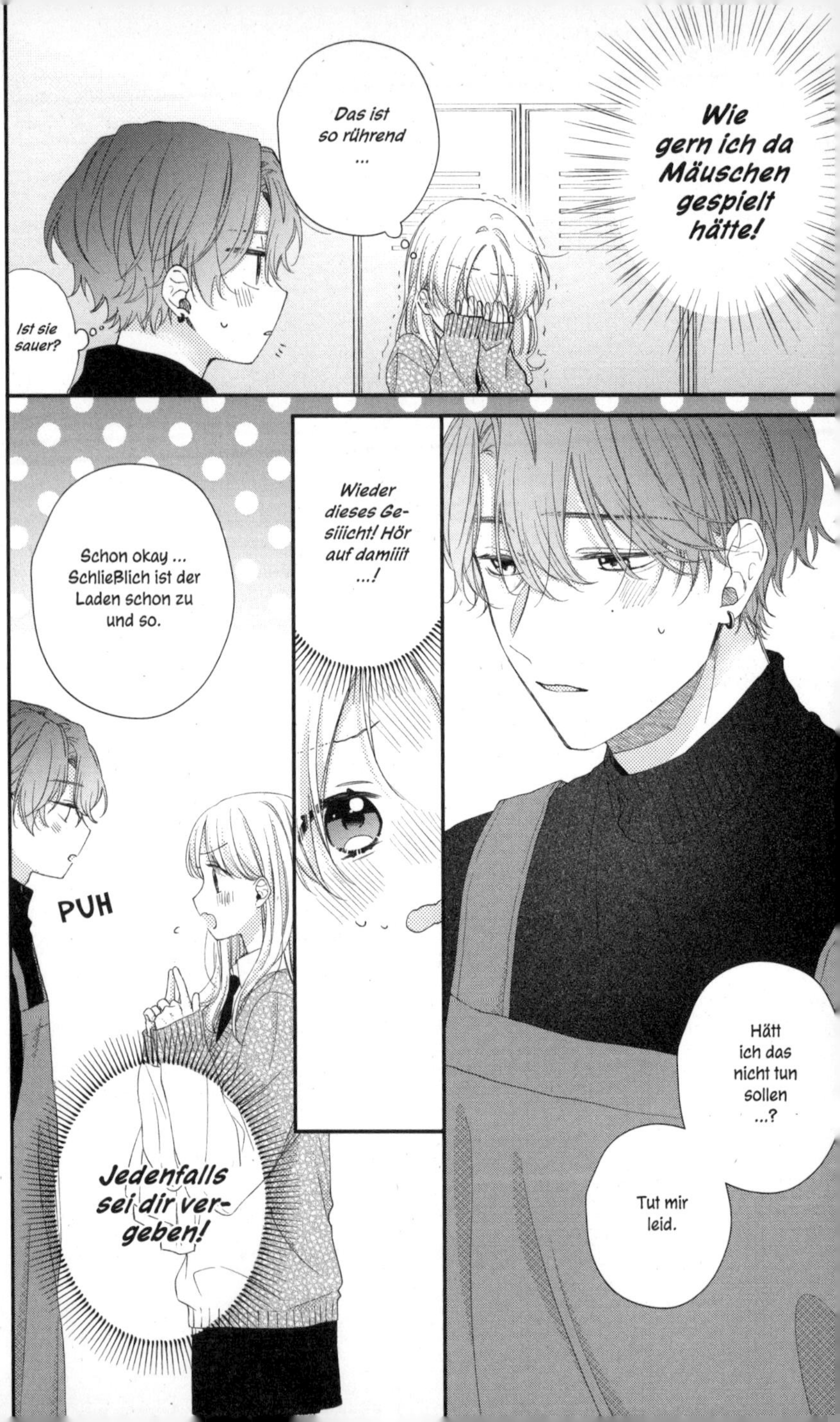
Wie gern ich da Mäuschen gespielt hätte!
Das ist so rührend ...
Ist sie sauer?
Hätt ich das nicht tun sollen ...?
Tut mir leid.
Wieder dieses Ge-siiicht! Hör auf damiiit ...!
Schon okay ... Schließlich ist der Laden schon zu und so.
PUH
Jedenfalls sei dir ver-geben!

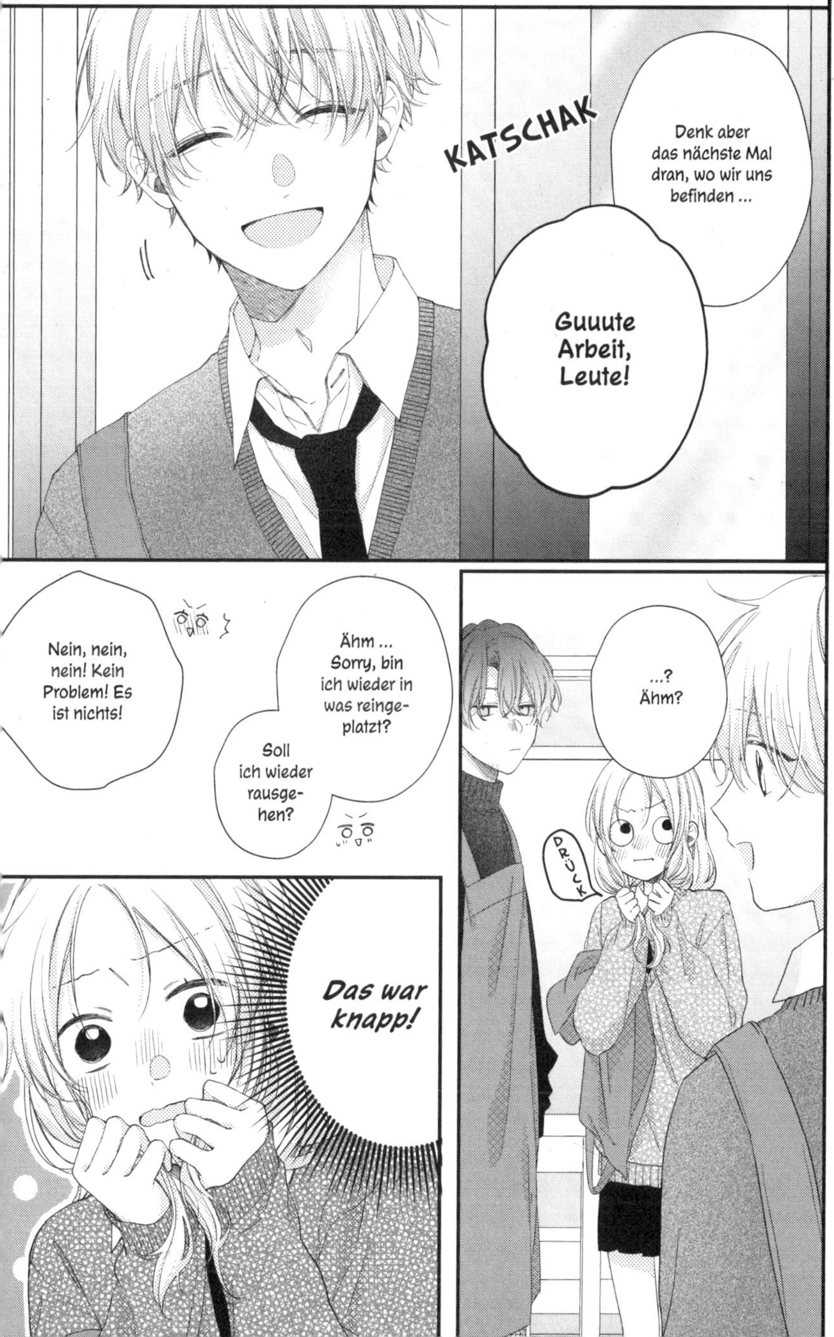
Denk aber das nächste Mal dran, wo wir uns befinden ...
Guuute Arbeit, Leute!
KATSCHAK
...? Ähm?
DRÜCK
Ähm ... Sorry, bin ich wieder in was reinge-platzt?
Soll ich wieder rausge-hen?
Nein, nein, nein! Kein Problem! Es ist nichts!
Das war knapp!

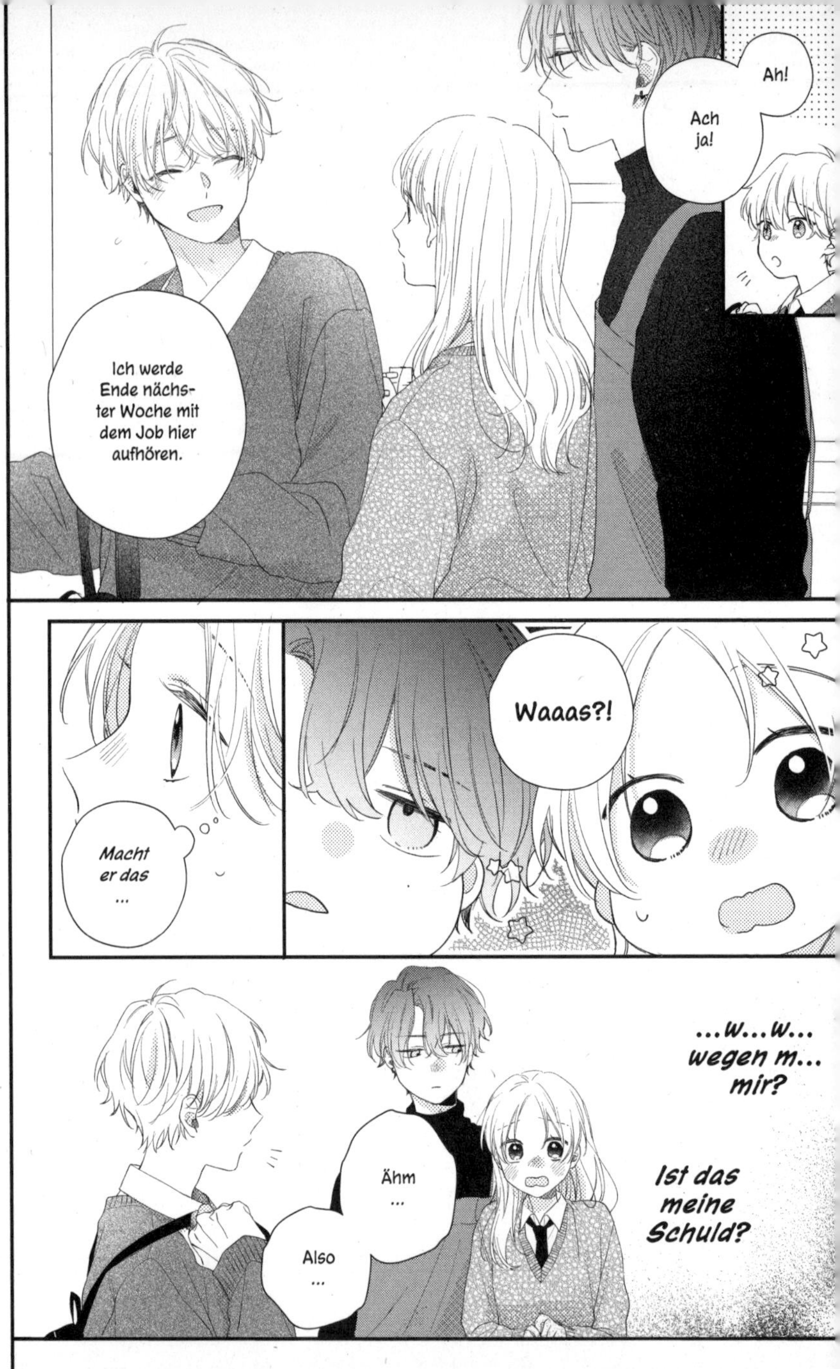
Ah!
Ach ja!
Ich werde Ende nächs-ter Woche mit dem Job hier aufhören.
Waaas?!
Macht er das ...
...w...w... wegen m... mir?
Ist das meine Schuld?
Ähm ...
Also ...

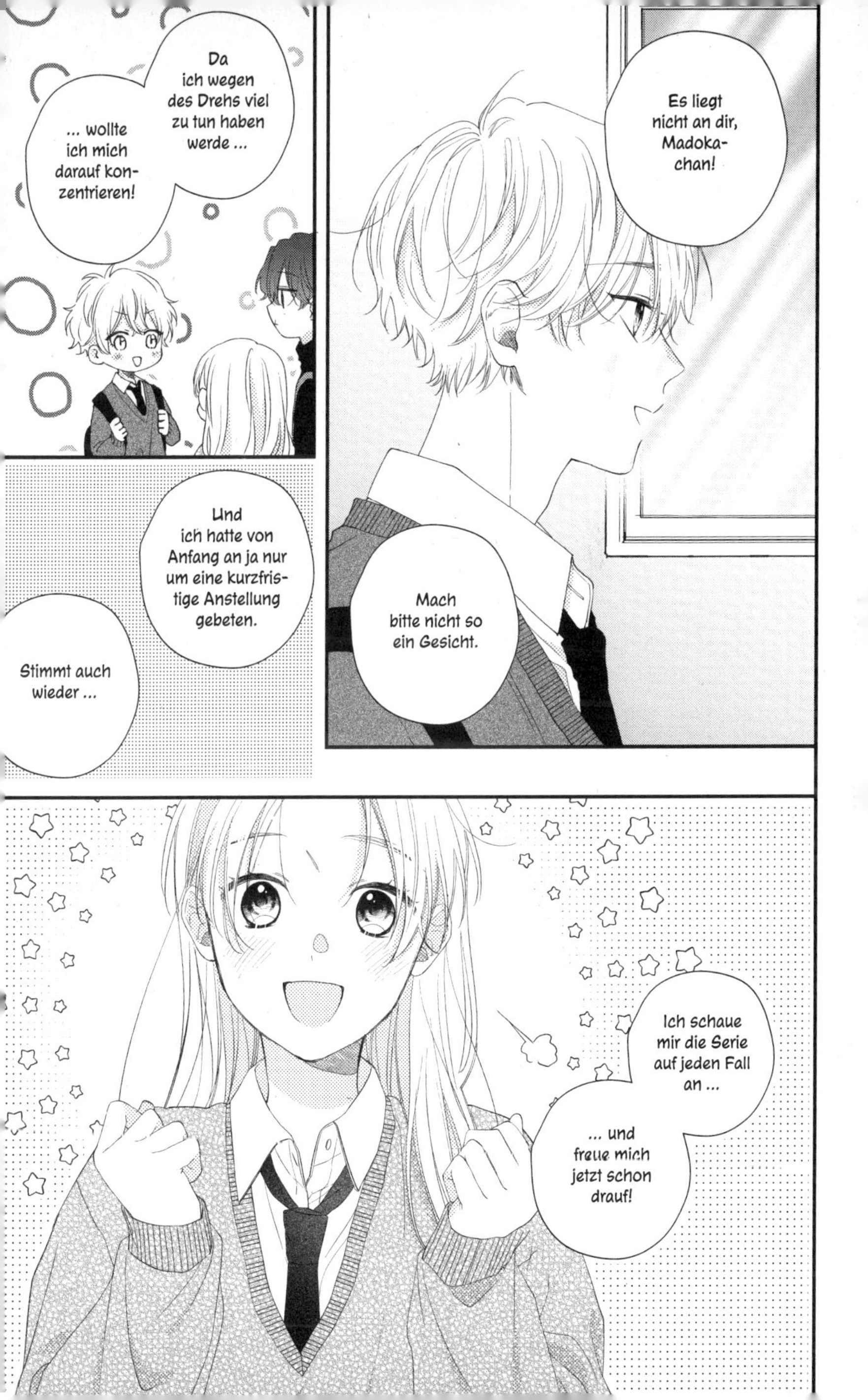
Es liegt nicht an dir, Madoka-chan!
Mach bitte nicht so ein Gesicht.
Da ich wegen des Drehs viel zu tun haben werde ...
... wollte ich mich darauf konzentrieren!
Und ich hatte von Anfang an ja nur um eine kurzfristige Anstellung gebeten.
Stimmt auch wieder ...
Ich schaue mir die Serie auf jeden Fall an ...
... und freue mich jetzt schon drauf!

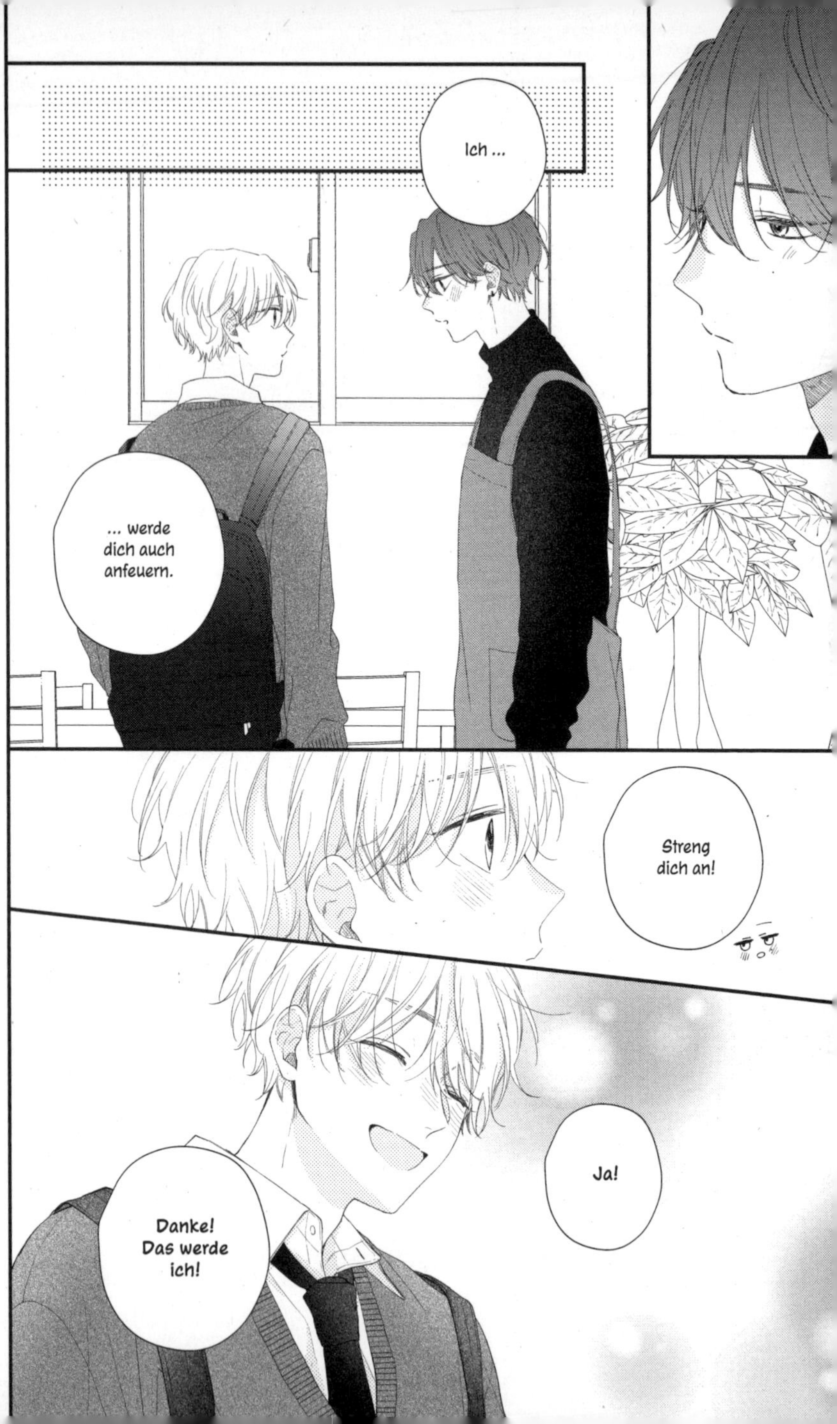
Ich ...
... werde dich auch anfeuern.
Streng dich an!
Ja!
Danke! Das werde ich!

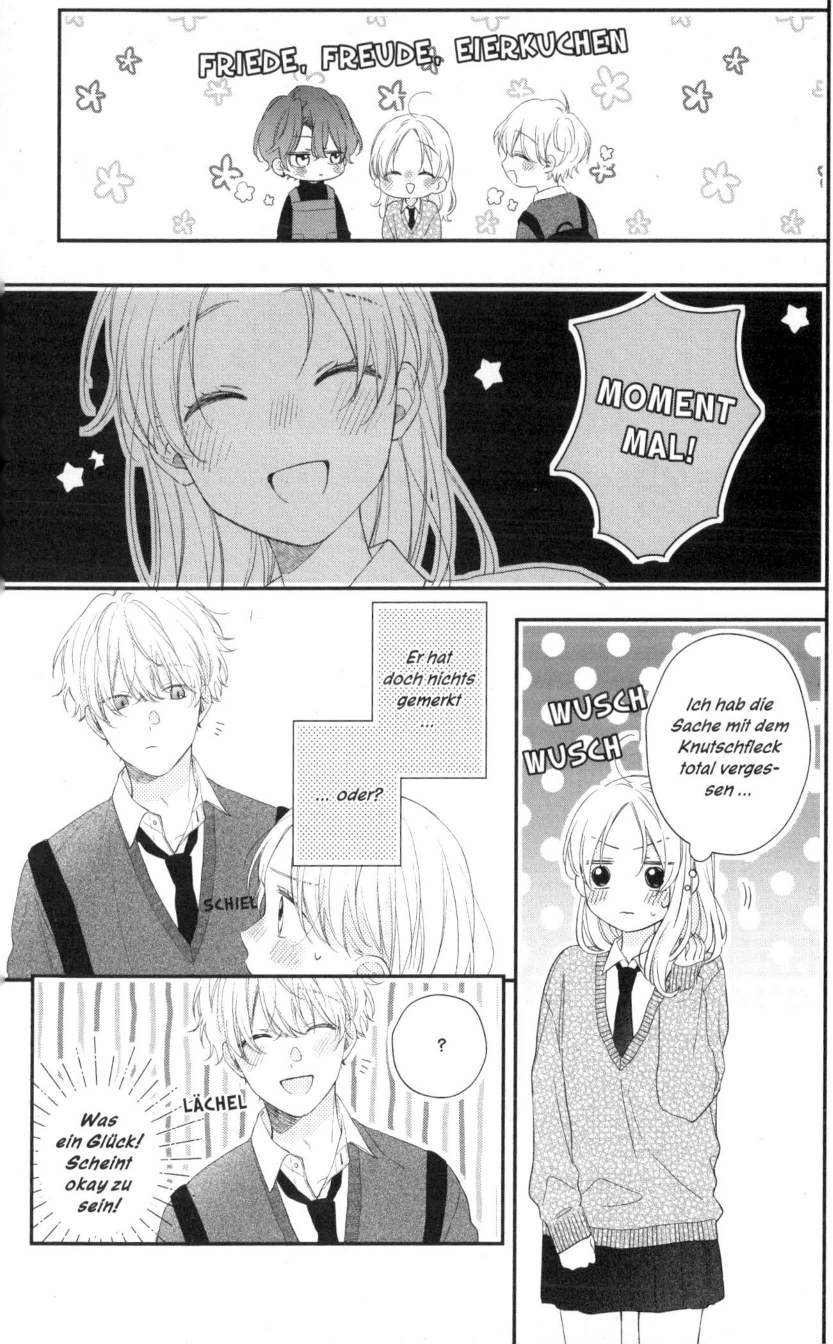
FRIEDE, FREUDE, EIERKUCHEN
MOMENT MAL!
Er hat doch nichts gemerkt …
… oder?
SCHIEL
WUSCH WUSCH
Ich hab die Sache mit dem Knutschfleck total verges-sen …
?
LÄCHEL
Was ein Glück! Scheint okay zu sein!

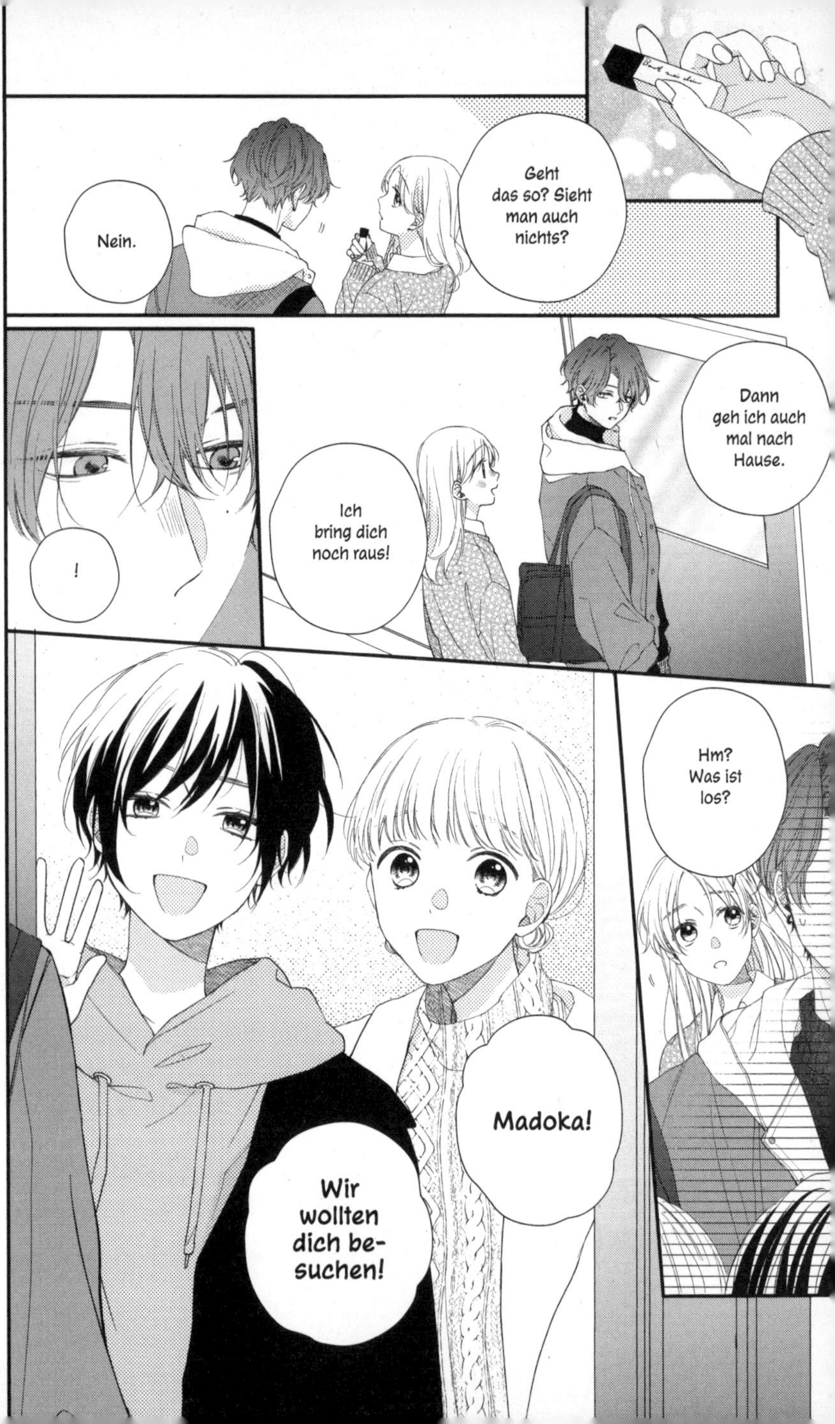
Geht das so? Sieht man auch nichts?
Nein.
Dann geh ich auch mal nach Hause.
Ich bring dich noch raus!
!
Hm? Was ist los?
Madoka!
Wir wollten dich be-suchen!

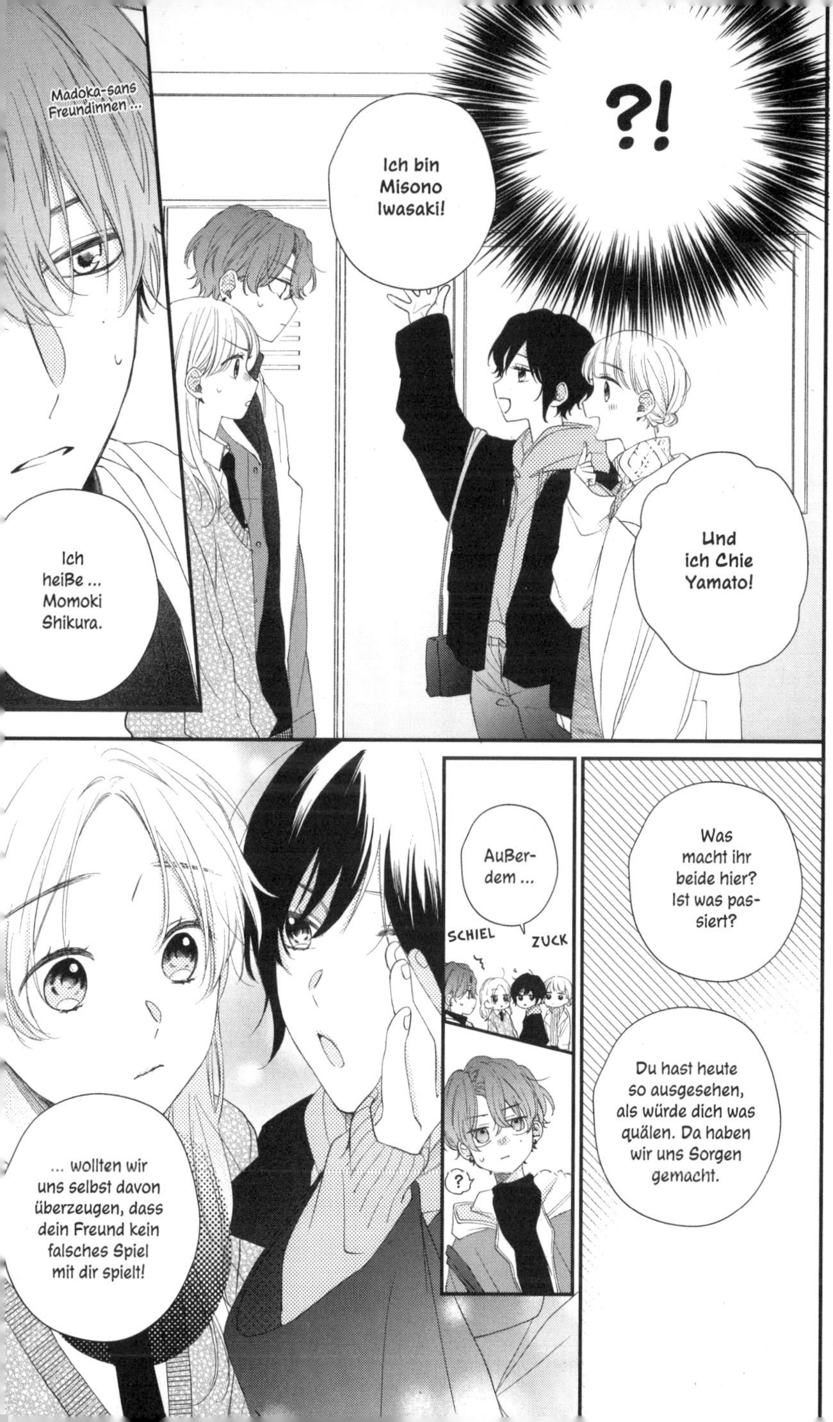
?!
Ich bin Misono Iwasaki!
Und ich Chie Yamato!
Madoka-sans Freundinnen ...
Ich heiße ... Momoki Shikura.
Was macht ihr beide hier? Ist was passiert?
Du hast heute so ausgesehen, als würde dich was quälen. Da haben wir uns Sorgen gemacht.
Außerdem ...
SCHIEL
ZUCK
?
... wollten wir uns selbst davon überzeugen, dass dein Freund kein falsches Spiel mit dir spielt!

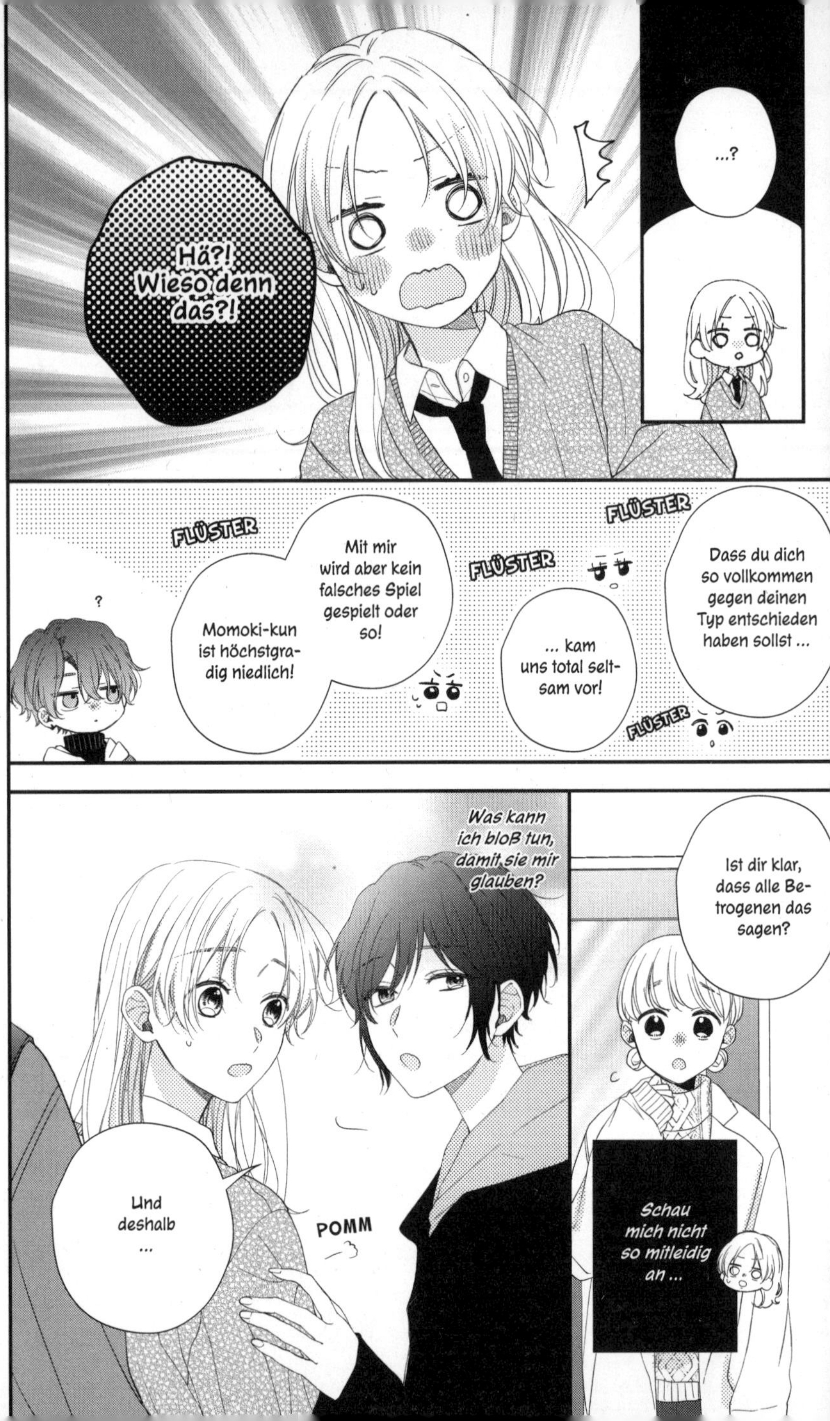
...?
Hä?! Wieso denn das?!
Dass du dich so vollkommen gegen deinen Typ entschieden haben sollst ...
FLÜSTER
... kam uns total seltsam vor!
FLÜSTER
FLÜSTER
Mit mir wird aber kein falsches Spiel gespielt oder so!
Momoki-kun ist höchstgradig niedlich!
FLÜSTER
?
Ist dir klar, dass alle Betrogenen das sagen?
Schau mich nicht so mitleidig an ...
Was kann ich bloß tun, damit sie mir glauben?
POMM
Und deshalb ...

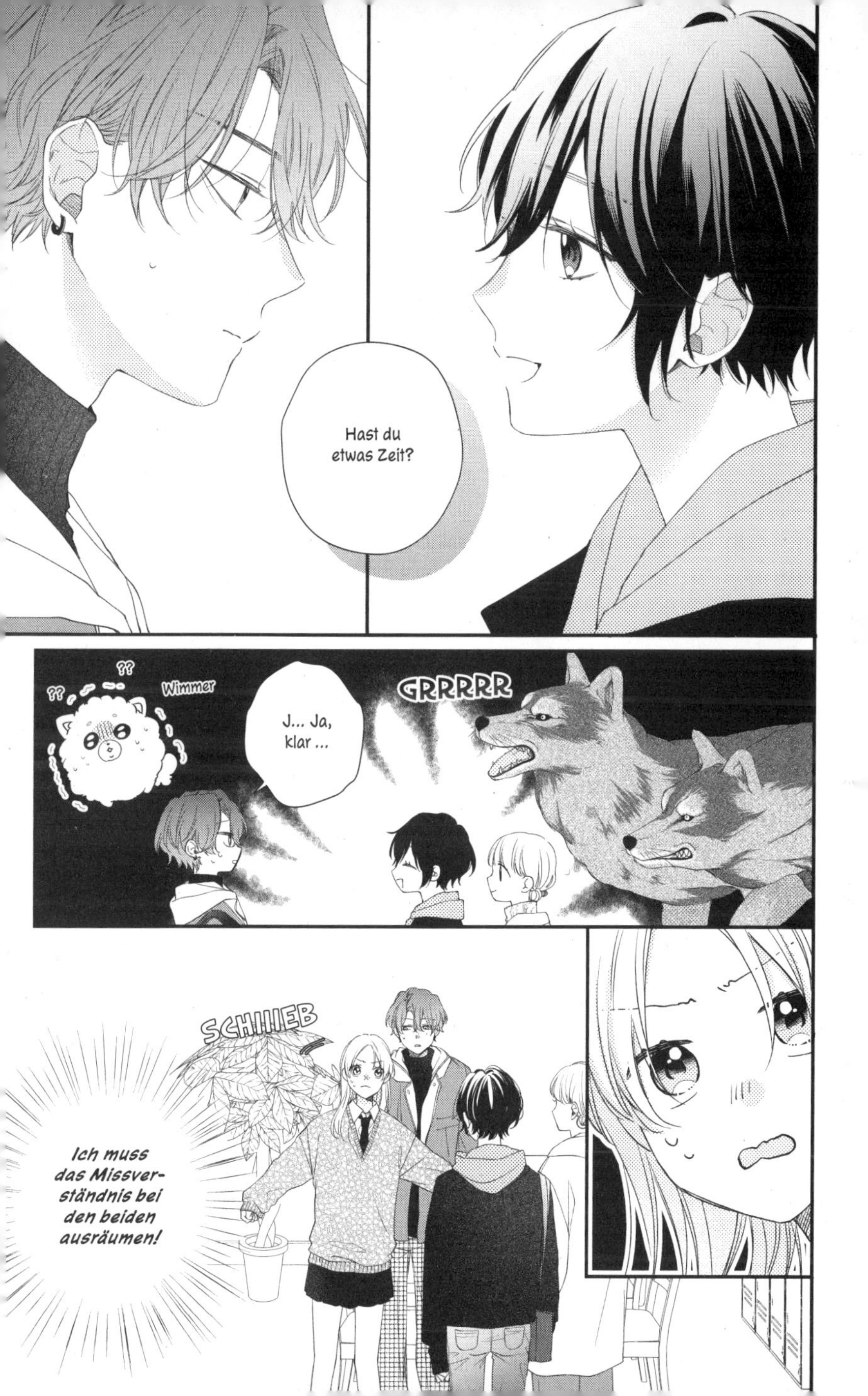
Hast du
etwas Zeit?
GRRRRR
J... Ja,
klar ...
Wimmer
??
??
SCHIIIEB
Ich muss
das Missver-
ständnis bei
den beiden
ausräumen!

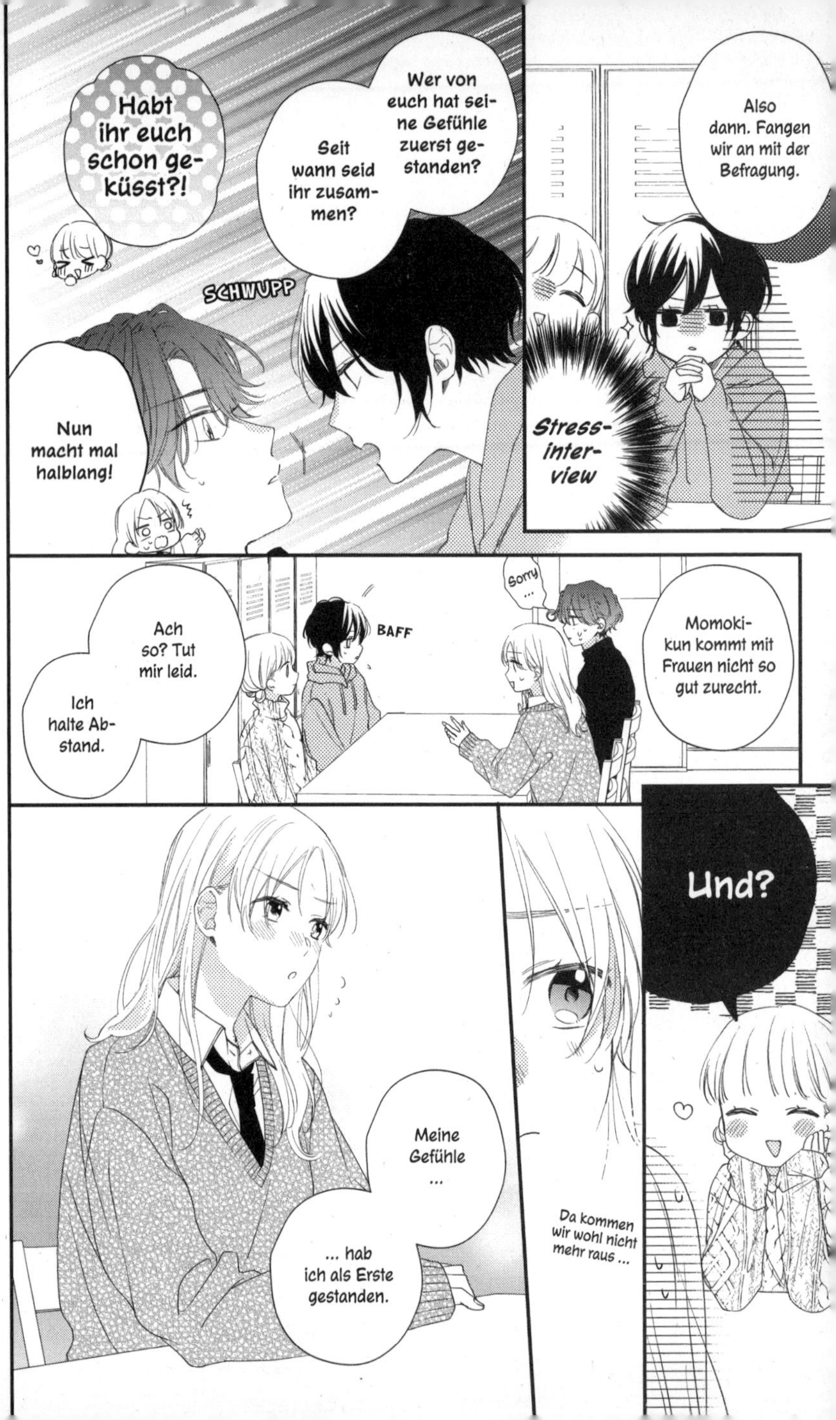
Also dann. Fangen wir an mit der Befragung.
Stress-interview
Wer von euch hat seine Gefühle zuerst gestanden?
Seit wann seid ihr zusammen?
Habt ihr euch schon geküsst?!
SCHWUPP
Nun macht mal halblang!
Momoki-kun kommt mit Frauen nicht so gut zurecht.
Sorry ...
BAFF
Ach so? Tut mir leid.
Ich halte Abstand.
Und?
Da kommen wir wohl nicht mehr raus ...
Meine Gefühle ...
... hab ich als Erste gestanden.

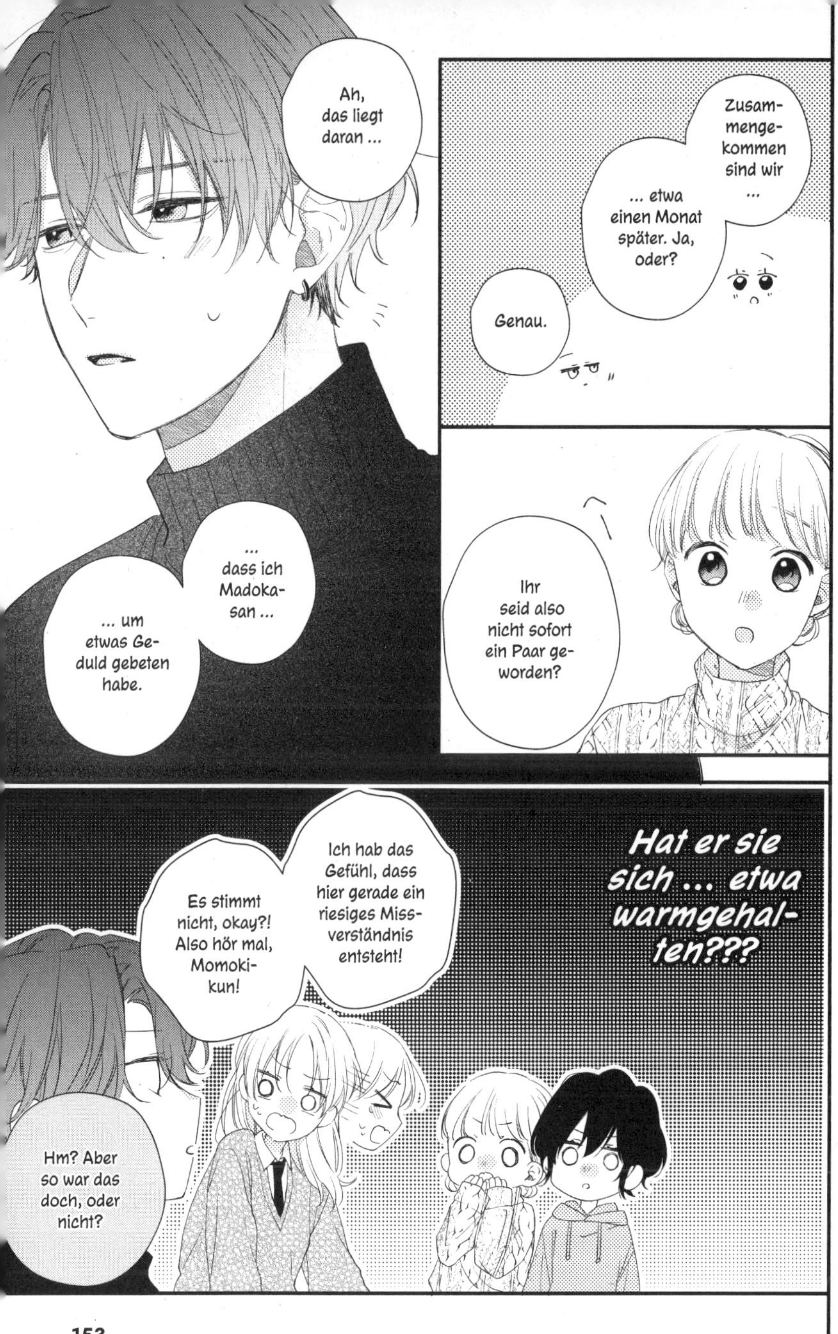
Zusammengekommen sind wir ...
... etwa einen Monat später. Ja, oder?
Genau.
Ihr seid also nicht sofort ein Paar geworden?
Ah, das liegt daran ...
... dass ich Madoka-san ...
... um etwas Geduld gebeten habe.
Hat er sie sich ... etwa warmgehalten???
Ich hab das Gefühl, dass hier gerade ein riesiges Missverständnis entsteht!
Es stimmt nicht, okay?! Also hör mal, Momoki-kun!
Hm? Aber so war das doch, oder nicht?

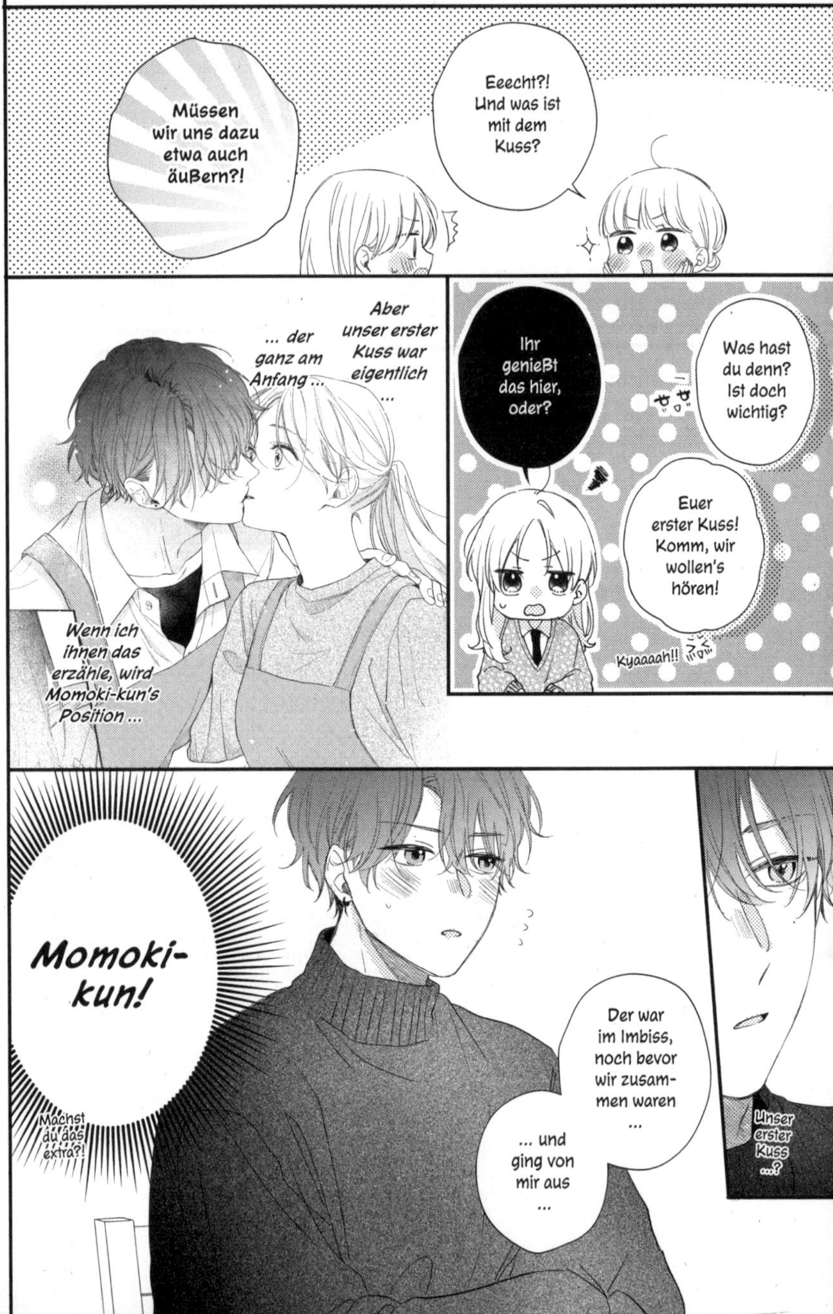
Eeecht?! Und was ist mit dem Kuss?
Müssen wir uns dazu etwa auch äußern?!
Was hast du denn? Ist doch wichtig?
Euer erster Kuss! Komm, wir wollen's hören!
Kyaaaah!!
Ihr genießt das hier, oder?
Aber unser erster Kuss war eigentlich ...
... der ganz am Anfang ...
Wenn ich ihnen das erzähle, wird Momoki-kun's Position ...
Unser erster Kuss ...?
Der war im Imbiss, noch bevor wir zusammen waren ...
... und ging von mir aus ...
Momoki-kun!
Machst du das extra?!

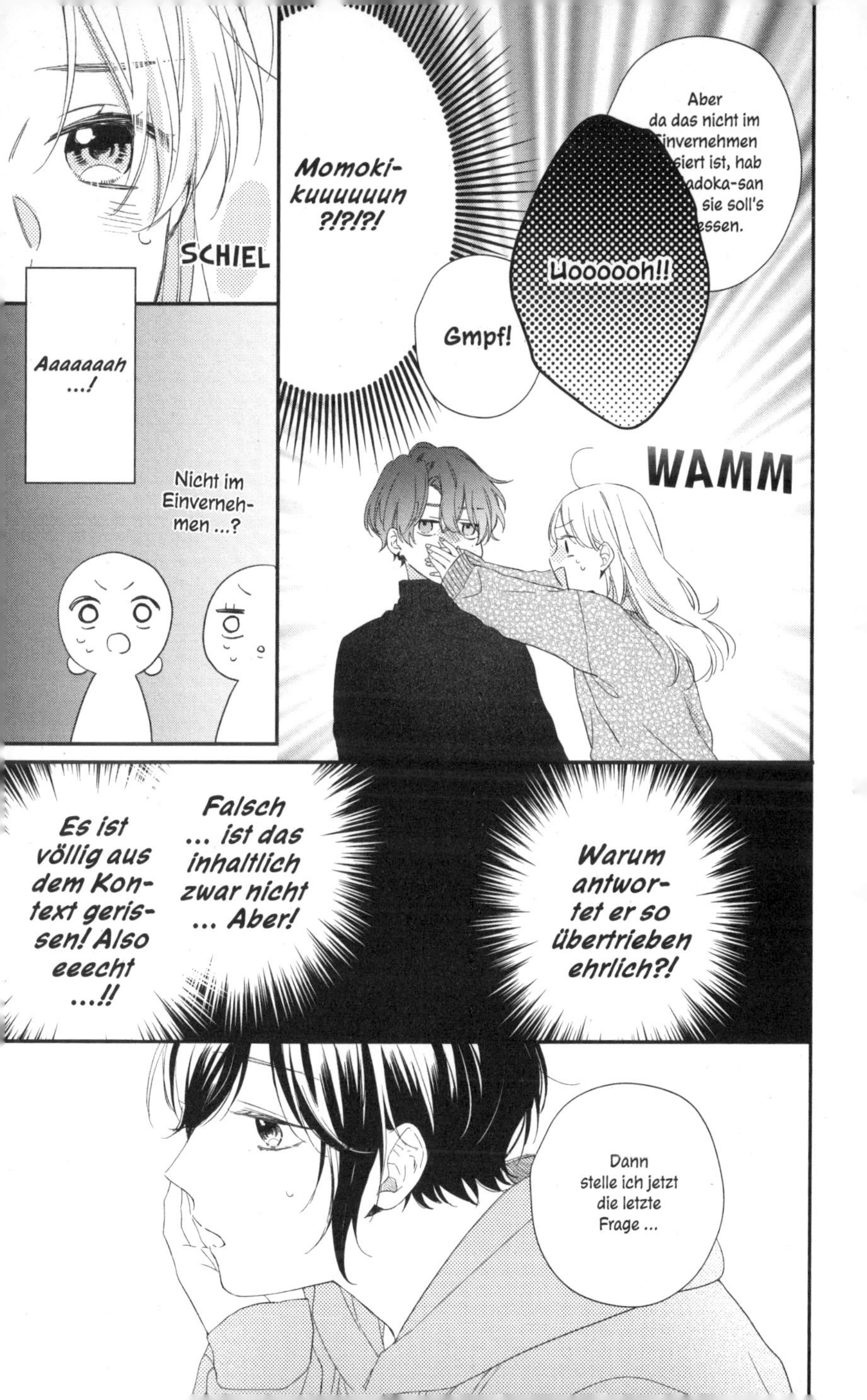

Aber da das nicht im
Einvernehmen
siert ist, hab
adoka-san
sie soll's
essen.
Uoooooh!!
Gmpf!
Momoki-kuuuuuun ?!?!?!
WAMM
SCHIEL
Aaaaaaah ...!
Nicht im Einverneh-men ...?
Warum antwor-tet er so übertrieben ehrlich?!
Falsch ... ist das inhaltlich zwar nicht ... Aber!
Es ist völlig aus dem Kon-text geris-sen! Also eeecht ...!!
Dann stelle ich jetzt die letzte Frage ...

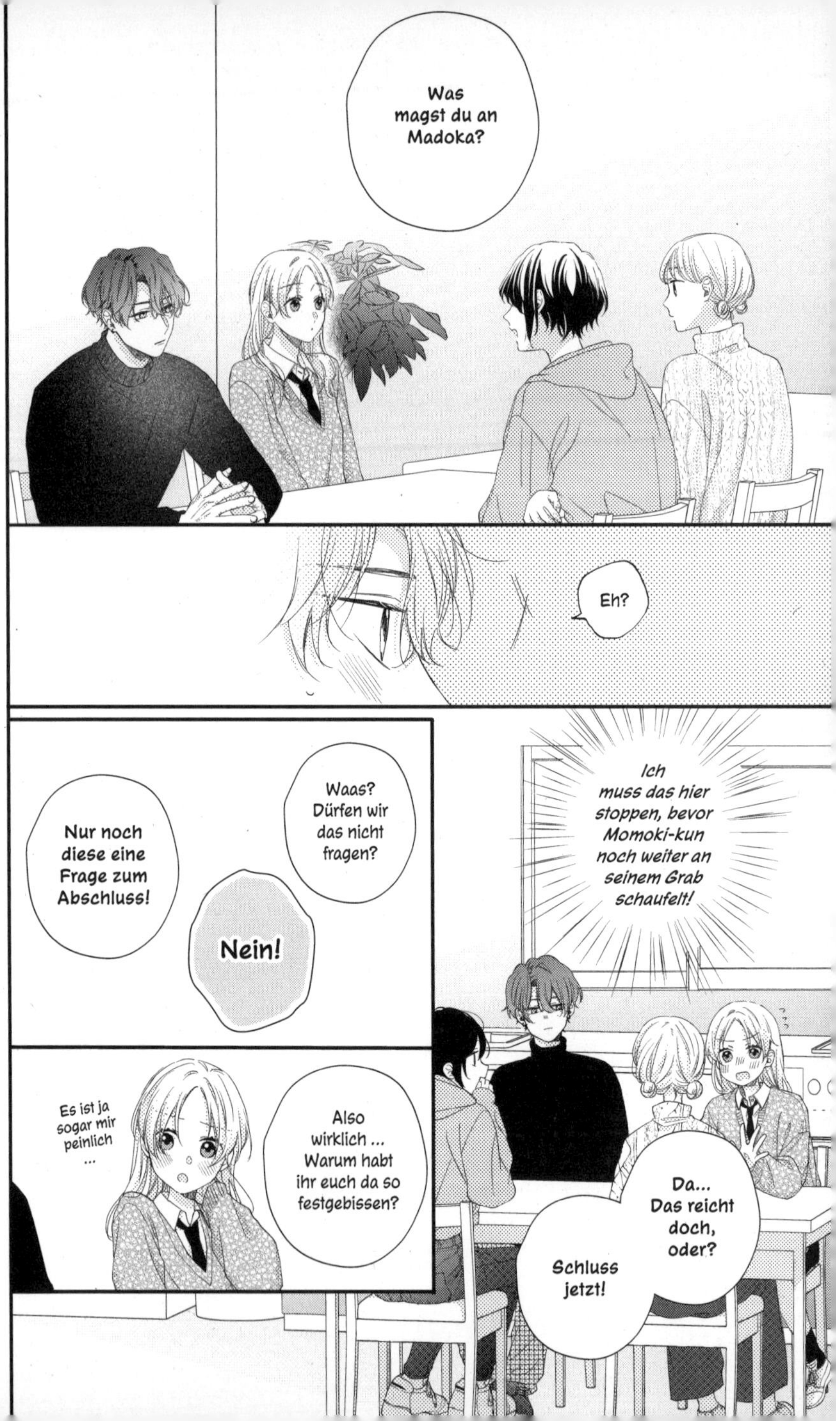
Was magst du an Madoka?
Eh?
Ich muss das hier stoppen, bevor Momoki-kun noch weiter an seinem Grab schaufelt!
Waas? Dürfen wir das nicht fragen?
Nur noch diese eine Frage zum Abschluss!
Nein!
Da... Das reicht doch, oder?
Schluss jetzt!
Also wirklich ... Warum habt ihr euch da so festgebissen?
Es ist ja sogar mir peinlich ...

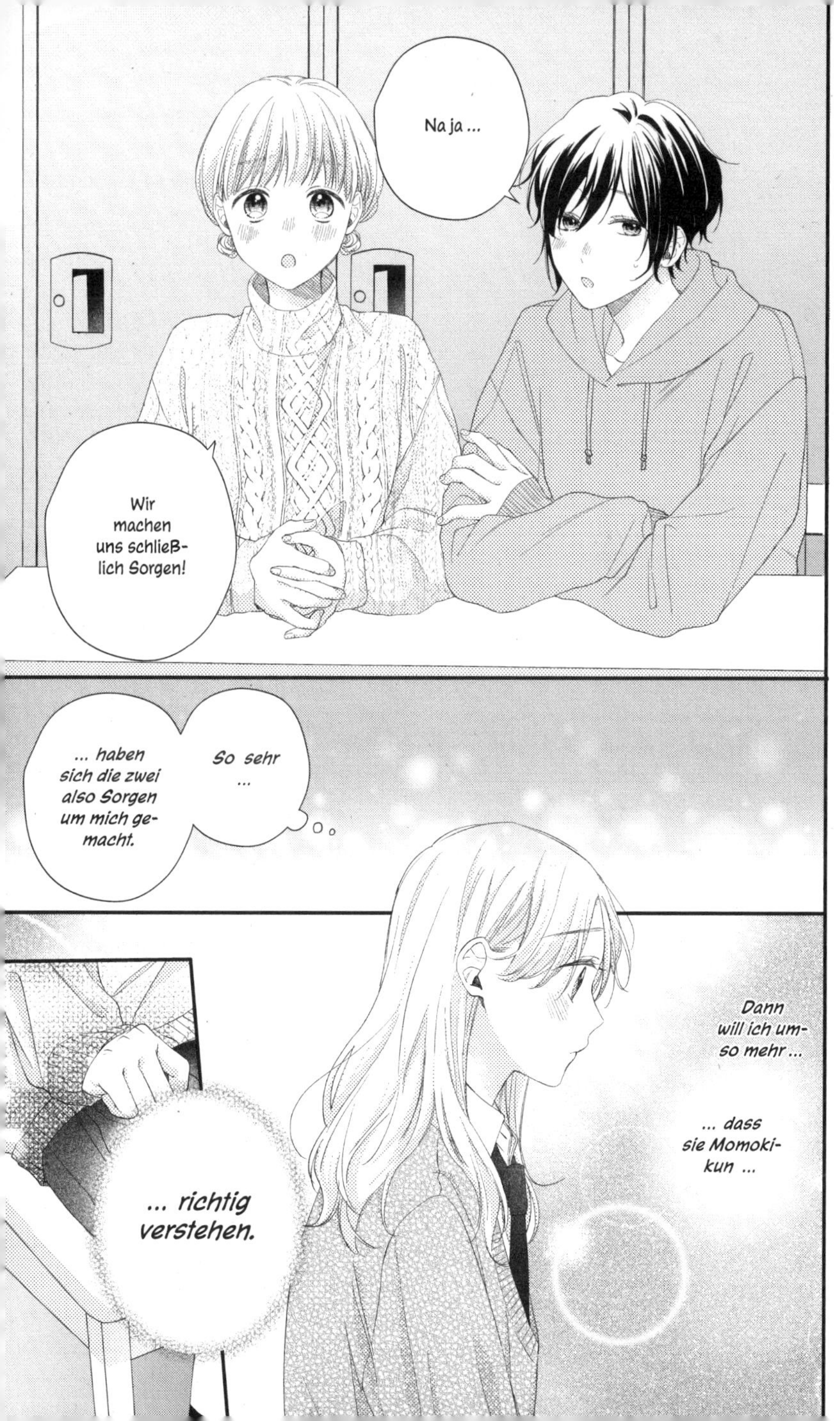
Na ja ...
Wir machen uns schließlich Sorgen!
So sehr ...
... haben sich die zwei also Sorgen um mich gemacht.
Dann will ich umso mehr ...
... dass sie Momoki-kun ...
... richtig verstehen.

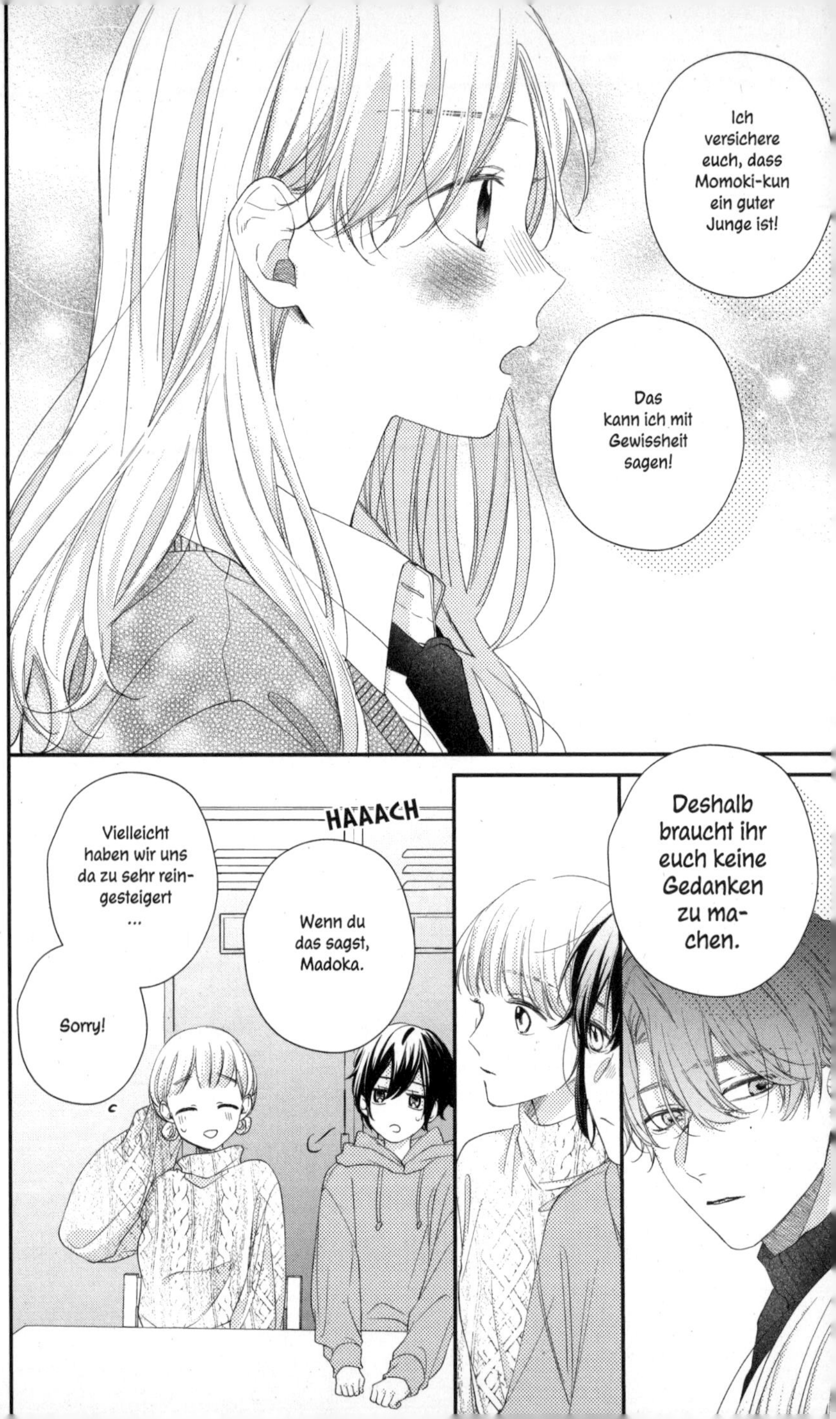
Ich versichere euch, dass Momoki-kun ein guter Junge ist!
Das kann ich mit Gewissheit sagen!
Deshalb braucht ihr euch keine Gedanken zu ma-chen.
HAAACH
Wenn du das sagst, Madoka.
Vielleicht haben wir uns da zu sehr rein-gesteigert ...
Sorry!

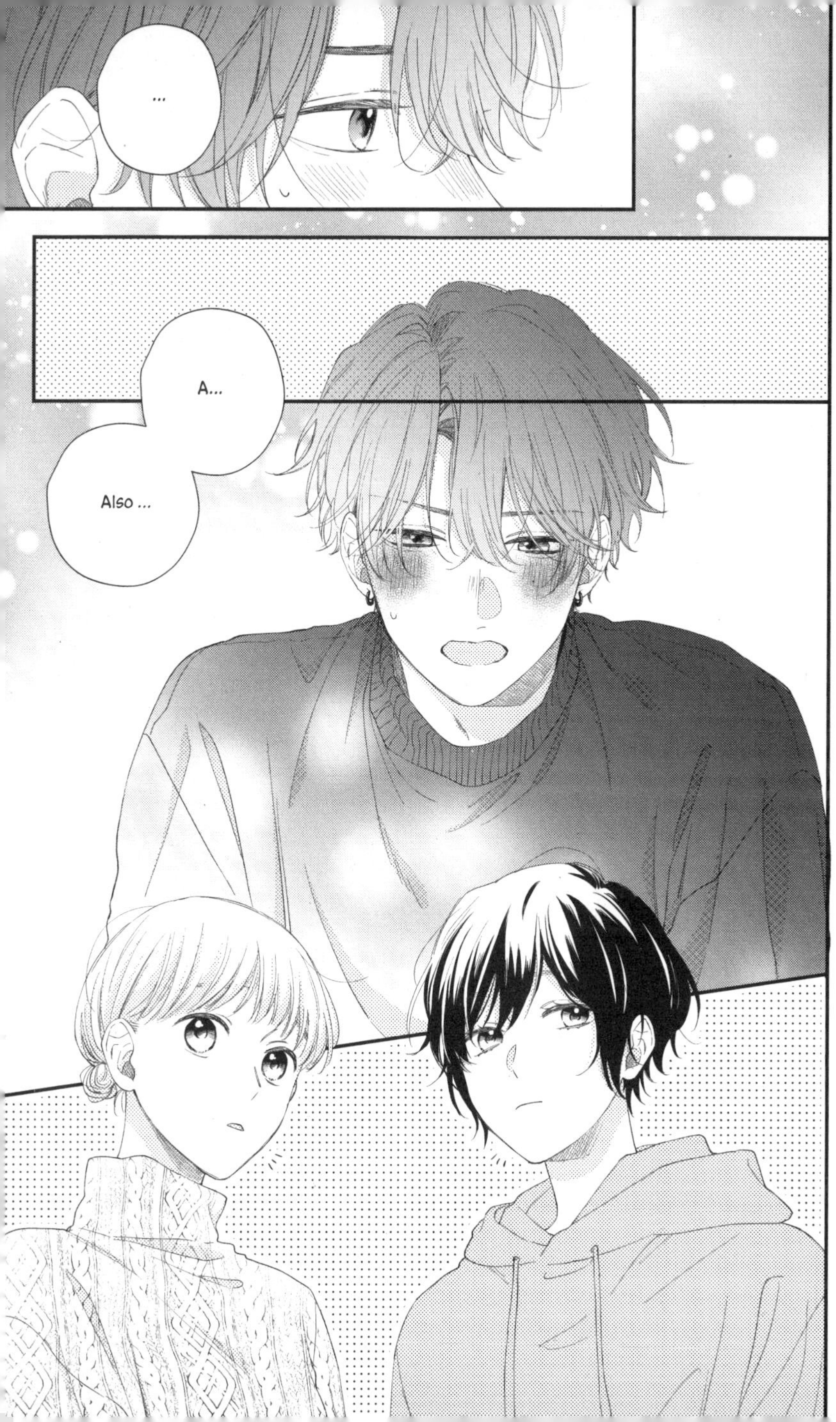
...
A...
Also ...

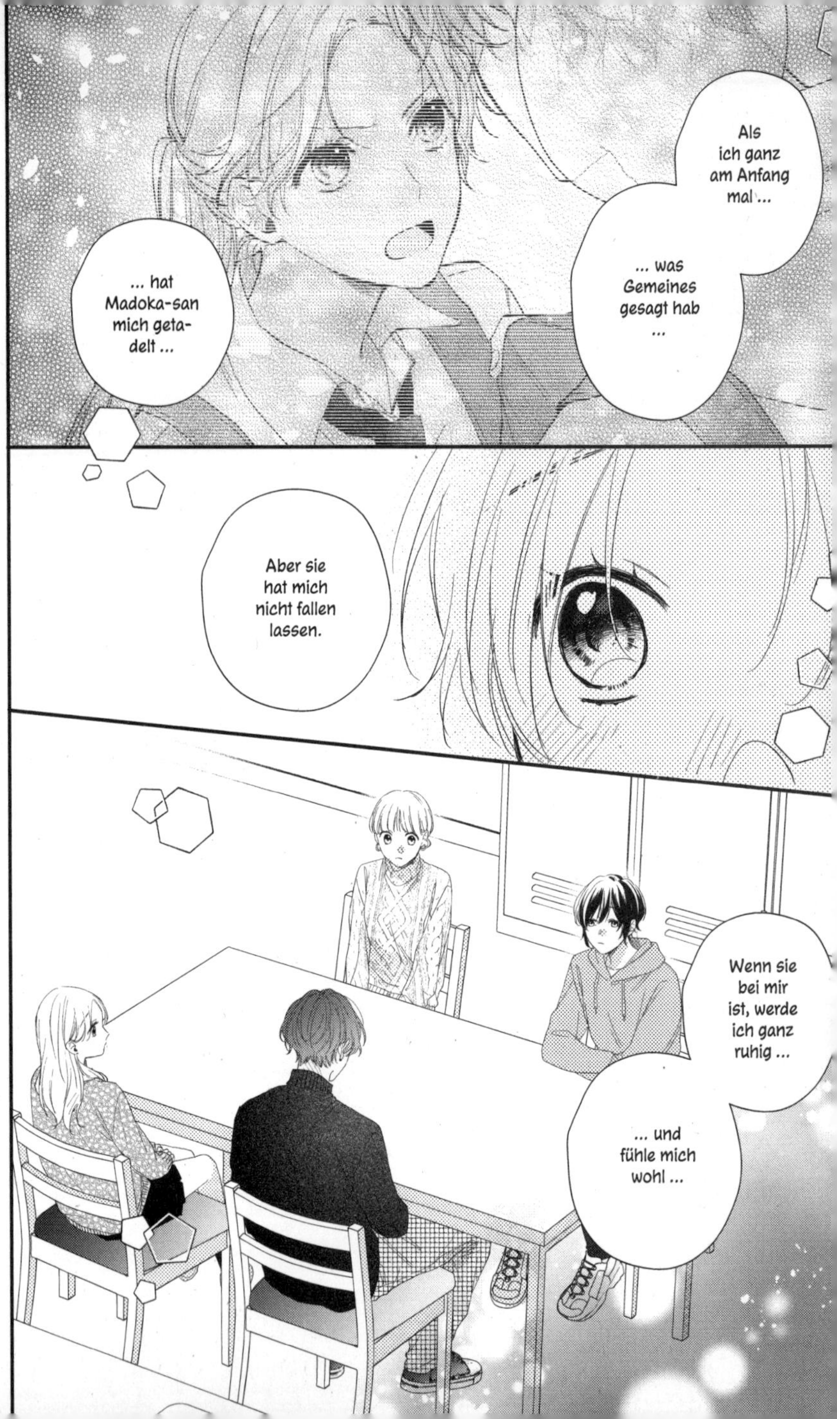

Als ich ganz am Anfang mal ...
... was Gemeines gesagt hab ...
... hat Madoka-san mich geta-delt ...
Aber sie hat mich nicht fallen lassen.
Wenn sie bei mir ist, werde ich ganz ruhig ...
... und fühle mich wohl ...

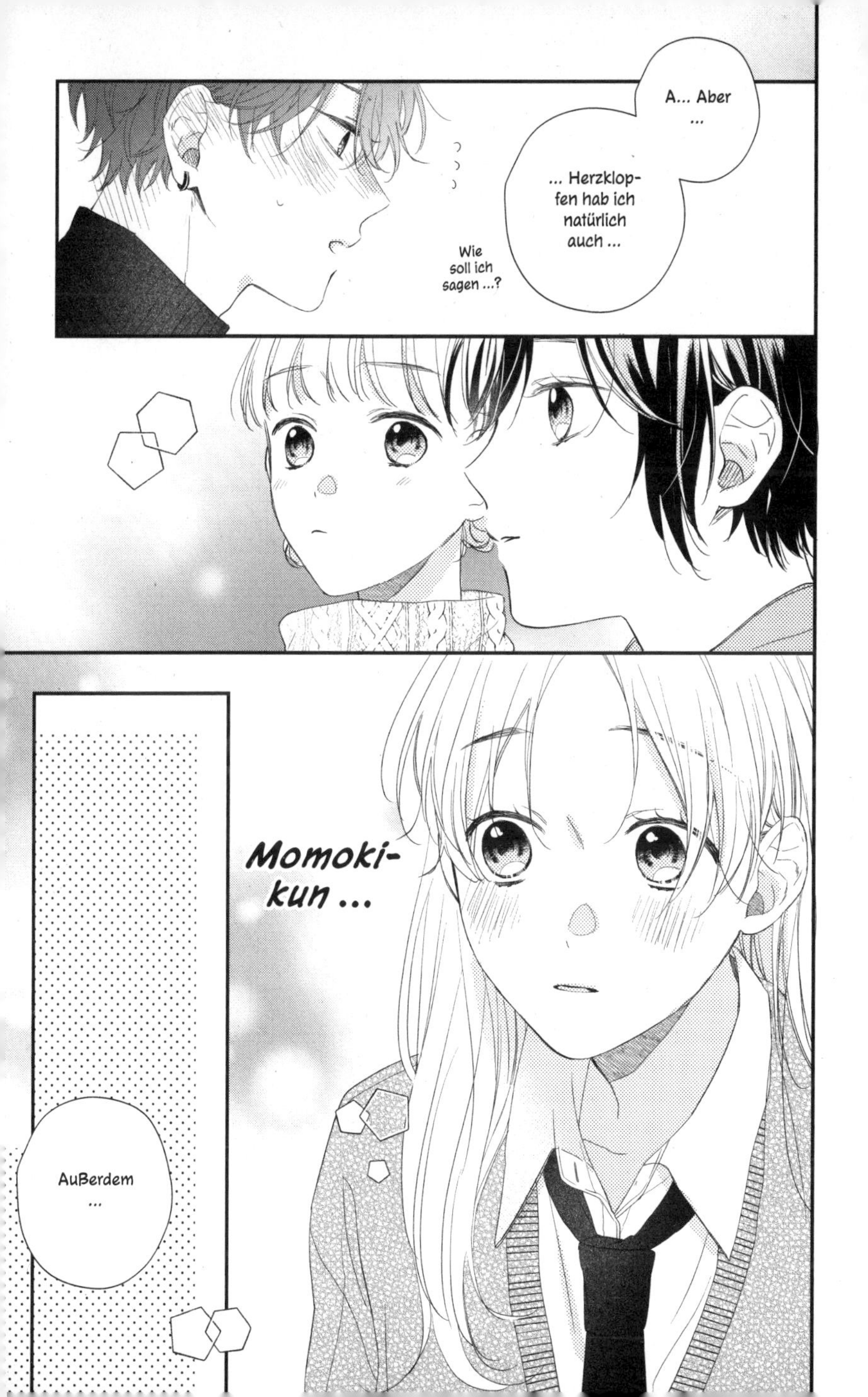
A... Aber ...
... Herzklopfen hab ich natürlich auch ...
Wie soll ich sagen ...?
Momoki-kun ...
Außerdem ...

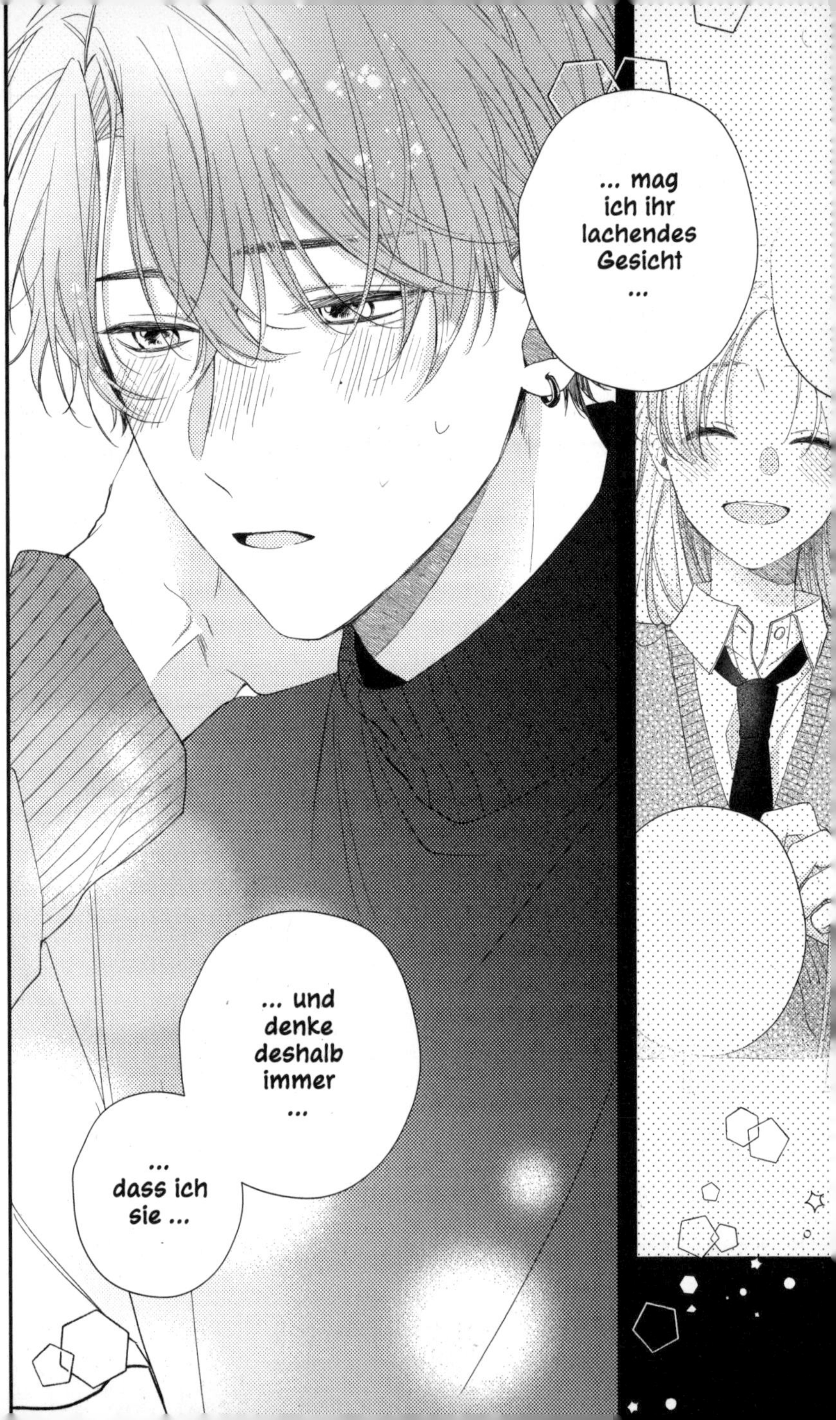
... mag ich ihr lachendes Gesicht ...
... und denke deshalb immer ...
... dass ich sie ...

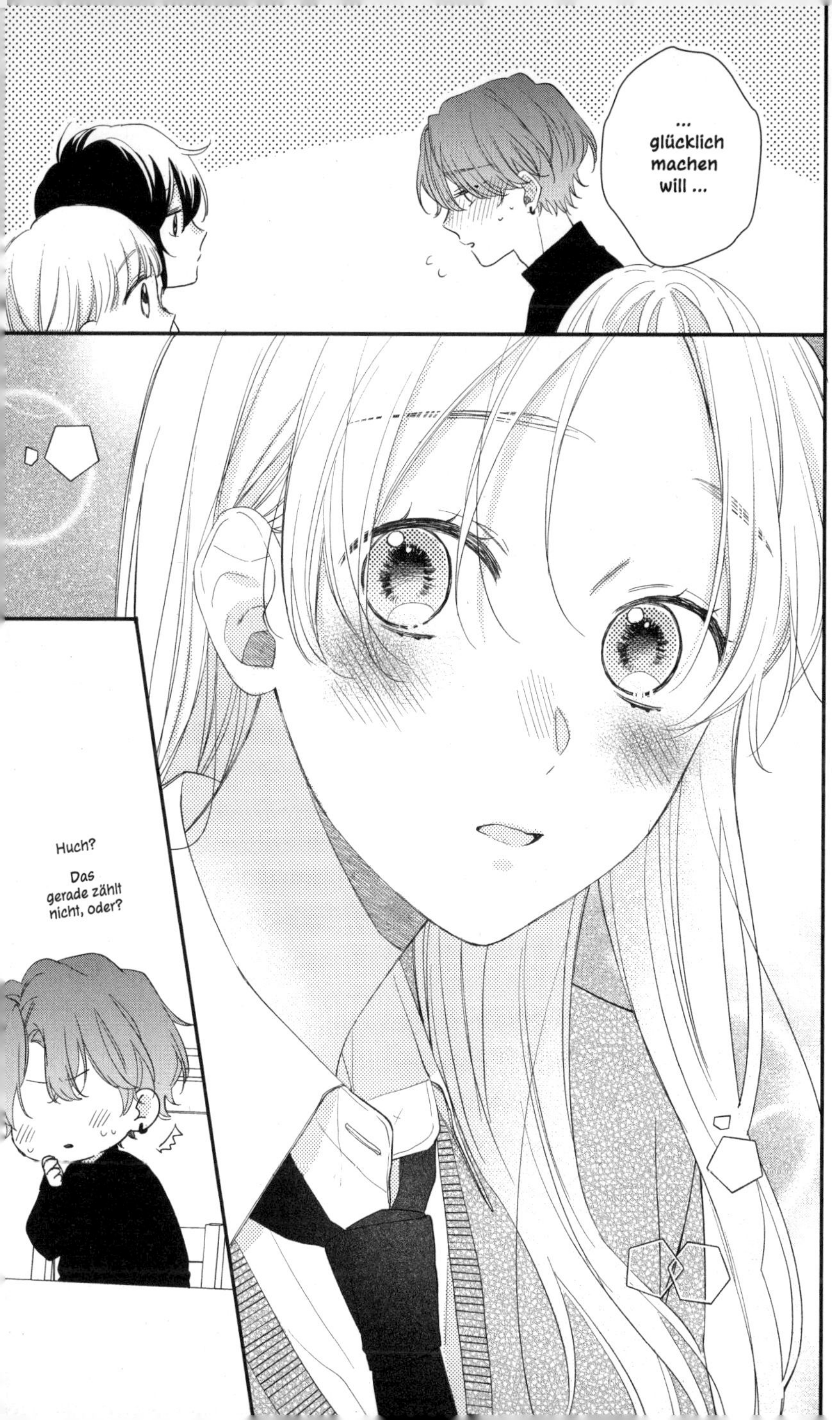
... glücklich machen will ...
Huch?
Das gerade zählt nicht, oder?

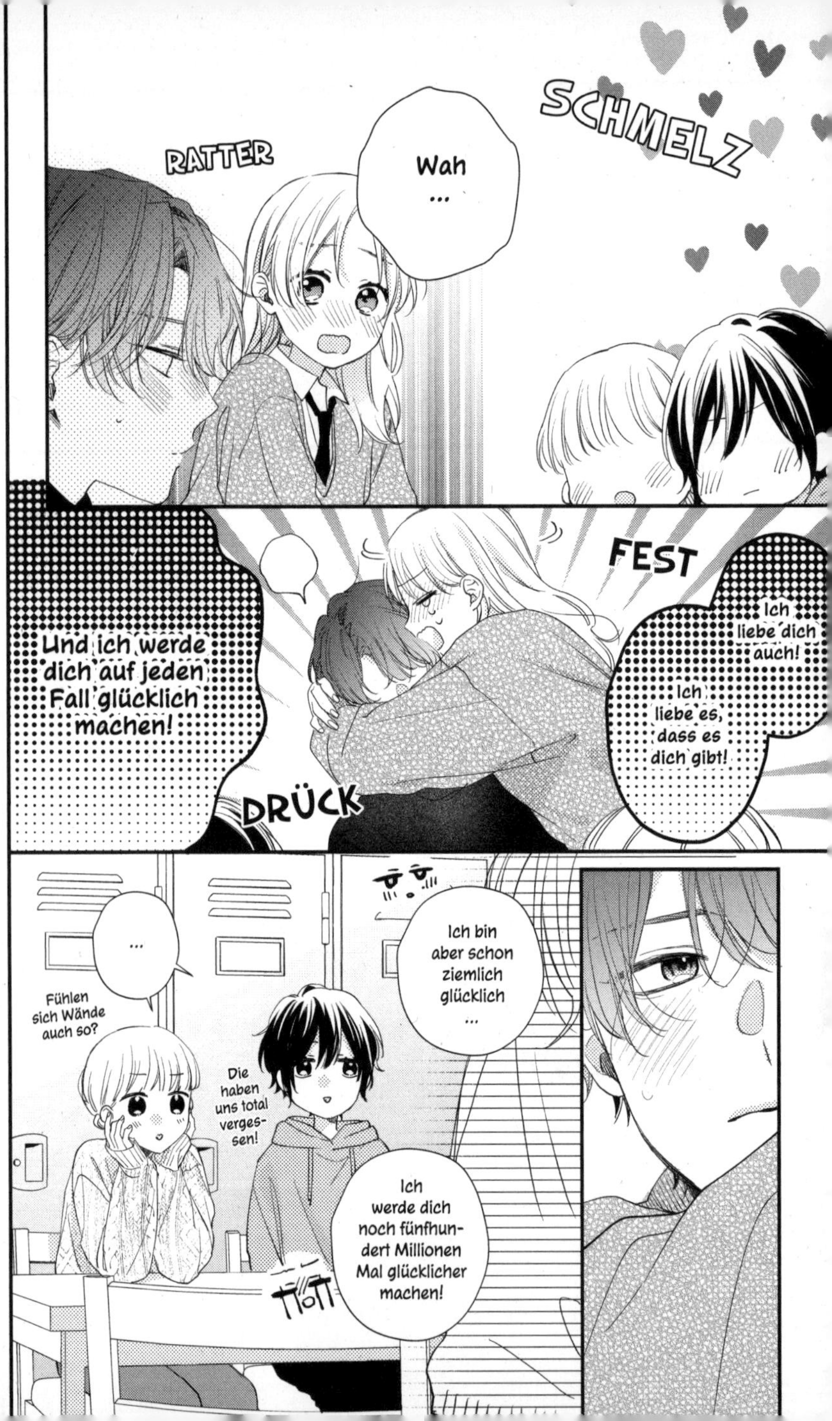
SCHMELZ
Wah ...
RATTER
FEST
Ich liebe dich auch!
Ich liebe es, dass es dich gibt!
Und ich werde dich auf jeden Fall glücklich machen!
DRÜCK
Ich bin aber schon ziemlich glücklich ...
Ich werde dich noch fünfhundert Millionen Mal glücklicher machen!
...
Fühlen sich Wände auch so?
Die haben uns total vergessen!

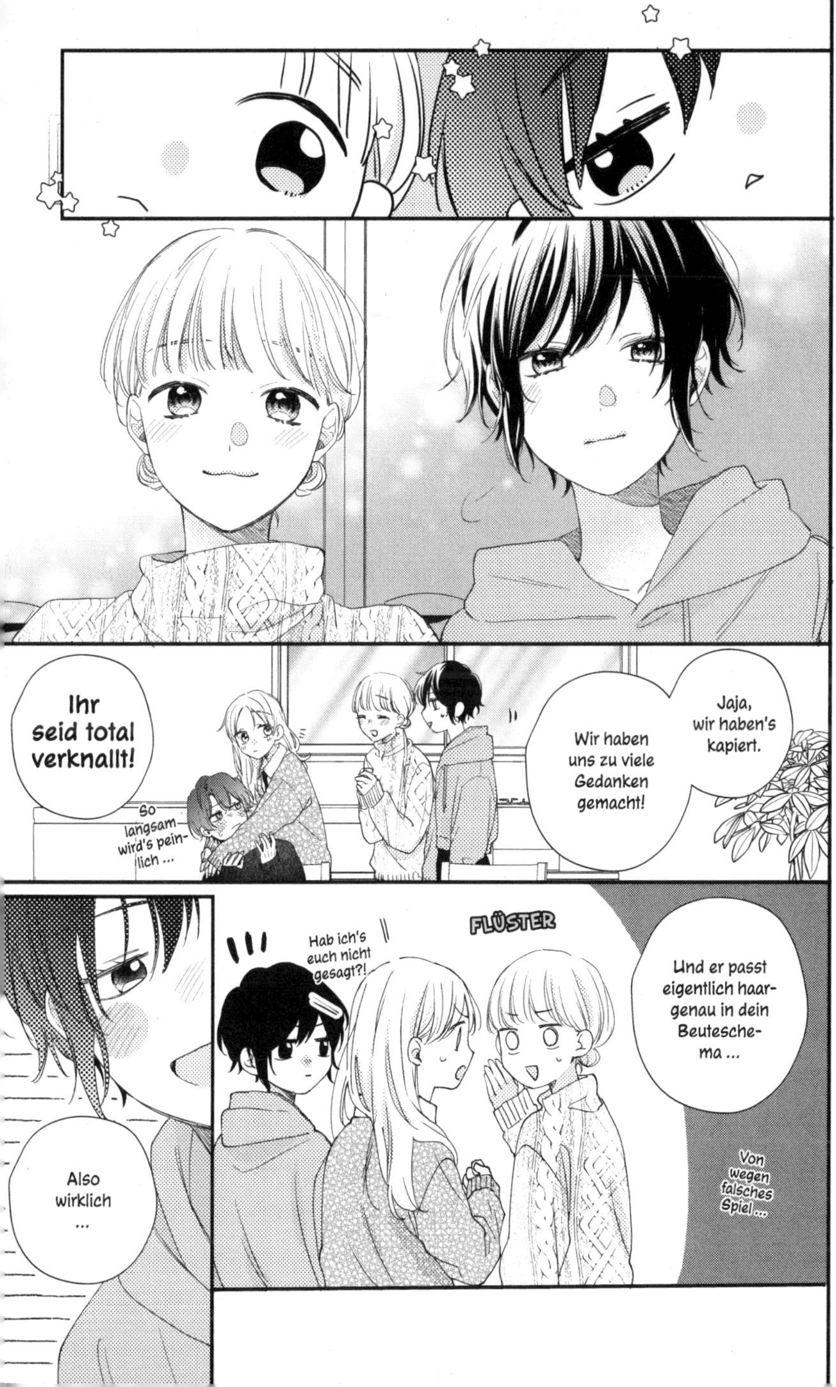
Jaja, wir haben's kapiert.
Wir haben uns zu viele Gedanken gemacht!
Ihr seid total verknallt!
So langsam wird's peinlich ...
FLÜSTER
Und er passt eigentlich haargenau in dein Beuteschema ...
Von wegen falsches Spiel ...
Hab ich's euch nicht gesagt?!
Also wirklich ...

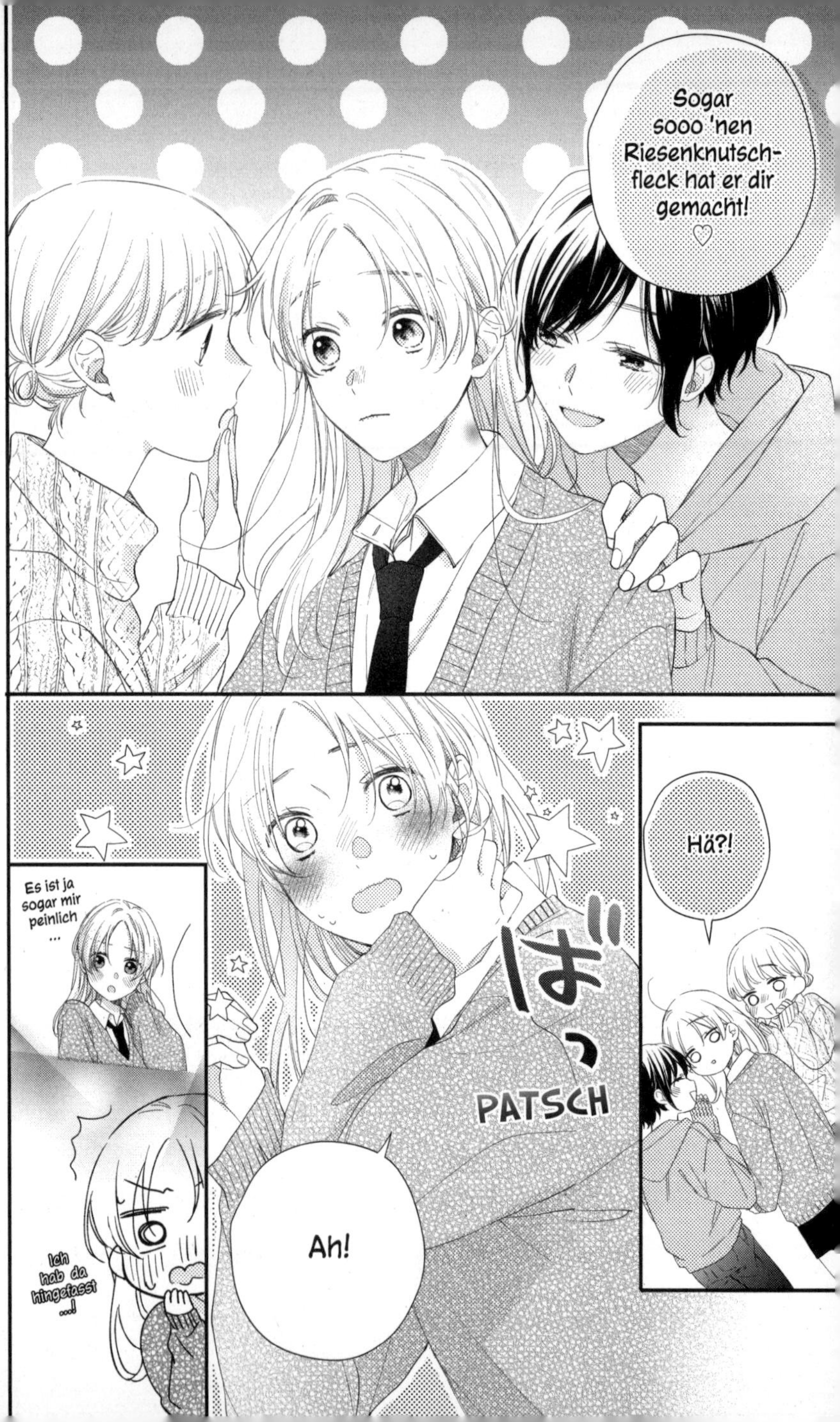
Sogar sooo 'nen Riesenknutsch-fleck hat er dir gemacht! ♡
Hä?!
ばっ
PATSCH
Ah!
Es ist ja sogar mir peinlich ...
Ich hab da hingefasst ...!

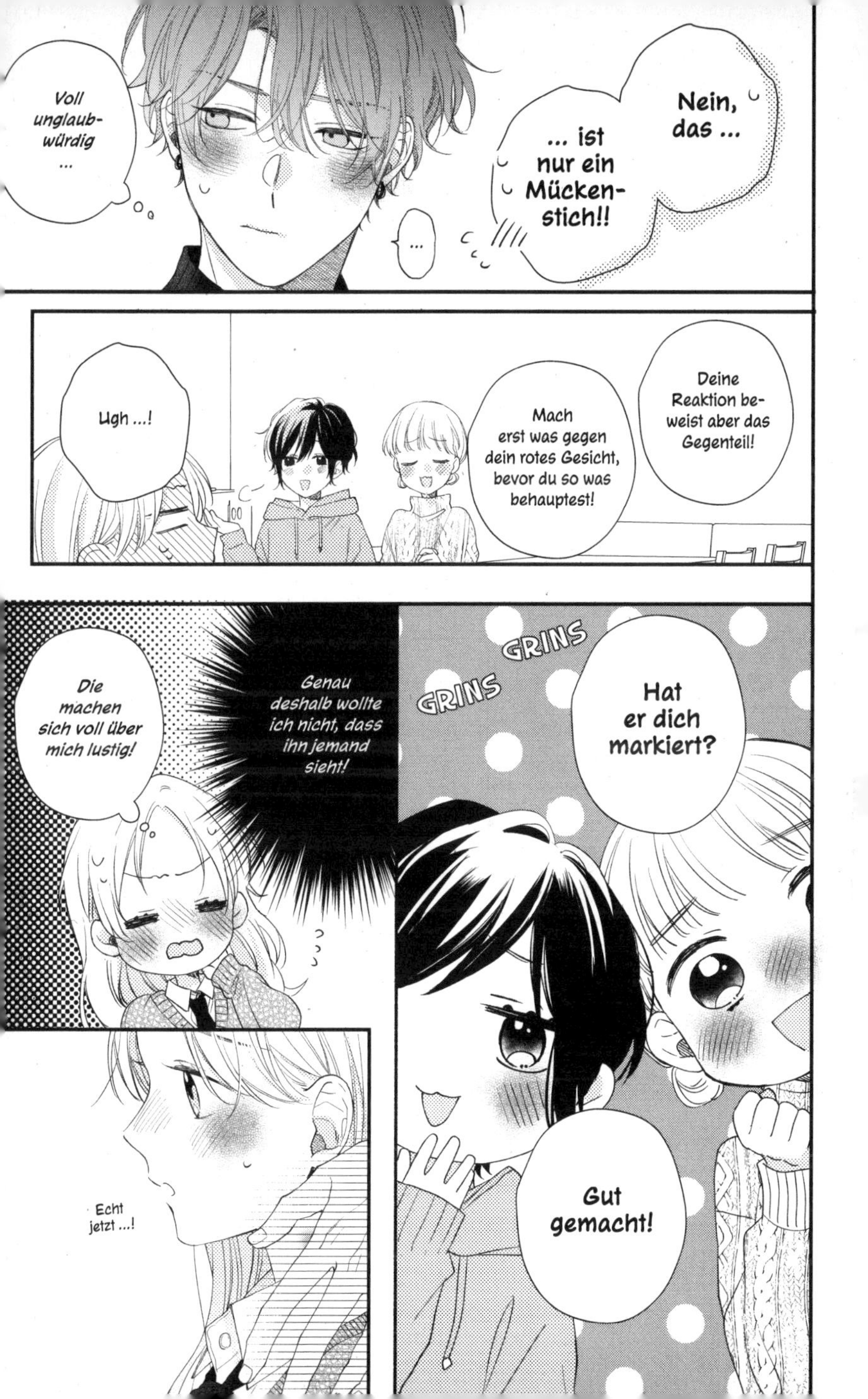

Nein, das ...
... ist nur ein Mückenstich!!
...
Voll unglaubwürdig ...
Deine Reaktion beweist aber das Gegenteil!
Mach erst was gegen dein rotes Gesicht, bevor du so was behauptest!
Ugh ...!
Hat er dich markiert?
GRINS
GRINS
Genau deshalb wollte ich nicht, dass ihn jemand sieht!
Die machen sich voll über mich lustig!
Gut gemacht!
Echt jetzt ...!

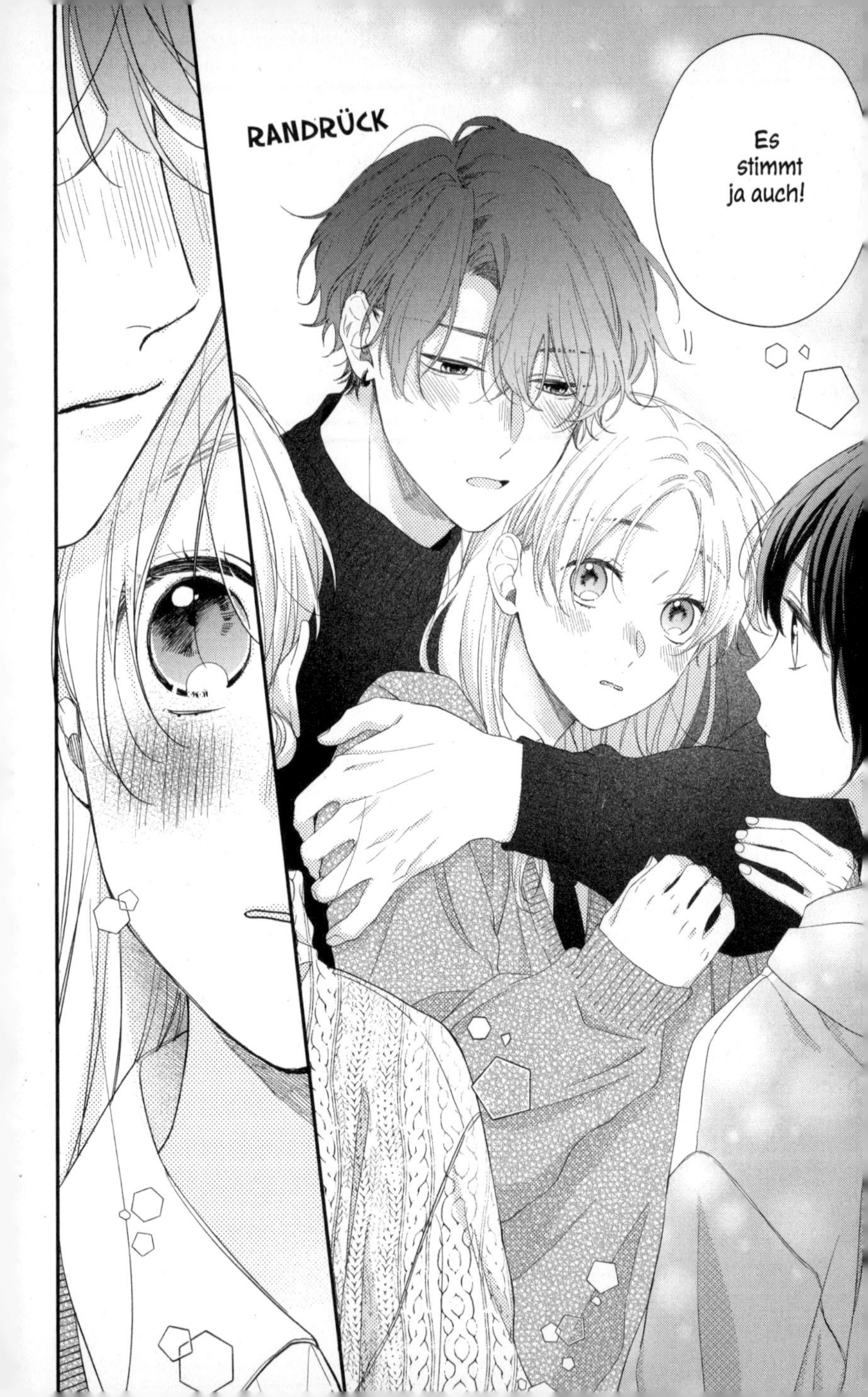
RANDRÜCK
Es stimmt ja auch!

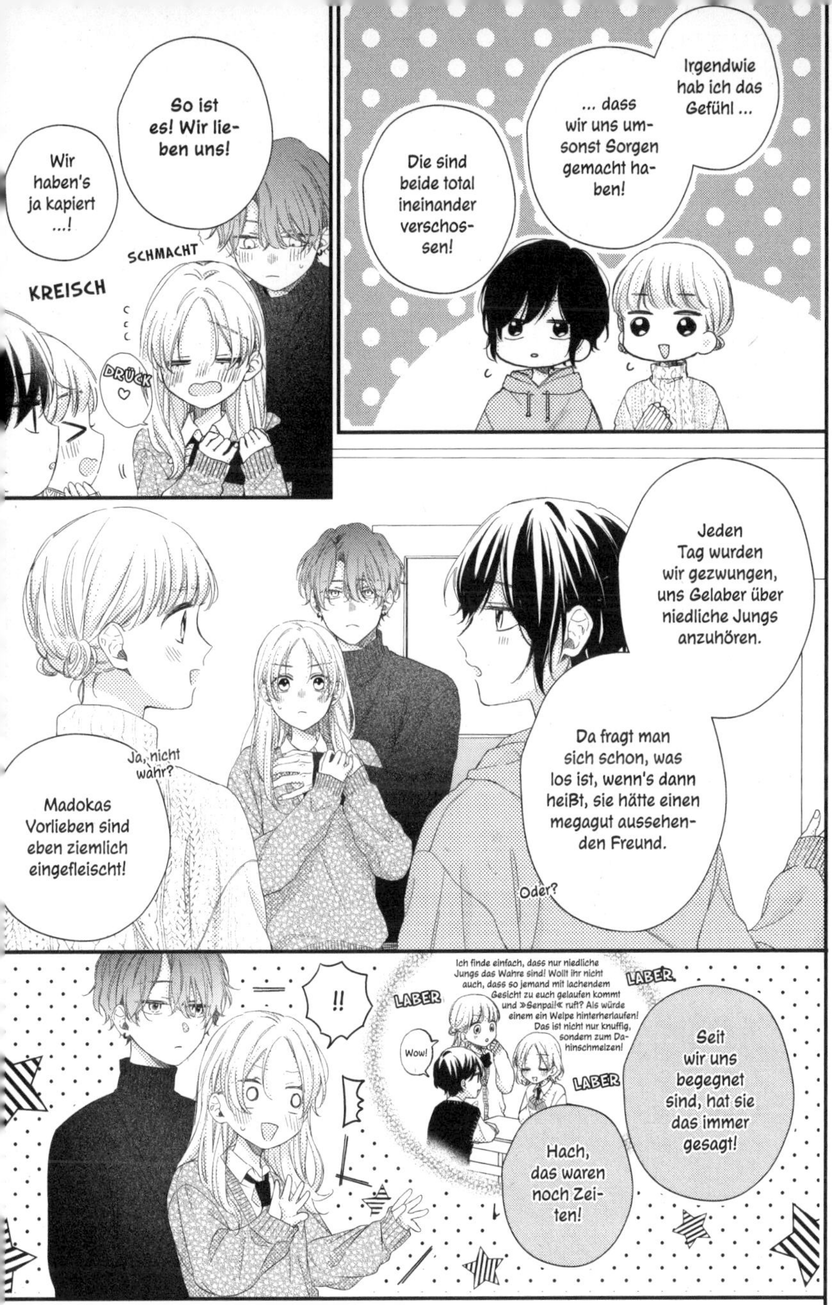
Irgendwie hab ich das Gefühl ...
... dass wir uns umsonst Sorgen gemacht haben!
Die sind beide total ineinander verschossen!
So ist es! Wir lieben uns!
SCHMACHT
Wir haben's ja kapiert ...!
KREISCH
DRÜCK
Jeden Tag wurden wir gezwungen, uns Gelaber über niedliche Jungs anzuhören.
Da fragt man sich schon, was los ist, wenn's dann heißt, sie hätte einen megagut aussehenden Freund.
Oder?
Ja, nicht wahr?
Madokas Vorlieben sind eben ziemlich eingefleischt!
Seit wir uns begegnet sind, hat sie das immer gesagt!
Hach, das waren noch Zeiten!
Ich finde einfach, dass nur niedliche Jungs das Wahre sind! Wollt ihr nicht auch, dass so jemand mit lachendem Gesicht zu euch gelaufen kommt und »Senpai!« ruft? Als würde einem ein Welpe hinterherlaufen! Das ist nicht nur knuffig, sondern zum Dahinschmelzen!
LABER
LABER
LABER
Wow!
!!

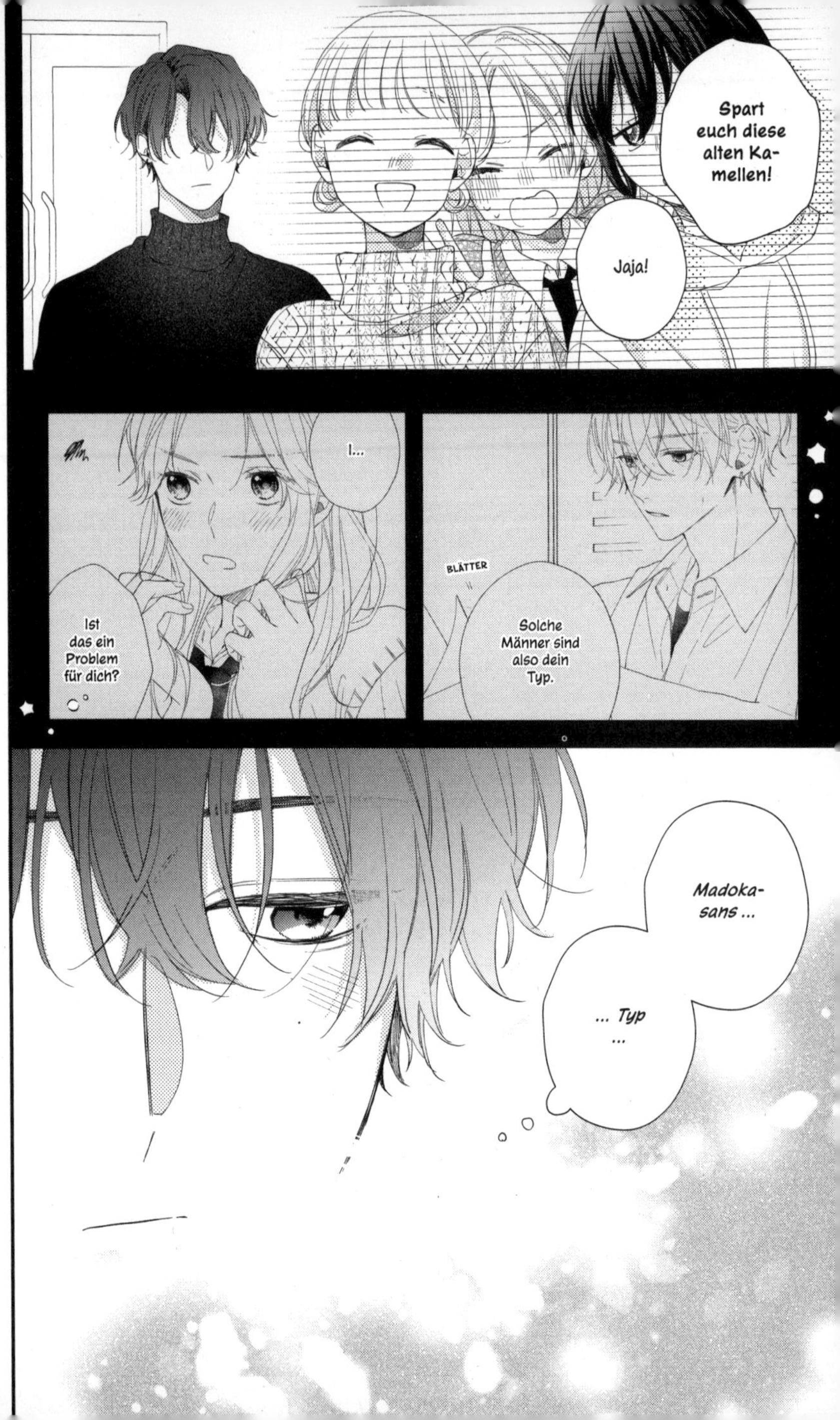
Spart euch diese alten Kamellen!
Jaja!
I ...
BLÄTTER
Solche Männer sind also dein Typ.
Ist das ein Problem für dich?
Madoka-sans ...
... Typ ...

You're my Cutie!

Fortsetzung folgt

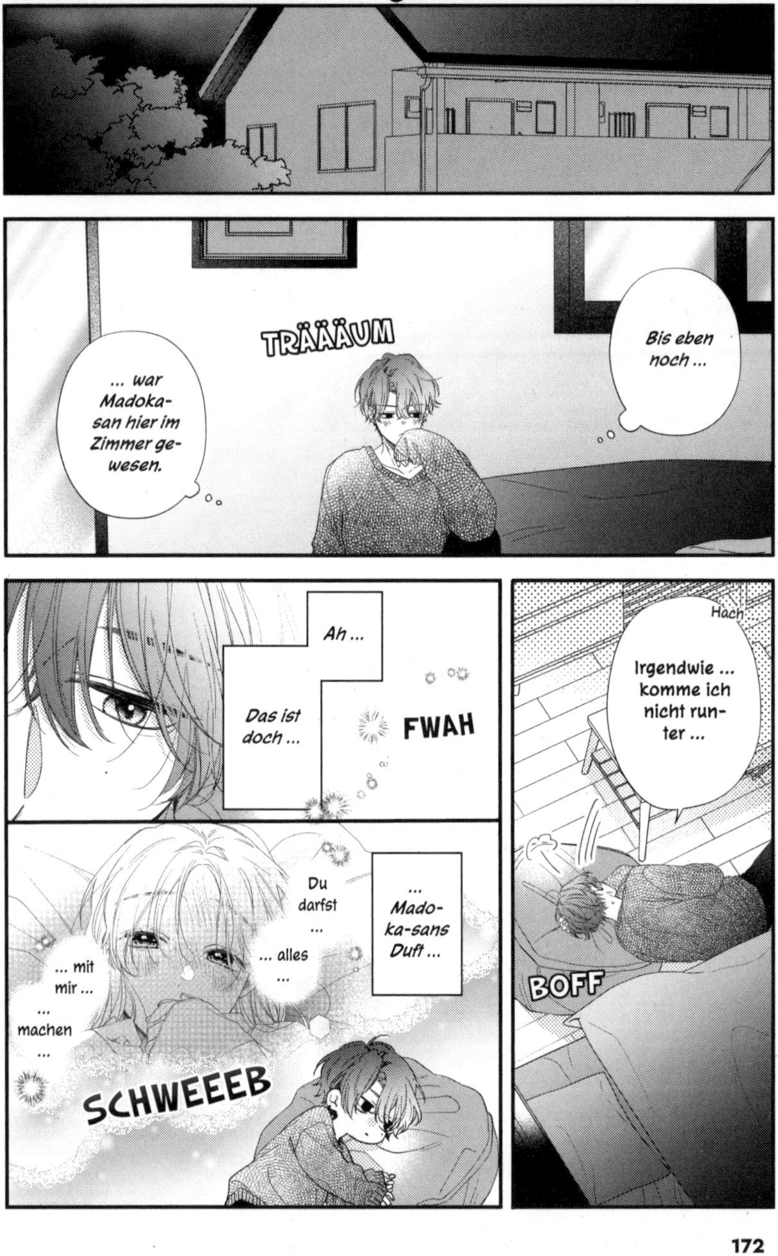
Bis eben noch ...
TRÄÄÄUM
... war Madoka-san hier im Zimmer gewesen.
Hach
Irgendwie ... komme ich nicht runter ...
BOFF
Ah ...
Das ist doch ...
FWAH
... Madoka-sans Duft ...
Du darfst ...
... alles ...
... mit mir ... ... machen ...
SCHWEEEB

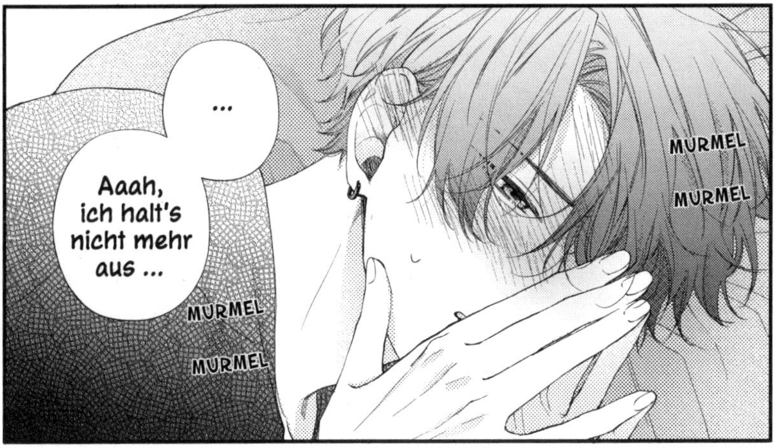

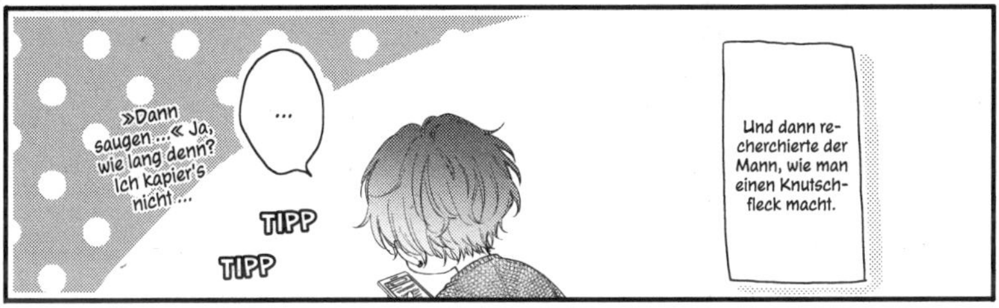

Special Thanks

An den verantwortlichen Redakteur,
die gesamte Redaktion von *Betsufure*,
das Design-Team,
alle Mitarbeiterinnen und Mitarbeiter der Druckerei,
meine Familie und meine Freunde ...

... und an Euch Leserinnen und Leser, die Ihr die Serie bis hierhin verfolgt habt!

Nachwort

Vielen Dank, dass Ihr Euch den sechsten Band von *You're My Cutie!* näher angeschaut habt! Den sechsten Band ... Den sechsten?!?! ?!

Als die Veröffentlichung der Geschichte startete, hätte ich nie im Leben gedacht, dass ich so lange weiterzeichnen dürfte! Ich bin all meinen Lesern und dem zuständigen Team so unendlich dankbar!

Ich würde mich freuen, wenn Ihr auch im siebten Band die Entwicklungen rund um Madoka und Shikura-kun weiterverfolgt!

Twitter
Instagram
hrfj_nk8

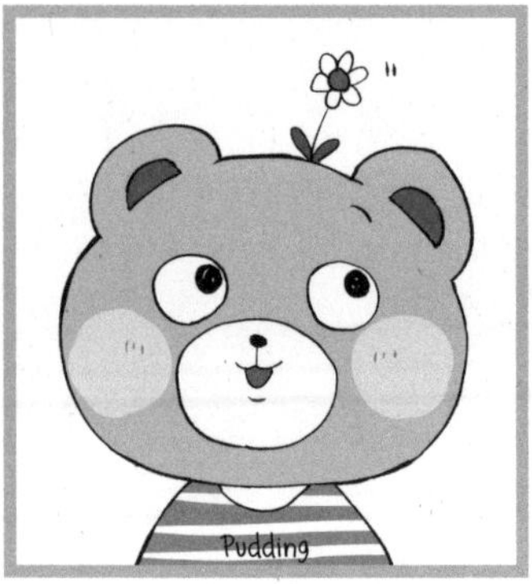

Kommentar

Da Shikura-kun jetzt deutlich häufiger die Initiative ergreift, kann ich nun beispielsweise für Farbillustrationen mehr Szenen mit Hautkontakt, der von ihm ausgeht, zeichnen. Das macht mich sehr glücklich!

Nakaba Harufuji

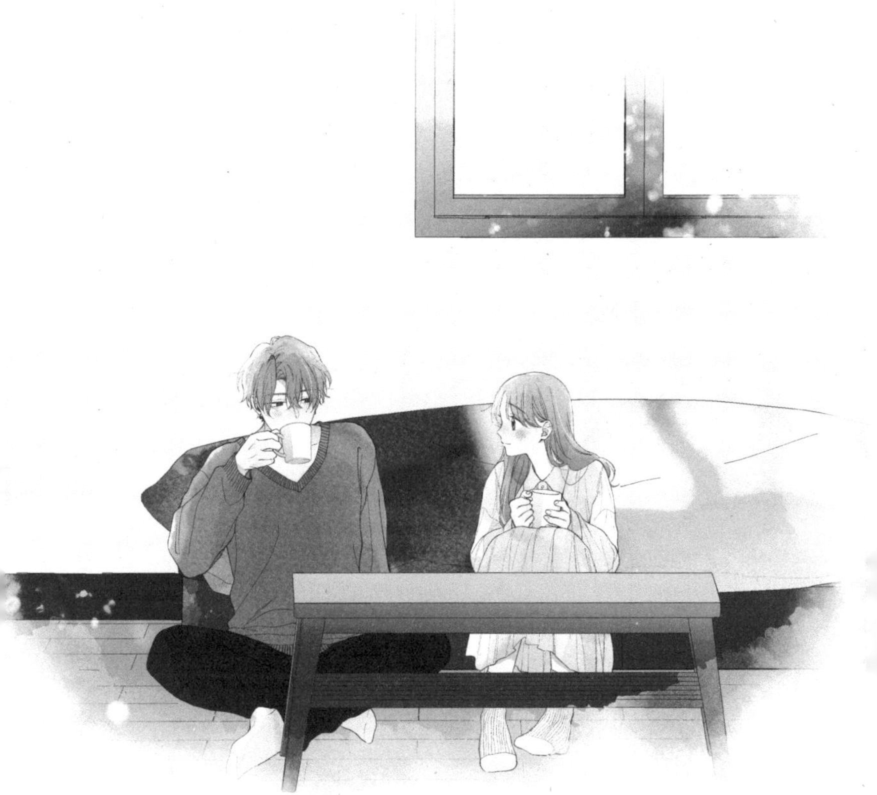

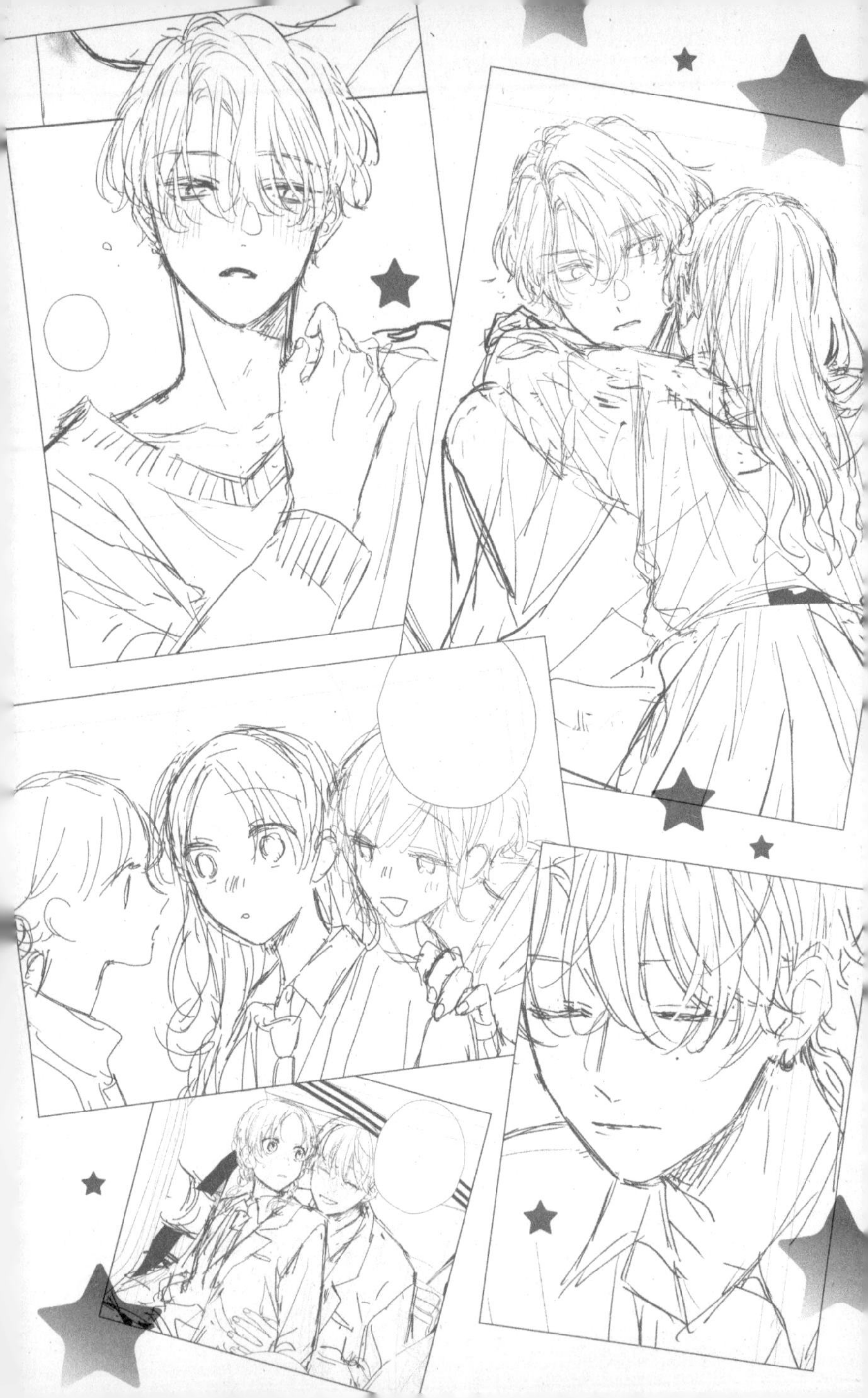

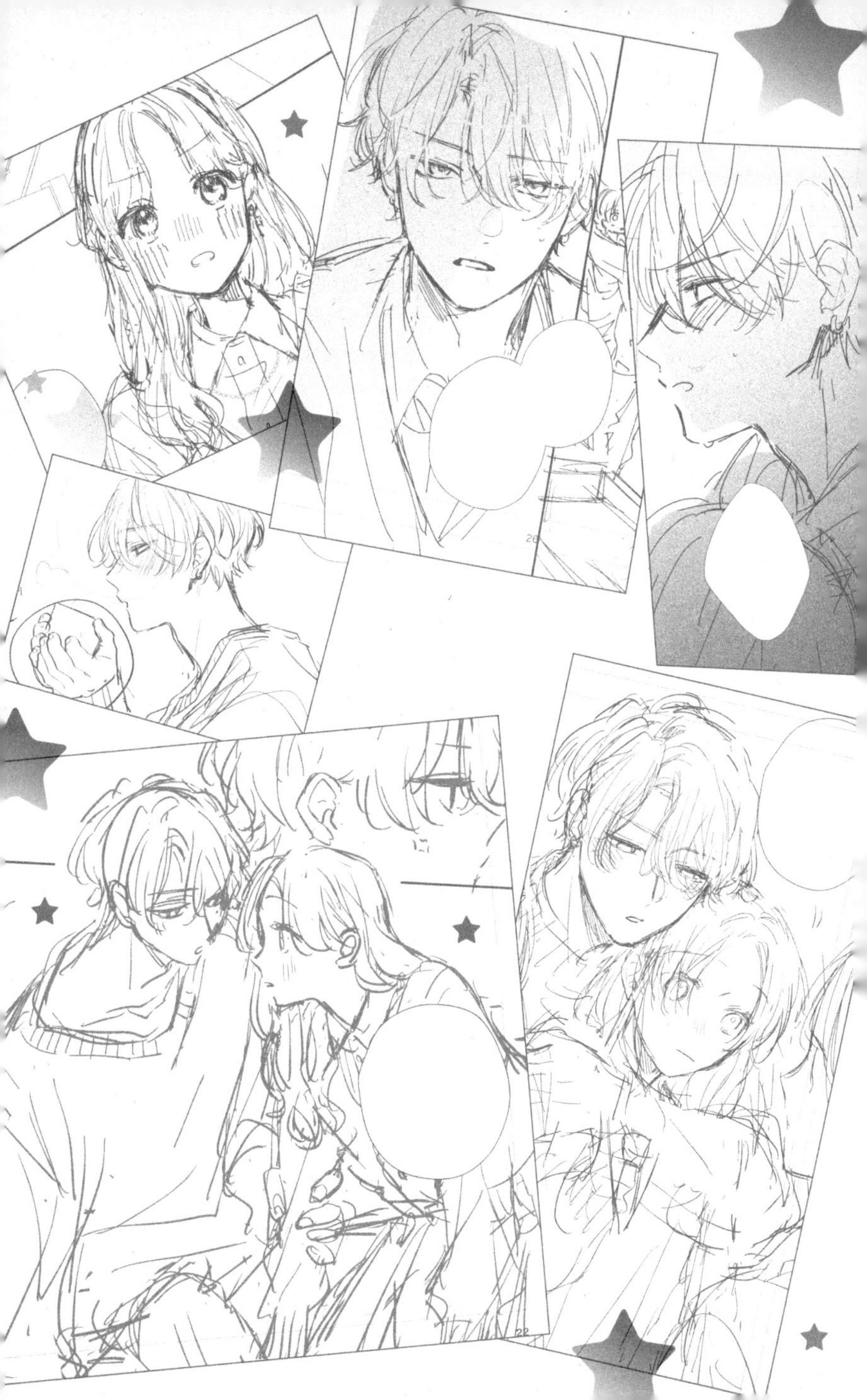

TOKYOPOP GmbH
Hamburg

TOKYOPOP
1. Auflage, 2024
Deutsche Ausgabe/German Edition

Aus dem Japanischen von Elena Müller

KODANSHA

Redaktion: Madlen Beret
Lettering: Vibrant Publishing Studio
Herstellung: Alina Kronenberg, Shujun Wong
Druck und buchbinderische Verarbeitung:
CPI – Clausen & Bosse GmbH, Leck
Printed in Germany

MIX Papier FSC® C083411
Wir achten auf die Umwelt.
Dieses Produkt besteht aus FSC®-zertifizierten und anderen kontrollierten Materialien.

ISBN 978-3-7593-0109-3

www.tokyopop.de

You're my Cutie!

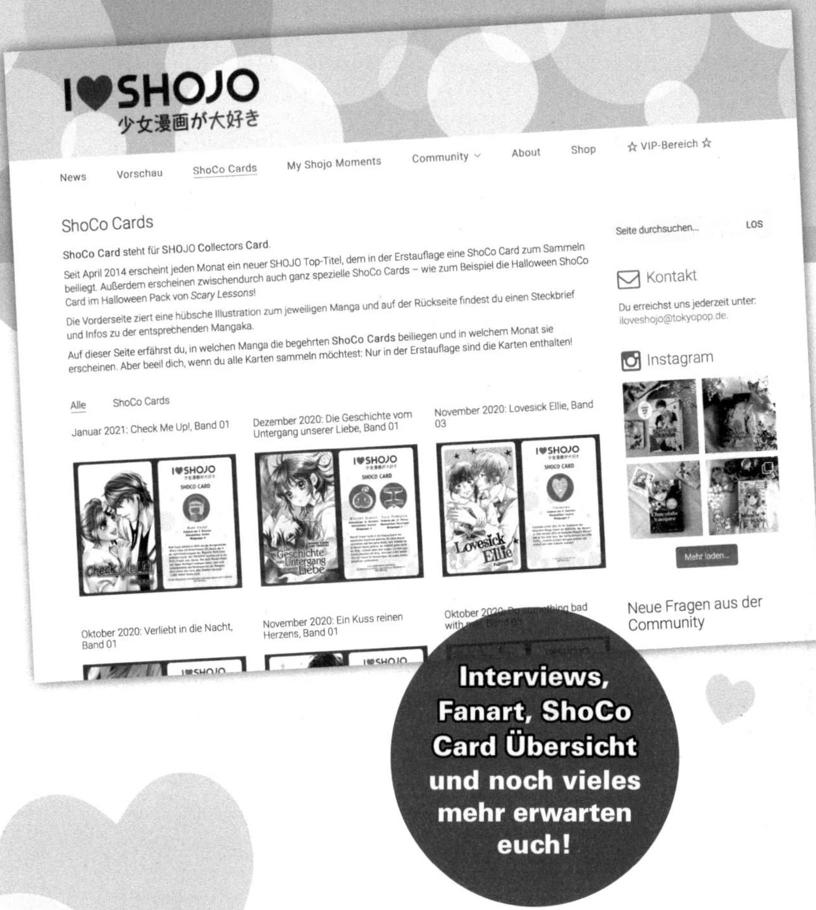

Interviews, Fanart, ShoCo Card Übersicht und noch vieles mehr erwarten euch!

Folge uns auch auf

www.facebook.com/iloveshojo

tokyopop_iloveshojo

iloveshojo@tokyopop.de

LIGHTNING AND ROMANCE

Rin Mikimoto

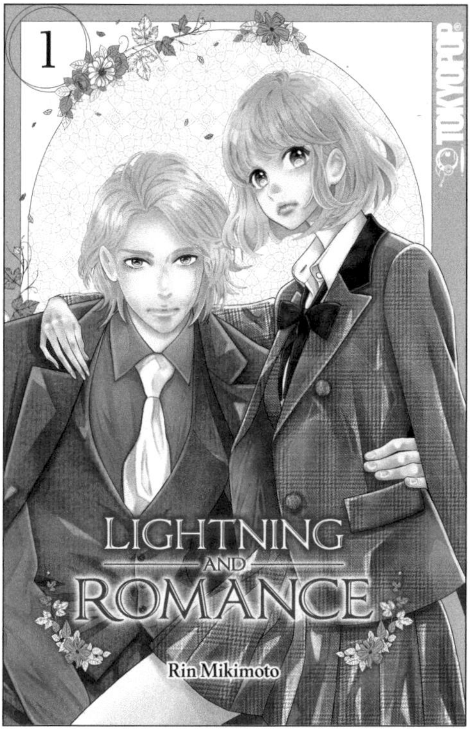

Gefühle wie ein Sommergewitter

Sumire wächst bei ihrem überfürsorglichen Vater auf und sehnt sich nach Abwechslung in ihrem Leben. Wie gut, dass mit der Highschool endlich ein neuer Lebensabschnitt beginnt und vielleicht sogar ihre erste, Funken sprühende Liebe auf sie wartet! Doch stattdessen findet sie sich neben ihrem Mitschüler Reo wieder, dessen Aura so düster erscheint wie die Gerüchte, die sich um ihn ranken. Trotzdem zieht es Sumire immer wieder in die Nähe des geheimnisvollen Jungen mit der markanten Narbe, auch wenn dieser sie abblitzen lässt ...

TOKYOPOP®

www.tokyopop.de

KEIN KUSS, BEVOR DU 20 BIST

Nonoko

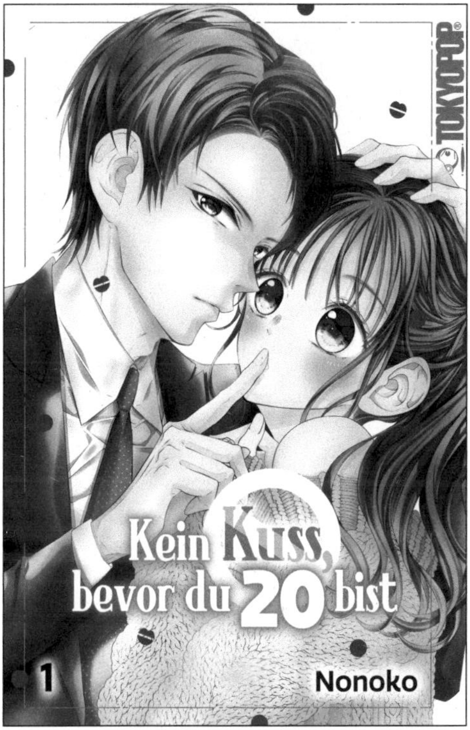

Can't wait to kiss you

Die 18-jährige Nanase ist naiv bis in die Zehenspitzen und gerät bei dem Versuch, im schillernden Tokyo Fuß zu fassen, immer wieder an die falschen Leute. Als sie sich auf der Suche nach einem Nebenjob erneut in eine missliche Lage manövriert, kommt ihr der gutaussehende und erfolgreiche Shimazaki zu Hilfe. Und obwohl ihn ihre blauäugige Art in den Wahnsinn treibt, weckt Nanase seinen Beschützerinstinkt. Also bietet er ihr kurzerhand einen Job an, nichts ahnend auf welche emotionale Achterbahnfahrt er sich da einlässt!

LIEBE IST (K)EIN WETTKAMPF

Aki Iwai

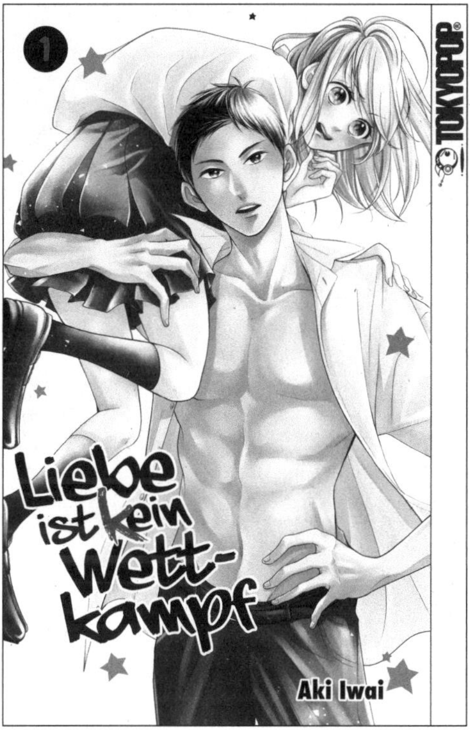

Ich gewinne dein Herz!

Abe ist Spitzensportler und sein Ego so ausgeprägt wie seine Muskeln. In Akaris Augen ist er daher ein ungehobelter Gorilla, dem sie lieber aus dem Weg geht. Doch als sie ihn nach einem Sportunfall verarzten muss, wird das immer schwerer. Denn Abe scheint sich in Akari verliebt zu haben und steckt seine Energie jetzt in einen neuen Contest: Er will ihr Herz gewinnen! Akari ist mit seiner schroffen Art total überfordert und bemüht sich weiter um Distanz. Doch da unterschätzt sie Abe, der sich gerade erst in der Aufwärmphase befindet!

STOPP!

Dies ist die letzte Seite des Buches!
Du willst dir doch nicht den Spaß verderben
und das Ende zuerst lesen, oder?

Um die Geschichte unverfälscht und originalgetreu mitverfolgen zu können, musst du es wie die Japaner machen und von rechts nach links lesen. Deshalb schnell das Buch umdrehen und loslegen!

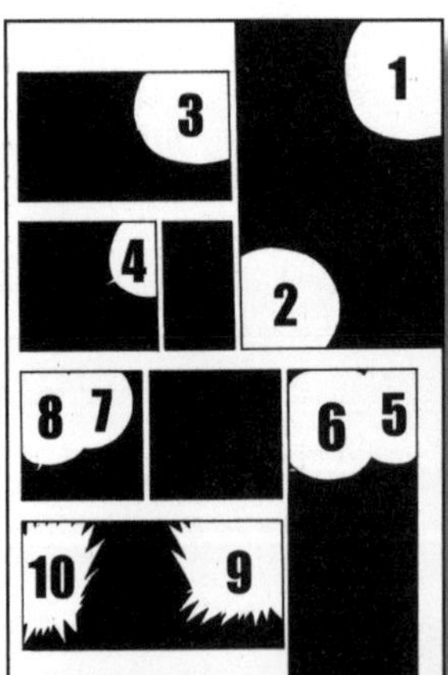

So geht's:

Wenn dies das erste Mal sein sollte, dass du einen Manga in den Händen hältst, kann dir die Grafik helfen, dich zurechtzufinden: Fang einfach oben rechts an zu lesen und arbeite dich nach unten links vor. Viel Spaß dabei wünscht dir TOKYOPOP®!